beck ^Ische
reihe

W0076757

b^{sr}

Staatsgründungen auf verlassenen Bohrinseln oder unerwünschte Schnecken in der Salatbeilage – Anlässe zu Rechtsstreitigkeiten gibt es viele. Dass eindeutige Lösungen oftmals fehlen, hat Juristen den Ruf eingebracht, eine von Logik und gesundem Menschenverstand abgeschnittene Geheimwissenschaft zu betreiben. «Ticken» Rechtswissenschaftler eigentlich anders? Christian Fahl rollt exemplarische Fälle aus den verschiedenen Rechtsgebieten auf, darunter «Klassiker», an denen sich die Zunft seit Jahrzehnten die Zähne ausbeißt. Der Rostocker Professor mit selbstironischem Blick auf das eigene Fach macht daraus Geschichten mit überraschenden Wendungen. Wem gehört die Perle, die eine Dame beim Essen in der Auster findet? Der Dame selbst? Dem Herrn, der sie zum Essen eingeladen hat? Dem Wirt des Restaurants? Oder dem Austernbauer, der die Auster geliefert hat?

Bei diesen Logeleien wird Grundlegendes erörtert – wem scheinbar herrenloses Eigentum gehört oder ob schon der Versuch strafbar ist. Und ganz nebenbei bekommt der Leser eine elegante Einführung in das juristische Denken.

Christian Fahl ist Inhaber des Lehrstuhls für Strafrecht, Strafprozessrecht und Rechtsphilosophie an der Universität Rostock. Er ist Verfasser einschlägiger Fachbücher und zahlreicher wissenschaftlicher Beiträge in Fachzeitschriften.

Prof. Dr. jur. Christian Fahl

Jura für Nichtjuristen

Sieben
unterhaltsame
Lektionen

Verlag C. H. Beck

Originalausgabe

© Verlag C. H. Beck oHG, München 2010
Satz, Druck u. Bindung: Druckerei C. H. Beck, Nördlingen
Umschlagentwurf: malsyteufel, Willich
Umschlagabbildung: © fotolia – by studio
Printed in Germany
ISBN 978 3 406 59990 3

www.beck.de

Inhalt

Kapitel 3

Strafrecht: Wer einen andern in die Wüste schickt 66

Kapitel 4

Strafrecht: Der Rose-Rosahl-Fall 101

Kapitel 5

Strafprozessrecht: Die Früchte des vergifteten Baumes 145

Kapitel 6

Öffentliches Recht: Wem die Stunde schlägt 168

Vorwort

Wer ein juristisches Lehrbuch aufschlägt, gleich welches, findet darin auf der ersten oder zweiten Seite die Worte: «Für Nana». Auf den nächsten hundert oder mehr Seiten folgt eine Zusammenfassung dessen, was der junge Jurist für das Staatsexamen unbedingt wissen muss, und dies ist nur eines von mindestens zehn bis zwanzig Büchern, die der Student im Verlaufe seines Studiums wohl liest. Vielleicht fragt sich der Student, wenn er dazu noch Zeit hat: Wer ist «Nana»? Die Katze des Autors? Seine Schwester? Ob sie das Buch gelesen hat? Ob sie es verstanden hat? Wir dürfen vermuten, dass sie es nicht gelesen hat, und es kann gut sein, dass sie es auch gar nicht verstanden hätte, wenn sie es gelesen hätte. Am Ende war das Buch vielleicht doch für jemand anderen. Das vorliegende Büchlein, handlich genug, um es im Zug oder im Bett zu lesen, ist für all jene gedacht, die nur einmal in die Rechtswissenschaften «hineinschnuppern» möchten, ohne gleich das Studium aufnehmen zu wollen.

Bad Doberan, im Oktober 2009   Christian Fahl

Einleitung

«Jura» – das ist die Mehrzahl von «Jus». Das heißt im Lateinischen «Recht», im Französischen heißt es jedoch «Brühe» und trifft damit die Einstellung vieler Nichtjuristen oder Noch-Nichtjuristen zum Recht und den Rechtswissenschaften vielleicht noch besser. Wer keine Juristen in der Verwandtschaft oder wenigstens im engeren Freundeskreis hat, der hat häufig vor Beginn des Studiums keine rechte Vorstellung davon, worum es in seinem Fach eigentlich geht und womit sich Juristen im Studium beschäftigen.[1]

Schon der Autor einer noch heute von Studenten gelesenen «Einführung in das juristische Denken», Karl Engisch, verwunderte sich: «Blickt der Jurist im Kreise der Geistes- und Kulturwissenschaften, denen die Rechtswissenschaft zugerechnet wird, um sich, so muss er mit Neid und Beklemmung feststellen, dass die meisten von ihnen außerhalb ihrer Mauern mit sehr viel mehr Interesse, Verständnis und Vertrauen rechnen dürfen, als gerade seine Wissenschaft. Zumal die Wissenschaften von der Sprache, der Literatur, der Kunst, der Musik und der Religion faszinieren den bildungsbeflissenen Laien in ganz anderem Maße als die sachlich und methodologisch nahe verwandte Wissenschaft vom Recht. Man wird ohne viel Besinnen ein archäologisches oder literaturhistorisches Buch auf den Geschenktisch legen, kaum je aber ein juristisches Buch.»[2] Dabei geht kaum ein anderes Gebiet den Menschen näher an als das Recht. So gibt es Menschen, die zeitlebens ohne Dichtung, Kunst oder Musik auskommen, und vielleicht auch ohne Religion. Aber es gab seit Adam und Eva keinen Menschen, der nicht unter dem Recht gelebt hätte und mit ihm in Berührung gekommen wäre – ob wir eine Wohnung mieten oder eine Tafel Schokolade kaufen, ob wir ein Haus bauen oder es abreißen, ob wir einen Führerschein machen oder einen Autounfall. Alles geschieht unter dem Recht, von dem wir freilich so lange nichts sehen oder spüren, wie es zu keinem Streit darüber kommt. Insofern stimmt es, dass Recht Streit ist, wie ein griechischer Rechtsphilosoph, Heraklit, gesagt hat, der im fünften Jahrhundert vor Christus in Ephesos in Kleinasien, auf dem Gebiet der heutigen Türkei, gelebt hat und von dem auch der merkwürdige Satz stammt: «Du steigst nicht zweimal in denselben Fluss.»[3]

Doch während wir uns ohne Weiteres zutrauen, mitreden zu können, wenn es um Fragen der Kunst oder der Musik und selbst der Philosophie[4] geht, glauben wir, dass rechtliche Dinge zu kompliziert seien, um sich daran beteiligen zu können. Dabei geht es am Ende immer um Gerechtigkeit. Dazu hat jeder von uns eine Meinung. Was es so schwierig, aber auch interessant macht, ist, dass jeder eine andere Meinung hat und man auch kaum sagen kann, dass eine davon falsch ist, wie sich an einem einfachen Beispiel, ganz ohne Gesetz, zeigen lässt: Wenn zwei Autos auf der Straße zusammenstoßen und jeder der beiden Fahrer gleichviel Schuld hat, wer zahlt dann den Schaden?[5] Jeder seinen? Jeder den des anderen? Jeder die Hälfte von beiden Schäden? Wenn beide Autos danach nur noch Schrott sind und gleich teuer waren, dann spielt das keine Rolle. Aber wenn ein Auto nur gering beschädigt wurde und das andere stark, oder wenn einer sich einen Luxus-Rolls-Royce geleistet hat und der andere aus Respekt vor der Umwelt und seinem Portemonnaie nur einen Smart gefahren ist, dann fragt sich schon, warum eigentlich der Sparsamere für den Schaden des Prassers soll aufkommen müssen.[6]

Um nicht weniger geht es: Eine wahrhaft große Sache! Und erst ihr Gegenteil: die Ungerechtigkeit. Nach einem Wort von Arthur Schopenhauer (1788–1860) würde «nie vom Recht geredet worden sein, gäbe es kein Unrecht.»[7] Die Frage nach der «Henne und dem Ei» hat ein anderer Rechtsphilosoph, von dem noch zu sprechen sein wird, so beantwortet: «Das Unrecht ist um soviel älter als das Recht, wie der Angriff älter ist als die Verteidigung.»[8] Man sieht: Es geht um Werte, die um nichts zurückstehen «hinter den Werten des Schönen, des Guten und des Heiligen», wie Engisch in seiner Einleitung anmerkt. Und in der Tat hat schon der erwähnte Heraklit das Recht als etwas Göttliches bezeichnet und gemeint, alle menschlichen Gesetze (nomoi) nähren sich von dem einen göttlichen (nomos).[9] Daraus, aus der Gegenüberstellung von menschlichem Recht und göttlichem, ergeben sich übrigens eine Reihe von

Folgerungen. So kann beides in Einklang miteinander stehen oder auch nicht. Dann handelt es sich um unrechtes Recht. Auch das kann es geben. Niemand hat das, nach Erfahrungen am eigenen Leib, so gut auf den Punkt gebracht wie der in Lübeck geborene zweimalige Reichsjustizminister Gustav Radbruch (1878–1949), der von den Nationalsozialisten aus dem Lehramt an der Universität Kiel gedrängt wurde. Die nach ihm benannte sog. «Radbruchsche Formel» besagt, dass der Widerspruch zwischen Gesetz und Gerechtigkeit ein so großes Maß erreichen kann, dass das Gesetz als unrichtiges Recht der Gerechtigkeit zu weichen habe.

Einige Jahre zuvor, vor der Machtübernahme der Nazis, hatte er noch formuliert: «Für den Richter ist es Berufspflicht, den Geltungswillen des Gesetzes zur Geltung zu bringen, das eigene Rechtsgefühl dem autoritativen Rechtsbefehl zu opfern, nur zu fragen, was rechtens ist, und niemals, ob es auch gerecht sei…», weil sich nämlich gezeigt habe, dass man das dem Gesetzgeber überlassen müsse und es besser sei, wenn nicht jeder nach seinem Gusto selbst darüber entscheidet und die Rechtsprechung deshalb vorhersehbar bleibt und «Rechtssicherheit» herrscht. Er schloss: «Wir verachten den Pfarrer, der gegen seine Überzeugung predigt, aber wir verehren den Richter, der sich durch sein widerstreitendes Rechtsgefühl in seiner Gesetzestreue nicht beirren lässt.»[10]

Jura ist zwar eine Geisteswissenschaft, aber keine abgehobene Wissenschaft. Der große Jurist Rudolf von Jhering (1818–1892) stellte in seiner Wiener Antrittsvorlesung vom 16. Oktober 1868 gar die Frage, ob die Jurisprudenz überhaupt eine «Wissenschaft» sei.[11] Noch berühmter ist die Antwort des Vizepräsidenten des Appellationsgerichtes Julius Hermann von Kirchmann (1802–1884), dessen bekanntester – und bis heute immer wieder gerne zitierte – Vortrag «Die Wertlosigkeit der Jurisprudenz als Wissenschaft» (1847) überschrieben ist. Aber das ist wohl auch übertrieben. Natürlich kann und muss man manchmal seinem Rechtsgefühl, dem Judiz, folgen, wenn es um Fragen der Gerechtigkeit geht. Aber man darf dabei doch nie die Auswirkungen seiner Entscheidung für die Beurteilung anderer Fälle aus den Augen verlieren. Es nützt nichts, den einen Fall gerecht entschieden zu haben, wenn daraus unweigerlich folgt, dass man in einem anderen Fall eine ungerechte Entscheidung fällen muss. So kann aus dem größten Recht die größte Ungerechtigkeit werden.[12] Damit das nicht geschieht, muss man viel überlegen und möglichst viele Fälle durchdenken, bevor man seine Entscheidung fällt. Aber niemand kann alle Fälle im Voraus bedenken und so entstehen Fehler, die beizeiten korrigiert werden müssen, wenn sie sich nicht verfestigen sollen. Sie zu vermeiden, aufzudecken und durch bessere Entscheidungen zu beheben, ist das Ziel der Wissenschaft vom Recht.

Aber das Schönste an den Fällen, mit denen es der Jurist zu tun hat, sind die menschlichen, allzu menschlichen Begebenheiten und Schicksale,[13] die den Rechtsfällen stets zugrunde liegen, und in die sich nicht zuletzt auch die Juristen durch ihr Urteilen verwickeln lassen. Vor ungefähr sechstausend Jahren lebte in Mesopotamien ein Mann, der einen Streit schlichten sollte. Worum es genau ging, ist nicht überliefert. Man weiß nur, dass in dem Fall zwei Ziegenherden, eine Wasserquelle, ein ausgerissenes Haarbüschel (weiblich) und zwei Vorderzähne (männlich) eine Rolle spielten. Soweit man den Tontafeln entnehmen kann, auf denen der Vorfall niedergeschrieben ist, trennte der Mann die streitenden Parteien und sprach zur klagenden Partei: «Zuerst redest du!» Nachdem er eine Stunde oder länger aufmerksam gelauscht hatte, erteilte er der anderen Partei das Wort. Wieder hörte er längere Zeit zu. Dann zog er sich zurück, um die Angelegenheit zu überdenken, und verkündete anschließend sein Urteil: «An geraden Tagen darfst du die Quelle benutzen, an ungeraden du! Wann gerade und ungerade Tage sind, erfahrt ihr jeweils von mir. Dafür bekomme ich einen Topf Milch. Und als Gebühr für diesen Spruch erhalte ich von jedem von euch eine Ziege.» Nach Fritjof Haft[14] war das der erste Jurist der Weltgeschichte.

Nach dieser Ermunterung wollen wir uns im Ersten Kapitel sogleich ein juristisches Kleinod vornehmen, das der Saarbrücker Professor Martinek in Heft 9 der JuS 1991 (= *Juristische Schulung*, eine Zeitschrift für Studium und praktische Ausbildung; Jahrgang 1991) entdeckt hat, dem wir die vielen liebevollen Details verdanken. Der sonderbare Fall – ob erfunden oder nicht – scheint wie kaum ein anderer geeignet, dem Vorurteil entgegenzuwirken, dass Jura eine trockene Sache sei, die nur im Auswendiglernen von Gesetzen und Paragrafen bestehe – damit hat die Rechtswissenschaft eigentlich überhaupt nichts zu tun. Er gibt uns außerdem die Gelegenheit, im ersten Kapitel jenes Bürgerliche Gesetzbuch etwas näher kennen zu lernen, von dem schon die Rede war und das das Herzstück des Privatrechts ist. Privatrecht und Zivilrecht (ius civilis) sind übrigens Synonyme. Es ist die erste der drei Säulen unseres Rechts, die in der Reihenfolge behandelt werden sollen, in der sie auch den meisten Studenten während ihres Studiums begegnen: das Privatrecht zuerst, dann das Strafrecht und zum Schluss das Öffentliche Recht.[15]

Kapitel 1

Zivilrecht:
Die Perle in der Auster

Fast jeder Student der Rechtswissenschaften kennt, vielleicht aus der Vorlesung,[1] aus einem Kommentar[2] oder dem Repetitorium,[3] die berühmte «Perle in der Auster»; natürlich auch jede «Studentin» der Rechte: Dieser Zusatz ist heute üblich geworden, dem altehrwürdigen Bürgerlichen Gesetzbuch, einer Blüte des 19. Jahrhunderts, ist diese Unterscheidung allerdings unbekannt; es spricht vom Erblasser (§ 2247), vom Käufer (§ 433), vom Mieter (§ 535). Sind damit nur Männer gemeint? Können nur sie vererben, kaufen, mieten und vermieten? Natürlich ist das nicht so.[4] Man hat vorgeschlagen, als ersten Paragrafen des BGB eine Vorschrift einzuführen, die lauten würde: «Männer im Sinne dieses Gesetzes sind auch Frauen.» Juristisch wäre das legitim, man nennt es eine «Fiktion». Denn in Wahrheit stimmt es ja nicht, dass Frauen Männer sind. Man hat dann doch davon abgesehen. – Der zugehörige Rechtsfall ist schnell erzählt, seine Lösung jedoch verzwickt.

1. Ein einfacher Sachverhalt

Der Fall: In dem noblen Hamburger Restaurant des R bestellt ein Herr, nennen wir ihn H, für seine Begleiterin B ein Dutzend Austern. (Dieses bis heute unter Juristen beliebte Verfahren, den Herrn H und seine Begleiterin B zu nennen, geht tatsächlich bis auf die Römer zurück: Schon die damaligen Juristen benutzten für die Parteien des Zivilprozesses in ihren Schriften Blankettnamen: Für den

Kläger Aulus Agerius, abgekürzt A. A., wobei Aulus von augere = vergrößern und Agerius von agere = klagen abgeleitet sein dürfte. Der Beklagte wird Numerius Negidius, N. N. – von numerare = zahlen und negare = verneinen, sich weigern[5] – genannt.) Beim Essen findet B in einer der Austern eine Perle, deren Wert ein alsbald befragter Juwelier auf 1000 Euro schätzt. Wem gehört die Perle?[6]

2. Die juristische Debatte um 1905

Die Geschichte dieses kleinen Falles ist inzwischen mehr als hundert Jahre alt. Sie spielt in einer Zeit, als Deutschland noch einen Kaiser hatte. Er hatte das BGB fünf Jahre zuvor in Kraft gesetzt. In Heft 7 der angesehenen *Deutschen Juristen-Zeitung* dieses Jahres, heute *Juristenzeitung* (JZ), findet sich in der Rubrik «Sprechsaal» eine kurze Mitteilung des Falles durch den Geheimen Justizrat Professor Karl Gareis (1844–1923), der ihn, ob die Geschichte nun wahr ist oder nicht, in einer Tageszeitung gelesen haben will. Der Geheime Justizrat und Verfasser der beliebten, im selben Jahr in dritter Auflage erschienenen «Enzyklopädie und Methodologie der Rechtswissenschaft» lieferte «des Rätsels Lösung» dankenswerterweise gleich mit: Er hielt – oh Wunder – den Herrn (H), der die Austern bestellt hatte, für den rechtmäßigen Eigentümer der Perle.[7]

Im nächsten Heft derselben Zeitschrift – wenn hier von Zeitschriften die Rede ist, dann darf man sich darunter keineswegs das handliche Blatt vorstellen, das man vom Zeitungskiosk her gewohnt ist, es handelt sich vielmehr um dicke, jahrgangsweise gebundene Wälzer, die in Format und Gewicht eher einem Weltatlas oder einem Band des «Brockhaus» ähneln – äußert Professor Julius Gierke, Sohn eines der berühmtesten Rechtsgelehrten und Väter des BGB, Otto v. Gierke (1841–1921)[8], eine andere Meinung. Für ihn war die Begleiterin B «Eigentümerin der Auster, der Perle, übrigens auch der Muschel» geworden, und zwar selbst dann, wenn H sie eingeladen hatte.

Für den Restaurateur R trat im selben Jahr in der neu gegründeten *Zeitschrift für Rechtspflege in Bayern* unter der Rubrik «Mitteilungen aus der Praxis» Justus Wilhelm Hedemann ein, der es später als Zivilrechtsgelehrter in Jena und Berlin zu Berühmtheit bringen sollte und damals als Privatdozent in Breslau noch am Anfang seines wissenschaftlichen Karriere stand. Der Vorname Justus kommt übrigens aus dem Lateinischen und bedeutet übersetzt nicht anderes als «der Gerechte». Seiner Meinung nach hat zwar zunächst auch B das Eigentum an der «perlenbergenden Auster» erworben, muss es aber an R zurückgeben.[9]

Mit dem Amtsgerichtsrat Dr. Warnatsch mischt sich der erste Richter und damit ein Praktiker in die Diskussion der Wissenschaftler ein – der Weisheit folgend, dass Theorie und Praxis zwei verschiedene Dinge sind, unterscheidet man auch sprachlich: Mit Praktiker meint man Richter, Staatsanwälte und Rechtsanwälte (Gegensatz: die universitätsangehörigen Juristen). Der Amtsgerichtsrat widerspricht Hedemann und überrascht in einer anderen Zeitschrift des Jahres 1905 mit noch einer neuen Lösung des Falls: Er nimmt hälftiges Miteigentum von R und B an, die sich dann den Erlös teilen müssen!

Die Perle in der Auster beschäftigte im darauf folgenden Jahr 1906 noch den Kieler Gelehrten, Professor Schloßmann. Sein zwanzigseitiger Beitrag in *Jherings Jahrbüchern* ist überschrieben: «Vom Wirtshausrecht und zur Lehre von den herrenlosen Sachen».[10] Ein knappes Jahr später fasst Francke, pensionierter Oberlandesgerichtsrat aus Hannover, in den *Blättern für Rechtspflege in Thüringen und Anhalt* den Meinungsstand im Rahmen einer Abhandlung zur Lehre von den Bestandteilen zusammen.[11] Damit ist die Perle aber keineswegs aus der wissenschaftlichen Diskussion verschwunden. Von den heutigen Kommentatoren befasst sich Gursky im «Staudinger», einem renommierten Großkommentar zum BGB, am ausführlichsten mit der Perle in der Auster, der er in der im Inhaltsverzeichnis seiner Kommentierung zu § 956 BGB sogar einen eigenen Unterpunkt widmet.[12]

Die originellste Lösung aber präsentiert ein Dr. Josef aus Freiburg, seines Zeichens Rechtsanwalt, noch im Ursprungsjahr des Falles in der Zeitschrift *Das Recht* auf Seite 307. Weder H noch B, und auch nicht R, ist Eigentümer der Perle, sondern F. Wer ist F, mag sich der staunende Leser fragen, der dem Verlauf der juristischen Kontroverse bis hierhin gefolgt ist? Vielleicht kann er es schon erraten: F ist der Fischer, der die Auster fing!

Damit sind, klammert man einmal die Zwischenhändler aus, durch deren Hände die Auster vielleicht gegangen ist, wohl alle Möglichkeiten benannt, die es überhaupt gibt. Und wir haben gesehen, sie alle wurden von studierten Juristen vertreten. Wie kann es so viele Antworten auf eine einfache Frage geben? Unser gewohntes Denken, dass es auf einen Fall nur eine Antwort geben kann, müssen wir an dieser Stelle ablegen: Es rührt daher, dass wir in den Zeitungen lesen, ein Gericht habe so oder so entschieden. Damit ist der Fall für uns klar. Und das ist auch gut so. Denn es bedeutet, dass die Gerichte ähnliche Fälle in Zukunft in der gleichen Weise entscheiden werden. Man nennt das Rechtssicherheit.

Aber der juristische Weg hin zu der Entscheidung verläuft anders. Es ist ein steiniger Weg – und es ist ein Weg mit lauter Gabelungen, an denen man sich entscheiden muss, in welche Richtung man weitermarschiert. Manchmal führen die verschiedenen Wege wieder zusammen, manchmal nicht. Meistens kommen sie an verschiedenen Stellen der Gerechtigkeit heraus, und so kommt es dann zu unterschiedlichen Ergebnissen. Auf diesen Weg durchs Gesetzesgestrüpp wollen wir uns nun begeben. Die juristischen Details, mit denen wir es dabei zu tun bekommen, erscheinen am Anfang vielleicht etwas fremd und ungewohnt. Es fällt aber entschieden leichter, wenn man sich stets bewusst bleibt, um was es geht. Es geht um viele Euro und Haben oder Nichthaben. Um uns nicht im Gesetzesdschungel völlig zu verirren, ist es nötig, die Fallfrage im Auge zu behalten. So ist die Frage, ob H das Essen bezahlen muss, an dieser Stelle unerheblich. Sie wird uns, in anderem Gewand, erst im nächsten Kapitel beschäftigen. Uns geht es jetzt allein um die Eigentumslage und die Frage, wer Eigentümer der Perle ist. Das ist eine sachenrechtliche Frage.

3. Eine herrenlose Auster

Das Sachenrecht ist im dritten Buch des BGB geregelt, also in den §§ 854 BGB ff.[13] Hier werden wir folglich unseren Ausgangspunkt suchen, von dem aus wir losmarschieren. Ursprünglich befand sich die Auster im Meer. Solange gehört sie niemandem. Anders wäre es nur, wenn sie von einer Austernbank stammte, die jemandem gehörte. Wir wollen aber annehmen, dass unsere Auster ein Leben in Freiheit geführt hat. Der erste Mensch, mit dem sie es dann zu tun hatte, war der Fischer, der sie heraufholte.

§ 958 Abs. 1 BGB: *Wer eine herrenlose bewegliche Sache in Eigenbesitz nimmt, erwirbt das Eigentum an der Sache.*

Zwei Fragen stellen sich an dieser Stelle: Ist die Auster eine Sache und war sie herrenlos? Wenn wir sie beantwortet haben, wissen wir wenigstens, ob der Fischer F Eigentümer geworden ist. Für die erste Frage müssen wir das Sachenrecht, also das Dritte Buch des BGB einen Moment hinter uns lassen und nach vorn blättern, in den Allgemeinen Teil. Dort, im Ersten Buch des BGB, sind solche Fragen behandelt, die immer wieder an allen Stellen des BGB relevant werden. Sie sind deshalb vorab geregelt, gleichsam «vor die Klammer» gezogen. Darum kann man ein Gesetzbuch nicht wie normale Bücher von vorne nach hinten lesen, sondern muss in der Mitte anfangen und sich die fehlenden Teile dann zusammensuchen. Hier, im zweiten Abschnitt des Ersten Buches, finden wir die Definition der «Sache».

§ 90 BGB: *Sachen im Sinne des Gesetzes sind nur körperliche Gegenstände.*

Und einen «Paragrafen»[14] weiter liest man, gekennzeichnet durch einen Kleinbuchstaben:

§ 90 a Satz 1 BGB: *Tiere sind keine Sachen.*

Das war nicht immer so! Bis 1990 gab es keinen «§ 90 a» BGB. Tiere waren körperliche Gegenstände und damit Sachen im Sinne des Gesetzes. Aufgrund eines Aufschreis in der Öffentlichkeit entdeckten alle politischen Parteien im Bundestag ihre Tierliebe und fügten § 90 a BGB ein. Am Kleinbuchstaben erkennt man, dass eine Vorschrift später hinzugefügt wurde. Das ist einfacher, als das ganze Gesetz neu zu nummerieren. Außerdem würden die Juristen ihre wichtigen Paragrafen dann nicht mehr wiederfinden, wenn sie nach jeder kleinen Gesetzesänderung eine andere Nummer hätten und der § 929 BGB (übrigens ein besonders wichtiger Paragraf, der uns noch oft beschäftigen wird) plötzlich § 930 BGB wäre, oder § 931 oder § 932 BGB![15] – Was sich durch § 90 a BGB geändert hat? Nichts! Denn in Satz 3 derselben Vorschrift heißt es, als ob nichts gewesen wäre: «Auf sie sind die für Sachen geltenden Vorschriften entsprechend anzuwenden.» Der «Palandt», einer der gängigsten Kommentare zum BGB, der noch immer den Namen des Gründers und Herausgebers der ersten zehn Auflagen trägt,[16] schreibt dazu: «Im Ergebnis ist § 90 a BGB eine gefühlige Deklamation ohne wirklichen rechtlichen Inhalt.»[17] Das Einzige, das sich geändert hat, ist, dass es die Studenten schwieriger haben, wenn sie einen Sinn hinter dem Ganzen vermuten und rechtliche Schlüsse daraus zu ziehen versuchen. Dann ist die Klausur nämlich kaum noch zu retten. Die erste Frage ist damit beantwortet: Die Auster ist «so etwas Ähnliches» wie eine Sache. Aber war sie auch herrenlos? Dafür begeben wir uns erneut ins Sachenrecht:

§ 960 BGB: *(1) Wilde Tiere sind herrenlos, solange sie sich in der Freiheit befinden. Wilde Tiere in Tiergärten und Fische in Teichen oder anderen geschlossenen Privatgewässern sind nicht herrenlos.*

(2) Erlangt ein gefangenes wildes Tier die Freiheit wieder, so wird es herrenlos, wenn nicht der Eigentümer das Tier unverzüglich verfolgt oder wenn er die Verfolgung aufgibt.

(3) Ein gezähmtes Tier wird herrenlos, wenn es die Gewohnheit ablegt, an den ihm bestimmten Ort zurückzukehren.[18]

Uns interessiert nur der erste Satz: Die Auster war herrenlos, solange sie im Meer lebte! Damit ist unser Fischer F Eigentümer geworden, als er die Auster in Eigenbesitz nahm. Darum, was der «Eigenbesitz» ist, wollen wir uns nicht scheren. Wen es interessiert, der lese § 872 BGB. Unser Anfangspunkt, von dem die Geschichte ihren Ausgang nimmt, steht damit fest. Fischer F war Eigentümer des Austerntiers, und wenn er das Eigentum nicht verloren hat, dann ist er noch heute Eigentümer. Nun müssen wir nur noch den weiteren Weg verfolgen, den die Auster genommen hat, bis sie auf den Tisch kam.

4. Die Lehre von den Bestandteilen

Ein kleines Problem stellt sich aber vorher noch: Wir sagten, der Fischer ist Eigentümer der Auster geworden. Nur der Auster? Oder auch Eigentümer der Perle? Die Perle, «eine organische Ausscheidung, ein, wie man annimmt, krankhaftes Sekret der Auster» (Gareis), ist nämlich genau wie die Auster auch ein körperlicher

Gegenstand, also, wie wir jetzt wissen, ebenfalls eine «Sache». Als solche könnte sie jemand anderem gehören, d. h. «Gegenstand besonderer Rechte» sein. Wie verhält es sich damit?

§ 93 BGB: *Bestandteile einer Sache, die von einander nicht getrennt werden können, ohne dass der eine oder der andere zerstört oder in seinem Wesen verändert wird (wesentliche Bestandteile), können nicht Gegenstand besonderer Rechte sein.*

Ist die Perle ein «wesentlicher» Bestandteil der Auster? Für den unvoreingenommenen Betrachter wohl schon, vielleicht sogar der wesentlichste Bestandteil der ganzen Auster. Aber für den Juristen nicht. Wir müssen das Gesetz aber nur genau lesen, dann ergibt sich die Antwort ganz von selbst. Wir lassen Dr. Josef für uns antworten, der zu Recht schreibt: «Die Perle in der Auster ist aber das genaue Gegenteil eines wesentlichen Bestandteiles; denn erst durch die Trennung voneinander kommt die Auster wie die Perle zu ihrer wirtschaftlichen Geltung. Hingegen sind Tier und Schale in der Tat wesentliche Bestandteile, da bei ihrer Trennung die Schale zerbricht und wertlos wird.»

Der aufmerksame Leser mag sich zur Übung einmal die Frage vorlegen, ob denn der Motor eines Autos wesentlicher Bestandteil des Autos ist. Die Antwort lautet: Nein, der Motor kann vom Rest des Autos getrennt werden, ohne dass der eine (nämlich der Motor) oder der andere Bestandteil (nämlich die Karosserie) zerstört oder in ihrem Wesen verändert werden. Der Motor behält z. B. als Austauschmotor seine wirtschaftliche Bedeutung, genauso die Karosserie. Beide können auch problemlos wieder zusammengesetzt werden. Folglich ist ein Motor kein wesentlicher Bestandteil des Autos – eine Erkenntnis, mit der sich selbst Studenten der Rechtswissenschaften in der Vorlesung regelmäßig noch verblüffen lassen.

Aber was ist nun das Gegenteil eines wesentlichen Bestandteils, wie Dr. Josef es formulierte? Es ist ein – nur – «einfacher» Bestandteil. Als solcher ist die Perle bis zu ihrer Trennung rechtlich überhaupt nicht existent. Sie ist einfach Teil der Auster und aus! Das ändert sich erst dann, wenn B die Auster im Restaurant öffnet und die Perle herausnimmt. Aber so weit sind wir noch nicht. Wir waren bei den wesentlichen Bestandteilen. Die Unterscheidung, ob wesentlicher Bestandteil oder nicht, spielt später noch einmal eine

Rolle, darum wollen wir dieses Zwischenergebnis vormerken. An dieser Stelle kann aber zunächst festgehalten werden, dass Fischer F Eigentümer von Perle und Auster ist, nur weiß er nichts von seinem Glück. Darum verkauft er sie ja auch weiter.

5. Eigentum wird übertragen

Wir wollen der Einfachheit halber annehmen, dass er sie selbst zum Hamburger Fischmarkt gebracht hat, wo sie der Restaurateur R für sein Feinschmeckerlokal eingekauft hat. Die Frage, die sich nun stellt, ist, ob R dadurch Eigentümer von Auster und Perle geworden ist.

§ 929 Satz 1 BGB: *Zur Übertragung des Eigentums an einer beweglichen Sache ist erforderlich, dass der Eigentümer die Sache dem Erwerber übergibt und beide darüber einig sind, dass das Eigentum übergehen soll.*

Wer wollte daran zweifeln? Jetzt müssen wir uns an das erinnern, was oben zu den wesentlichen Bestandteilen gesagt worden ist. Wir hatten festgestellt, dass wesentliche Bestandteile nicht «Gegenstand besonderer Rechte» sein können. Das heißt im Umkehrschluss – man nennt einen Umkehrschluss auf Latein auch ein «argumentum e contrario» –, dass ein einfacher Bestandteil, wie die Perle, im Prinzip sehr wohl Gegenstand besonderer Rechte sein kann. Es wäre also denkbar, dass das Eigentum an der Auster und das Eigentum an der Perle auseinanderfallen. Sie wären dann jeweils Gegenstand besonderer Rechte, die Auster könnte Gegenstand des Eigentumsrechts des R und die Perle Eigentum des F geblieben sein. Man müsse nämlich bedenken, dass der Austernfischer eine «Absicht der Eigentumsübertragung nur betreffs der Auster als Genussmittel» gehabt habe, nicht aber «betreffs des Teils der Auster, der in der Perle bestand», so der Einwand, der Dr. Josef zu seiner abweichenden Lösung führte.

Hier sind wir an einer jener Weggabelungen angelangt, von denen eingangs die Rede war. Denn der Amtsgerichtsrat Warnatsch, der Oberlandesgerichtsrat Francke und alle anderen Autoren sind sich darin einig, dass die Perle als Ganzes, d. h. mit allen ihren Bestandteilen, Schale, Perle und allem, was dazugehört, übertragen worden ist. Ihre Überlegungen lassen sich so zusammenfassen: Als einfacher Bestandteil könnten Perlen zwar «an sich» Gegenstand besonderer Rechte sein, «sie werden es aber solange niemals sein, weil ihr Vorhandensein den Menschen zuallererst bekannt wird, wenn sie aufhören, Bestandteil der Auster zu sein» (Francke). Diese Linie entspricht durchaus der heute herrschenden Meinung unter den Juristen, die sich im Laufe der Zeit herausgebildet hat. Die «herrschende Meinung» ist ein so bedeutender juristischer Fachausdruck, dass dafür eine eigene Abkürzung ersonnen wurde, nämlich h. M. Sie kommt, um im Bild zu bleiben, dadurch zustande, dass an einer Gabelung viele den gleichen Weg nehmen. Dann ist am Ende ein Pfad ausgetreten, und der andere wird mit der Zeit so überwuchert, dass er kaum noch gangbar ist. Es gibt aber auch echte Probleme, an denen man keiner vorgefertigten Spur mehr folgen kann.

Doch noch befinden wir uns auf sicherem Terrain: Solange die Perle unentdeckter Bestandteil der Auster ist, bleibt es dabei, die eingeschlossene Perle teilt das rechtliche Schicksal der Auster. F hat sie an R so übertragen, wie sie ist. Er hat gesagt, diese Auster soll jetzt dir gehören, und diese Auster war nun einmal eine Auster mit Perle. Dass er dabei dem Irrtum unterlag, es handele sich um eine ganz normale Auster, wird uns an anderer Stelle noch beschäftigen. Für den Moment kann jedenfalls festgehalten werden, dass nunmehr der Restaurateur R neuer Eigentümer der Auster samt Perle geworden ist. Das Eigentum ist übergegangen. Der Koch bereitet nun die Austern zu, und der Kellner serviert, inklusive Zitronenschale, «wie jetzt wohl ziemlich allgemein üblich, die Austern geöffnet und das Tier von der Schale getrennt, auf der einen Schalenklappe liegend» (Schloßmann, 1906) den Gästen. Darin liegt – wie sollte es auch anders sein – eine weitere Eigentumsübertragung an den Gast, der die Speisen schließlich verzehren soll. Wäre es anders, so würde ich im Restaurant fremdes Eigentum verletzen, indem ich es aufesse.

§ 823 Abs. 1 BGB: *Wer vorsätzlich oder fahrlässig (…) das Eigentum oder ein sonstiges Recht eines anderen widerrechtlich verletzt, ist dem anderen zum Ersatz des daraus entstehenden Schadens verpflichtet.*

Wenn ich in einem Restaurant essen gehe, bezahle ich aber nicht Schadensersatz für die verzehrten Speisen, sondern entrichte den in der Speisekarte ausgezeichneten Kaufpreis. Darüber, dass es sich bei dem Restaurantvertrag nicht um einen reinen Kaufvertrag, sondern um einen aus mehreren Vertragstypen gemischten Vertrag handelt, mehr im zweiten Kapitel. Die Speisen – sachenrechtlich: körperliche Gegenstände – habe ich jedenfalls gekauft:

§ 433 Abs. 1 Satz 1 BGB: *Durch den Kaufvertrag wird der Verkäufer einer Sache verpflichtet, dem Käufer die Sache zu übergeben und das Eigentum an der Sache zu verschaffen.*

§ 929 Satz 1 BGB: *Zur Übertragung des Eigentums an einer beweglichen Sache ist erforderlich, dass der Eigentümer die Sache dem Erwerber übergibt und beide darüber einig sind, dass das Eigentum übergehen soll.*

Zwei Probleme bleiben aber immer noch. Erstens: Werden Schalen, Muscheln usw. mitübereignet oder bleiben sie das Eigentum des Gastwirts? Und zweitens: An wen überträgt R überhaupt das Eigentum? An die Begleiterin B, die die Speisen verzehrt, oder an Herrn H, der die Speisen immerhin bestellt und auch bezahlt hat?

6. Die Residuen: Flaschen, Knochen, Korken

Beginnen wir mit der ersten Fragestellung und fragen wir uns, ob der Gast Eigentümer der Austernschalen wird. Warum die Austernschale? Das hat seinen Grund darin, dass Austernschale und Perle eines gemeinsam haben. Sie sind nicht zum Verzehr bestimmt. Dass die essbaren Bestandteile, insbesondere das Fleisch der Auster, eigentumsmäßig übertragen werden, leuchtet ein. Aber wie ist es mit den ungenießbaren Bestandteilen?

Natürlich könnte man auch hier wieder sagen, der Wirt habe eine «Absicht der Eigentumsübertragung nur betreffs der Auster als Genussmittel» (Josef), nicht aber betreffs der ungenießbaren Teile. Aber es kommt noch ein weiterer Aspekt hinzu: Im Unterschied zu oben, wo der Fischer dem R einen ganzen Sack voll Austern verkaufte und samt und sonders übergab, ist es in Speiselokalen nämlich durchaus üblich, Abfall, Speisereste und dergleichen auf dem Teller zurückzulassen, wenn man das Lokal verlässt. Dieser Umstand erscheint geeignet, auch rechtliche Differenzierungen daran zu knüpfen. Betrachten wir einmal die Lage: Ich gehe in ein Restaurant, bestelle Speisen und Getränke. Vielleicht Forelle Blau und eine

Flasche Chablis. Wenn ich mit dem Essen fertig bin, steht da eine leere Flasche. Daneben liegt ein Korken. Und auf dem Teller liegt eine Fischgräte und eine ausgepresste Zitronenschale. Wem gehört das Zeug? Der unbefangene Betrachter wird spontan antworten: Mir natürlich! Aber Vorsicht! Wenn ich das Mahl zu Hause zu mir genommen hätte, wäre es klar, dass ich die Speisereste nicht einfach dem Nachbarn vor die Tür legen oder zu R ins Restaurant tragen dürfte. Ich dürfte meinen Müll nicht einfach bei R auf den Tisch legen. Das geht nicht. Damit würde ich rechtlich wiederum sein Eigentum (an den Tischen, am Haus usw.) beeinträchtigen:

§ 1004 **Abs.** 1 **BGB:** *Wird das Eigentum in anderer Weise als durch Entziehung oder Vorenthaltung (...) beeinträchtigt, so kann der Eigentümer von dem Störer die Beseitigung der Beeinträchtigung verlangen. Sind weitere Beeinträchtigungen zu besorgen, so kann der Eigentümer auf Unterlassung klagen.*

Man nennt diese Klage nach dem römischen Recht, wo es keine Paragrafen, dafür aber für jedes Begehren eine bestimmte Spruchformel gab, die «Klage», die der Kläger auswendig hersagen musste, die «actio negatoria». Damit kann ich verhindern, dass jemand seinen Abfall bei mir ablädt. Ich kann auf Beseitigung und Unterlassung klagen. «Besorgen» bedeutet übrigens in der Sprache des 19. Jahrhunderts «die Sorge haben, dass …».

Wenn ich also Eigentümer der «Residuen» – also der Überbleibsel – geworden bin, so müsste man mir konsequenterweise auch die «Verpflichtung zur Ab- und Mitnahme der Speisereste auferlegen», sagt Amtsgerichtsrat Warnatsch. Nach der in allen vornehmen Restaurants von Seiten des Publikums «gepflogenen Übung» stehe dem Gaste nur das Recht zu, sich die genießbaren Bestandteile der vorgesetzten Speisen im Restaurant durch alsbaldigen Verzehr anzueignen, dagegen seien die ungenießbaren Bestandteile wie Knochen, Krebse und Austernschalen dem Wirt «als diesem gehörend» zurückzulassen. Dann gehörte die Perle dem Restaurateur R.

Dieses Problem sieht auch der Kieler Professor Schloßmann: Er will die unliebsame Konsequenz aber dadurch vermeiden, dass er annimmt, niemand habe mehr das Eigentum an den «Residuen» wie leeren Flaschen, Knochen, Fruchtschalen, Gräten, Korken etc. Wie kann das sein? Der Leser möge sich einmal überlegen, ob er Sachen kennt, die niemandem gehören. Die Weizenhalme auf dem Felde gehören dem Bauern,[19] die Steine in der Erde dem Grundstückseigentümer;[20] die Straße, der Bordstein und alle Verkehrsschilder gehören der Gemeinde. Die Luft, ein Gewässer, der Regen gehören zwar niemandem, das sind aber auch keine körperlich abgrenzbaren Gegenstände, also keine Sachen im Sinne von § 90 BGB. Das (inzwischen leider abgeschaffte und zungenbrecherisch BayObLG abgekürzte) Bayerische Oberste Landesgericht in München hatte beispielsweise einmal zu entscheiden, ob eine Langlaufloipe im Bayerischen Wald eine «Sache» sei. Es handelte sich dabei um eine strafrechtliche Frage, ob es eine Sachbeschädigung nach § 303 Abs. 1 StGB darstellt,[21] wenn einer auf der Loipe herumstapft und so die Spur zerstört. Eine Langlaufloipe sei nur eine Verformung des vorhandenen Schnees, das sei keine vom umgebenden Schnee genügend abgegrenzte Sache, entschied das Gericht. Die Entscheidung ist abgedruckt in der *Juristischen Rundschau* des Jahres 1980 auf S. 429. Eine Sache, die niemandem gehört, haben wir allerdings schon kennengelernt: Die Auster im Meer war eigentümerlos – wir hatten gesagt, sie sei «herrenlos».

§ 959 BGB: *Eine bewegliche Sache wird herrenlos, wenn der Eigentümer in der Absicht, auf das Eigentum zu verzichten, den Besitz der Sache aufgibt.*

Auch hierfür benutzt der Jurist ein lateinisches Wort, was zeigt, woher unser Recht ganz überwiegend[22] stammt: Dereliktion, was Eigentumsaufgabe heißt. Die Sache wird «derelinquiert», sagt man. Die Philosophie, auch die Rechts- und Staatsphilosophie, haben wir von den Griechen übernommen, das Recht von den Römern. Es handelt sich dabei um die geschichtlich vielleicht bedeutendsamste Leistung der Römer, wenn die Wertung erlaubt ist. Die Austernschalen sind «bewegliche Sachen». Damit ist nämlich nicht gemeint, dass sich die Sache selbst fortbewegt – das kann die Auster ja nun nicht mehr – sondern nur, dass sie fortbewegt werden kann! Das Gegenteil von beweglichen Sachen sind Grundstücke. Sie sind unbeweglich (darum: «Immobilien»). Und was es mit dem Unterschied von Eigentum und Besitz auf sich hat, sparen wir uns für später auf.

Schloßmann nimmt also an, dass die «vom Wirt für die Präsentation und vom Gast als Dekoration oder Utensil des Essens» nicht mehr benötigten Austernschalen «herrenlos» werden. Dann sind die Schalen natürlich nicht mein Eigentum, und ich brauche sie auch nach dem Essen nicht mitzunehmen, und das Problem wäre gelöst. Aber kommen wir zurück auf die Perle. Hier ist die Frage ja nicht, ob ich die Perle mitnehmen muss, weil ich sie nicht liegen lassen darf, sondern, ob ich die Perle mitnehmen darf oder liegen lassen muss. Wir haben den Paragrafen, der die Antwort enthält, schon oben kennengelernt:

§ 958 Abs. 1 BGB: *Wer eine herrenlose bewegliche Sache in Eigenbesitz nimmt, erwirbt das Eigentum an der Sache.*

So ist die Schloßmann'sche Lösung. Die B tut danach genau das, was der Fischer F getan hat. Sie eignet sich eine herrenlose Sache an. Hätte sie es nicht getan, so hätte es der Kellner tun können oder der Müllmann oder sonst wer.

Aber wir wollen dem ausgetretenen Pfad folgen und mit der überwiegenden Anzahl der Rechtsgelehrten annehmen, dass das Eigentum an den Speisen im Restaurant insgesamt – mit Haut und Knochen – an den Gast übertragen wird. Was mit den Resten geschieht, wenn ich das Lokal verlasse, braucht uns hier ja nicht weiter zu interessieren. Man kann in der Tat annehmen, dass ich damit das Eigentum aufgebe, es «derelinquiere»; wenn ich will, kann ich die Knochen aber auch für meinen Hund mitnehmen. Man kann aber auch eine Rückübertragung des Eigentums auf den Wirt annehmen. Wie dem auch sei, jedenfalls ist der Wirt aufgrund des Bewirtungsvertrages[23] verpflichtet, selbst für eine ordnungsgemäße Abfallbeseitigung zu sorgen und kann seine Gäste nicht dazu zwingen, die Speisereste mitzunehmen und einen leergeputzten Teller zu hinterlassen. Soviel ist offensichtlich.

Dann stellt sich jetzt die zweite Frage, die oben angesprochen wurde. Sie lautet: An wen überträgt der Wirt denn eigentlich das Eigentum? An H, der die Austern bestellt und schließlich auch bezahlt hat oder an B, die von H eingeladen worden ist?

7. Das Abstraktionsprinzip

Wir sagten oben, der Wirt R habe mit dem Herrn H einen «Kaufvertrag» über die Speisen und Getränke geschlossen.

§ 433 BGB: *(1) Durch den Kaufvertrag wird der Verkäufer einer Sache verpflichtet, dem Käufer die Sache zu übergeben und das Eigentum an der Sache zu verschaffen. (…)*

(2) Der Käufer ist verpflichtet, dem Verkäufer den vereinbarten Kaufpreis zu zahlen und die gekaufte Sache abzunehmen.

Alles wäre nun einfach, wenn H schon deshalb zum Eigentümer der auf dem Teller liegenden Gegenstände geworden wäre, weil er, und nicht B, den Vertrag mit R geschlossen hat. – In der Tat glauben die meisten Menschen, dass sie in dem Moment Eigentümer werden, in dem sie einen Kaufvertrag unterschreiben. Das ist aber nicht ganz richtig. Es stecken sogar mehrere Fehler darin: Zum einen sind Verträge formfrei, d. h. sie bedürfen weder der Schriftform noch irgendeiner anderen Form. Eine Ausnahme bildet insoweit der Kaufvertrag über ein Grundstück, der nach § 311 b BGB (früher § 313 BGB) nicht nur der Schriftform, sondern sogar der notariellen Beurkundung bedarf. Verträge können daher auch mündlich, ja sogar dadurch geschlossen werden, dass man sich einfach in einer bestimmten Weise verhält. Man nennt das einen Vertragsschluss durch schlüssiges (der Jurist sagt auch «konkludentes») Verhalten. Die allermeisten Verträge kommen so zustande! Ein Kopfnicken, ein Zuruf, ein Handschlag – sogar ein Handheben, wie im berühmten «Trierer Weinversteigerungsfall» (nur wollte der ortsfremde Reisende dort gar keinen Wein, und schon gar nicht das ihm zugeschlagene Fass, ersteigern, sondern nur einem Bekannten freundlich zuwinken). Wenn ich in ein Speiselokal gehe, mich an einen Tisch setze und eine Bestellung aufgabe, habe ich – ganz ohne Unterschrift oder irgendein Schriftstück – einen Vertrag geschlossen. Wäre es nicht so, so würde ja auch kein Kaufpreisanspruch (§ 433 Abs. 2 BGB) entstehen, und ich müsste die Speisen auch nicht bezahlen.

Der zweite Fehler liegt darin, zu meinen, durch den Kaufvertragsschluss würde man schon zum Eigentümer des Kaufgegenstandes. Das ist aber nicht so. In dem Restaurant-Beispiel leuchtet es ohne Weiteres ein, weil ich die Speisen ja noch gar nicht habe. Aber auch sonst trifft es nicht zu! Es ist vielmehr so, dass es zur Eigentumsverschaffung eines besonderen, eines zweiten Vertrages bedarf. Das ist etwas schwer zu begreifen, ist aber ein wichtiger Grundsatz unseres Rechts, den man einmal verstanden haben muss. Viele Juristen halten den sog. Trennungs- und Abstraktionsgrundsatz, der dafür verantwortlich ist, heute zwar für überflüssig, und viele andere Rechtsordnungen, z.B. die angelsächsische, kommen auch ganz gut ohne ihn aus; das ändert aber nichts daran, dass er bei uns nun einmal gilt. Danach gibt es also zwei Verträge: Einen Kaufvertrag, der mich berechtigt, die Speisen zu fordern und der mich verpflichtet, sie auch zu bezahlen. Und einen weiteren Vertrag, der den Eigentumsübergang bewerkstelligt, den wir schon kennengelernt haben. Schon zweimal war davon die Rede, es ist die «Einigung»: «Zur Übertragung des Eigentums ist erforderlich, dass beide darüber einig sind (…).» Einigung bedeutet Vertrag («sich vertragen»)! Die Einigung ist geradezu das Wesensmerkmal von Verträgen.

Das eine hat mit dem anderen nichts zu tun (Trennungsprinzip), und beide sind auch rechtlich völlig voneinander losgelöst, der Fehler des einen wirkt sich also nicht auf den anderen aus (Abstraktionsprinzip). Man nennt das eine Geschäft das schuldrechtliche oder «obligatorische» Geschäft. Das ist der Kaufvertrag, § 433 BGB. Er gehört dem Schuldrecht an und ist im Zweiten Buch des BGB zu finden, das überschrieben ist «Das Recht der Schuldverhältnisse». Das Gegenstück dazu ist das dingliche Geschäft, § 929 BGB. Es gehört dem Sachenrecht an, das im Dritten Buch des BGB geregelt ist, wie wir wissen. Dass es uns im täglichen Leben nicht weiter auffällt, wie viele Verträge wir eigentlich schließen und täglich abwickeln, liegt daran, dass beide Geschäfte meist zusammenfallen. Wenn ich in einen Einkaufsladen gehe und mit einer Tafel Schokolade wieder herauskomme, ist bereits alles geschehen. Drei Verträge sind geschlossen worden. Drei?

Ja, drei! Der eine besagt, du sollst die Tafel Schokolade bekommen, wenn du mir dafür einen Euro gibst (§ 433 BGB). Der zweite besagt, hier hast du das Ding, dies ist also der dingliche Vertrag (§ 929 BGB). Und der dritte besagt, hier hast du das Geld, es ist jetzt deins. Noch ein Vertrag! Nochmal § 929 BGB! Wie kommt es zu einer solchen – zugegebenerweise einigermaßen lebensfremden – Konstruktion? Nun, das hat historische Gründe. Ursprünglich gab es nur den «Barkauf». Dabei werden Leistung und Gegenleistung an Ort und Stelle getauscht, anfangs, bevor es Geld gab,[24] Ware gegen Ware und später Ware gegen Geld. Ein solcher «Kauf» Ware gegen Ware ist eigentlich gar kein Kauf, sondern ein Tausch. Das BGB regelt ihn noch heute nur mit einer einzigen Vorschrift, gleich im Anschluss an den Kauf, mit dem er ja nahe verwandt ist.[25] Zweitausend Jahre lang war das die einzige Art des Kaufes. Dafür braucht man die Trennung in zwei Geschäfte nicht.

Aber das war unpraktisch. Bei den Griechen taucht zum ersten Mal der sog. Distanzkauf auf. Man einigt sich zunächst nur über Ware und Preis, dann vergeht einige Zeit, und schließlich, Tage später, wird die Ware übergeben, ein zweites Geschäft, das dingliche Geschäft, zur Erfüllung des obligatorischen Geschäfts. Dazwischen lag eine zeitliche Distanz, darum Distanzkauf. Man musste die Ware so nicht immer mit sich herumschleppen, sondern konnte sie im Bedarfsfalle beschaffen, wenn man sie brauchte. Das eröffnete auch erst die Möglichkeit, eine Ware zu verkaufen, die man noch gar nicht hatte, sondern sich seinerseits erst besorgen musste. Das ist wichtig für den Handel, bringt aber, wie man sich leicht vorstellen kann, auch ganz neue Probleme mit sich: Selbstverständlich kann ich den Cowboyhut von George W. Bush verkaufen. Den habe ich zwar nicht und kann ihn deswegen auch nicht übereignen, der Kaufvertrag (§ 433 BGB) ist aber gültig.

Da nun Vertrag und Erfüllung zeitlich auseinander fielen, lag es nahe, sie auch begrifflich zu unterscheiden. So kommt es, dass bei uns heute beide Rechtsgeschäfte ihren eigenen Regeln folgen. Darum haben wir uns bisher, etwa als F das Eigentum an R übertrug, auf eine Betrachtung des § 929 BGB (dingliches Geschäft!) beschränkt. Selbstverständlich lag auch diesem Geschäft ein Kaufvertrag gemäß § 433 BGB (schuldrechtliches Geschäft!) zugrunde. Nur kam es darauf eben nicht an, weil die Eigentumslage getrennt davon zu betrachten ist. Jetzt vermischen sich die beiden Ebenen aber, und es wird ein bisschen komplizierter.

8. Ein einfacher Sachverhalt wird kompliziert

Damit sind wir wieder bei Herrn H und seiner Begleiterin B im Hamburger Speiselokal. Weil er sie eingeladen hat, hat auch nur er den obligatorischen, den schuldrechtlichen Kaufvertrag mit R geschlossen, der ihn zur Zahlung verpflichtet. Die Frage ist nun, an wen von beiden R die Austern eigentumsmäßig übertragen hat, als er oder der Kellner[26] sie vor B auf den Tisch stellte? Es gibt zwei Möglichkeiten: Er könnte sie an H übereignet haben, mit dem er ja einen Vertrag hatte, den er erfüllen wollte. Er könnte das Eigentum aber auch direkt auf B übertragen haben. Mit der hatte er zwar keinen (obligatorischen) Vertrag. Wir haben aber gesehen, dass dies für das dingliche Geschäft keine Rolle spielt.

Professor Gareis, der den Fall zuerst aufnahm, entscheidet sich nun für die erste Lösung und sagt, dass der, der die Sachen bezahlt, auch ihr Eigentümer wird. Aber wie kann es dann kommen, dass B die Speisen verzehren darf? Nun, ganz einfach. Herr H überträgt das Eigentum weiter auf B, wieder § 929 BGB (Abstraktionsprinzip: Schuldrechtlich liegt dem diesmal nicht ein Kaufvertrag nach § 433 BGB zu Grunde, sondern ein Schenkungsvertrag nach § 516 BGB,[27] denn die B soll ja nichts dafür bezahlen). Wenn R der B den Teller mit den Austern vorsetzt, so liegen darin also zwei Übereignungen: Eine von R an H, und eine von H an B.

Ganz anders die Lösung von Gierke: Er nimmt an, dass B die Austern unmittelbar von R erworben habe, als er sie vor ihr abstellte (dinglicher Vertrag). Das sieht auf den ersten Blick einfach aus, ist es aber nicht. Wie kann denn R die Austern an B geben, wenn es doch in § 433 Satz 1 BGB ausdrücklich heißt: «Durch den Kaufvertrag wird der Verkäufer einer Sache verpflichtet, *dem Käufer* die Sache zu übergeben und das Eigentum an der Sache zu verschaffen»?

§ 328 Abs. 1 BGB: *Durch Vertrag kann eine Leistung an einen Dritten mit der Wirkung bedungen werden, dass der Dritte unmittelbar das Recht erwirbt, die Leistung zu fordern.*

Man nennt das einen «Vertrag zugunsten Dritter». Der Kaufvertrag wird insoweit abgeändert, dass R nicht zuerst H die Austern übergeben muss, sondern B die Austern von R «fordern» darf und

R sie ihr deshalb auch geben darf. Er hat damit seinen Vertrag mit H (!) erfüllt. H kann hinterher auch nicht mit dem Gesetz kommen und sagen, § 433 BGB sagt aber… Wie soll man entscheiden, welche Lösung richtig ist? R und B haben ja nicht gesagt: «Komm, lass uns einen Vertrag zugunsten Dritter abschließen» oder «Machen wir es so und so». Sie kannten den § 328 BGB wahrscheinlich genauso wenig wie der Leser. Was macht nun der Jurist? Er «legt» die Erklärungen der Beteiligten «aus».

§ 157 BGB: *Verträge sind so auszulegen, wie Treu und Glauben mit Rücksicht auf die Verkehrssitte es erfordern.*

Weiter vorn findet sich eine zweite Vorschrift, die ebenfalls zu beachten ist:

§ 133 BGB: *Bei der Auslegung (…) ist der wirkliche Wille zu erforschen (…).*

Das hilft natürlich auch nicht weiter! Schon Goethe, selbst von Haus aus Jurist, riet in einem solchen Fall: «Im Auslegen seid frisch und munter! Legt ihr's nicht aus, dann legt was unter.» – Man kann also auf juristischem Wege zu beiden Ergebnissen gelangen und es so hinbiegen oder so. Aber macht es denn überhaupt einen Unterschied, ob B die Austern nun von H bekommen hat oder ob sie sie ohne den Umweg über H von R direkt bekommen hat? Das ist doch ganz egal. Es macht in der Tat nur dann einen Unterschied, wenn man eine Eigentumsübertragung von H an B verneint.

9. Die Gareis'sche Aneignungsgestattung bei einer Einladung zum Essen

Wir müssen uns dazu zwei Vorschriften näher anschauen, die uns nicht mehr ganz unbekannt sind. Jetzt, im Restaurant, ist die Perle nämlich zum ersten Mal von der Auster «getrennt» worden, deren Bestandteil sie bis dahin war. Damit teilt sie nicht mehr das rechtliche Schicksal der Auster, sondern beginnt ein rechtliches Eigenleben. Die beiden Vorschriften stehen im vierten Untertitel des dritten Titels des dritten Abschnitts des Dritten Buches des BGB:

Erwerb von Erzeugnissen und sonstigen
Bestandteilen einer Sache

§ 953 BGB: *Erzeugnisse und sonstige Bestandteile einer Sache gehören auch nach der Trennung dem Eigentümer der Sache, soweit sich nicht aus den §§ 954 bis 957 ein anderes ergibt.*

§ 956 Abs. 1 Satz 1 BGB: *Gestattet der Eigentümer einem anderen, sich Erzeugnisse oder sonstige Bestandteile der Sache anzueignen, so erwirbt dieser das Eigentum an ihnen, wenn der Besitz an der Sache ihm überlassen ist, mit der Trennung, andernfalls mit der Besitzergreifung.*

Die erste Vorschrift haben wir ganz zu Anfang kurz angesprochen, ohne sie beim Namen zu nennen. Sie besagt, dass der Eigentümer der Auster auch Eigentümer der Perle wird. Übrigens war die Perle vor der Trennung nicht nur Bestandteil der Auster, sondern war als deren Erzeugnis in der etwas altertümlichen Sprache des BGB sogar deren «Frucht».

§ 99 Abs. 1 BGB: *Früchte einer Sache sind die Erzeugnisse der Sache und die sonstige Ausbeute, welche aus der Sache ihrer Bestimmung gemäß gewonnen wird.*

Uns interessiert aber die zweite Vorschrift, der § 956 BGB, der eine Ausnahme zu § 953 BGB bildet. Danach würde der Eigentümer der Auster auch Eigentümer der Perle; davon waren wir bislang immer ausgegangen. Der § 956 BGB besagt aber, dass der Eigentümer auch einem anderen die Aneignung von Erzeugnissen und Bestandteilen gestatten kann. Dann wird der andere Eigentümer der von der Sache getrennten Früchte (Erzeugnisse).

Das ist vor allem bei der Pacht der Fall: Den meisten Landwirten gehört nämlich der Grund und Boden gar nicht, auf dem sie ihr Getreide anbauen. Da Pflanzen aber mit dem Boden fest verbunden sind, zählen sie zu den wesentlichen Bestandteilen des Grundstücks (§ 94 Abs. 1 BGB)[28] und stehen damit im Eigentum des Grundeigentümers. Damit würde er auch Eigentümer des Getreides, wenn es bei der Ernte vom Feld getrennt wird. Damit nun der Bauer Eigentümer der Ernte werden kann, bedarf es einer Vorschrift wie der des § 956 BGB.

Man kann nun sagen, bei H und B sei es genauso: H sei der Eigentümer der Auster und habe B bloß gestattet, sich das Muschelfleisch durch Verzehr anzueignen. Keinesfalls habe er der B auch gestattet, sich auch die Perle anzueignen. Denn aus der Einladung folge (anders als beim Pächter) kein «Anspruch gegen den Eigentümer der erzeugnisbringenden Sache» auf die sonstigen Erzeugnisse. B war schließlich nur zum Essen und nicht zur Schatzsuche eingeladen. Und eine Perle kann man nicht essen. So betrachtet Gareis die Angelegenheit.

10. Der Schatzfund

Gerne würde man der armen B doch irgendwie helfen. Schließlich war sie es, die die Perle entdeckte. Sie hätte sie ja auch einfach in einer Serviettenfalte verschwinden lassen und behalten können. Das hat sie nicht getan, und diese Redlichkeit soll doch auch irgendwie belohnt werden. Das sog. Fundrecht ist in den §§ 965 ff. BGB geregelt und soll Ansporn für den Finder sein, die Sache auch zurückzugeben. Es sagt aber nur, dass der Finder die verlorene Sache demjenigen zurückgeben muss, der sie verloren hat. Dafür erhält er einen «Finderlohn»:

§ 971 Abs. 1 BGB: *Der Finder kann von dem Empfangsberechtigten einen Finderlohn verlangen. Der Finderlohn beträgt von dem Wert der Sache bis zu 500 Euro fünf vom Hundert, von dem Mehrwert drei vom Hundert, bei Tieren drei vom Hundert.*

Es kann sogar sein, dass der Finder wirklich Eigentümer der Fundsache wird. Dann nämlich, wenn sich der Verlierer nicht meldet (oder sich zu spät meldet, dann ist das Eigentum auch weg):

§ 973 Abs. 1 BGB: *Mit dem Ablauf von sechs Monaten nach der Anzeige des Fundes bei der zuständigen Behörde erwirbt der Finder das Eigentum an der Sache (…).*

Beides hilft uns nicht weiter. Denn nur eine verlorene Sache kann gefunden werden. Die Perle ist aber nicht verloren gegangen, sondern nur gefunden worden. Also kein Finderlohn! Das Fundrecht hält aber an versteckter Stelle, in seiner letzten Vorschrift, noch einen Paragrafen bereit, von dem man lange Zeit glaubte, er sei längst überflüssig geworden:

§ 984 BGB: *Wird eine Sache, die so lange verborgen gelegen hat, dass der Eigentümer nicht mehr zu ermitteln ist (Schatz), entdeckt und infolge der Entdeckung in Besitz genommen, so wird das Eigentum zur Hälfte von dem Entdecker, zur Hälfte von dem Eigentümer der Sache erworben, in welcher der Schatz verborgen war.*

Die Vorschrift erinnert an Seeräubergeschichten und Schatz-
inseln, man kann sich vorstellen, dass sie in Deutschland selten von
einem Gericht angewendet worden ist. Im Jahre 1984 staunte ein
Baggerfahrer, der im Zuge der Lübecker Altstadtsanierung mit der
Aushebung einer Baugrube beschäftigt war, nicht schlecht, als er es
auf seiner Baggerschaufel blitzen und funkeln sah: 23.200 Gold-
und Silbermünzen aus dem 14. und 15. Jahrhundert. Die Hälfte
des Schatzes gehörte dem Land Schleswig-Holstein als der Eigentümerin des Grundstücks, in dem der Schatz verborgen gelegen
hatte. Um die andere Hälfte entzündete sich der Streit, der durch
alle Instanzen hinauf bis zum Bundesgerichtshof ging.[29] Die Baufirma behauptete, sie sei Entdecker des Schatzes (im Übrigen hielt
sie sich auch für die rechtmäßige Eigentümerin der anderen Hälfte,
weil sie Eigentümerin des Bauschutts werden sollte, in dem sich
der Schatz befand), weil der Baggerfahrer schließlich für sie ge-
arbeitet habe. Nicht ganz zu Unrecht: Immerhin hatte der Bundesgerichtshof bereits Jahre zuvor entschieden, dass im Rechtssinne nicht die Platzanweiserin Finderin eines Brillantrings (im
Wert von über 1000 Euro) war, den eine Kinobesucherin dort
verloren hatte, sondern der Kinobetreiber, weil er vorsichtshal-
ber in den Arbeitsvertrag hineingeschrieben hatte, dass die Platz-
anweiserinnen nach verlorenen Wertgegenständen Ausschau zu
halten und diese abzuliefern hätten.[30] Der Baggerfahrer bekam
am Ende doch noch seinen Teil, weil die Baufirma einen solchen
Passus vergessen hatte. Und in Zukunft werden die Verträge
von Kranführern, Schaufelladerfahrern und Baggerführern sicherlich den Zusatz enthalten, dass sie gleichzeitig mit der Aushebung
von Gruben damit beauftragt sind, Schätze für die Baufirma zu
suchen.

Ist unsere Perle ein Schatz? Sie hat ohne Zweifel lange Zeit ver-
borgen gelegen. Sie ist auch «entdeckt» worden, und sie wurde «in
Besitz» genommen. Besitz? Zum zweiten Mal begegnet uns dieses
Wort nun nacheinander. Schon in § 956 BGB war davon die Rede.
Wir sind damit auf eine weitere juristische Unterscheidung gesto-
ßen, die vom Alltagssprachgebrauch abweicht. Für die meisten
Menschen sind Eigentum und Besitz dasselbe. Nicht für den Juris-
ten! Schauen wir uns zum Vergleich einmal die beiden Vorschriften

über den Erwerb von Eigentum und Besitz an. Die erste ist ein alter Bekannter …

§ 929 Satz 1 BGB: *Zur Übertragung des Eigentums an einer beweglichen Sache ist erforderlich, dass der Eigentümer die Sache dem Erwerber übergibt und beide darüber einig sind (…).*

§ 854 Abs. 1 BGB: *Der Besitz der Sache wird durch die Erlangung der tatsächlichen Gewalt über die Sache erworben.*

In der zweiten Vorschrift ist von Einigung nicht die Rede. Wir wissen inzwischen, dass es sich bei der Einigung um einen Vertrag, den dinglichen Vertrag, handelt. Beim Besitz gibt es keine Einigung, und ohne Einigung keinen Vertrag. Entscheidend ist allein, wer tatsächlich die Sache be-»sitzt». Das Wort kommt tatsächlich von «sitzen»: Wenn ich einen Freund abends mit seinem Auto nach Hause fahre, weil er zu betrunken dazu ist, dann ist er Eigentümer des Autos, ich bin Besitzer, weil ich auf dem Fahrersitz sitze und die «tatsächliche Gewalt» über die Sache ausübe. Selbst der Dieb wird zum Besitzer des Autos – aber nicht zum Eigentümer!

Doch kehren wir zurück zum Schatzfundparagrafen. Dem Leser wird aufgefallen sein, dass auch diese Vorschrift nicht so recht passt, weil sie voraussetzt, dass der Eigentümer nicht mehr ermittelt werden kann. Davon kann aber keine Rede sein. Bei allen Schwierigkeiten, die es uns bereitet, festzustellen, wer denn nun rechtlich Eigentümer der Perle geworden ist, steht doch eines fest: Einer von ihnen ist Eigentümer der Perle. Wir kennen ja den Weg, den die Perle genommen hat. Juristische Schwierigkeiten, den Eigentümer zu ermitteln, sind damit nicht gemeint, wie man daran erkennen kann, dass sie nichts damit zu tun haben, wie lange die Perle verborgen gelegen hat. Dieselben Schwierigkeiten, den Eigentümer zu ermitteln, bestehen ja auch, wenn die Perle nur ganz kurz verborgen war. Dafür sind Juristen schließlich da, dass sie diese Schwierigkeiten überwinden.

Was also tun? Eine Möglichkeit haben wir schon kennengelernt: die Auslegung. Es werden nämlich nicht nur Verträge ausgelegt, sondern auch Gesetze. Methodologisch steht für die Gesetzesauslegung ein ganzer Auslegungskanon zur Verfügung. Alle Interpretation beginnt mit dem Wortlaut (grammatikalische Interpretation). Außerdem zieht man die Stellung der Vorschrift im Gesetz zu Rate (systematische Interpretation). Wenn man etwas über die Gesetzesgeschichte weiß, kann man auch eine historische Interpretation anstellen. Am Ende landet man meist bei der teleologischen Interpretation – vom griechischen «telos» (Ziel, Pfeil), nicht zu verwechseln mit «theologischer» Interpretation. Der Jurist, der das verwechselt, macht sich schnell zum Gespött! Die teleologische Interpretation fragt nach dem Sinn und Zweck der Vorschrift (ratio legis). Man fragt sich: Will das Gesetz, dass B die Perle bekommt? Das könnte man wohl bejahen. Leider heißt eine ungeschriebene Auslegungsregel, dass sich keine Auslegung über den klaren Wortlaut hinwegsetzen darf. Auf Latein ausgedrückt: in claris non fit interpretatio.

Es gibt aber noch eine andere Möglichkeit. Das ist die analoge Anwendung einer Vorschrift. Was Dr. Warnatsch getan hat, um das Eigentum an der Perle hälftig aufzuteilen, das war eine «Analogie» zu dem Schatzfundparagrafen, den wir oben kennengelernt haben. Die analoge Anwendung setzt zwei ähnliche Fälle voraus, von denen der eine im Gesetz geregelt ist, der andere nicht. Man wendet dann die Regeln des einen Falles auch auf den anderen an. Das klingt einfach, ist es aber nicht. Wichtigste Voraussetzung der Analogie ist nämlich, dass eine «Lücke» im Gesetz besteht, also dass das Gesetz den anderen Fall tatsächlich vergessen und nicht etwa bewusst offen gelassen hat. Das Problem besteht darin, dass man gerade das praktisch nie sagen kann. Zur Lückenfeststellung, also zur Klärung der Frage, ob eine Lücke besteht oder nicht, gibt es nämlich zwei logische Argumente, die genau das Gegenteil von einander besagen und immer passen. Das erste lautet etwa so: Wenn schon dieser Fall so geregelt ist, dann hätte der Gesetzgeber doch erst recht jenen Fall geregelt, wenn er daran gedacht hätte (argumentum a fortiori, einfacher: «Erst-recht-Schluss»). Das andere ist genau entgegengesetzt und besagt: Wenn der Gesetzgeber sogar diesen Fall geregelt hat, dann wollte er jenen gerade nicht regeln, sonst hätte er es ja getan (argumentum e contrario, auf Deutsch: «Umkehrschluss»). Bei diesen Schwierigkeiten kann man sich vorstellen, warum die Analogie im Strafrecht ganz verboten ist, außer wenn sie zu Gunsten des Täters wäre. Aber verlassen wir jetzt das schwierige Feld der Methodenlehre und kommen wir zum Schluss.

11. Das Ganze zurück

Welche Lösung ist nun richtig? Wer ist Eigentümer der Perle? H oder B oder beide, oder doch R oder gar F? Wir sind so schlau als wie zuvor.[31] Die meisten Rechtskundler würden heute wohl sagen, dass das Eigentum von F auf R und von R auf B übertragen worden ist, aber das ist Spekulation. Es ist aber auch nicht so wichtig. Seine vollständige Lösung erhält der Fall nämlich erst durch einen weiteren Kniff, den man 1905, als das BGB noch jung und entsprechend wenig durchforscht war und es auch kaum Rechtsprechung dazu gab, noch nicht so recht durchschaut hatte. Man nennt diesen Kniff «Anfechtung».

§ 142 Abs. 1 BGB: *Wird ein anfechtbares Rechtsgeschäft angefochten, so ist es als von Anfang an nichtig anzusehen.*

§ 143 BGB: *(1) Die Anfechtung erfolgt durch Erklärung gegenüber dem Anfechtungsgegner. (2) Anfechtungsgegner ist bei einem Vertrag der andere Teil...*

Damit können Rechtsgeschäfte, namentlich Verträge, rückwirkend zerstört werden. Das ist übrigens auch im «Trierer Weinversteigerungsfall» (siehe oben), der sich freilich, obwohl jedem Juristen ein Begriff, in Wirklichkeit niemals zugetragen hat, eine Möglichkeit für den unglücklichen Weinersteigerer, von dem ungeliebten Vertrag loszukommen. Sie sind dann von Anfang an («ex tunc») so zu behandeln, als hätte es sie nie gegeben. Allerdings ist dabei eine Frist zu beachten, die uns nicht weiter interessieren soll, und es braucht einen Anfechtungsgrund:

§ 119 BGB: *(1) Wer bei der Abgabe einer Willenserklärung über deren Inhalt im Irrtum war oder eine Erklärung dieses Inhalts überhaupt nicht abgeben wollte, kann die Erklärung anfechten, wenn anzunehmen ist, dass er sie bei Kenntnis der Sachlage und bei verständiger Würdigung des Falles nicht abgegeben haben würde.*

(2) Als Irrtum über den Inhalt der Erklärung gilt auch der Irrtum über solche Eigenschaften der Person oder der Sache, die im Verkehr als wesentlich angesehen werden.

Eine schwierige, nicht leicht zu verstehende Vorschrift, deren Interpretation ganze Monographien (Bücher über ein einziges Thema) füllt – zum Beispiel hat der uns bereits bekannte Professor Schloßmann darüber 1903 eine Monographie mit dem Titel «Der Irrtum über wesentliche Eigenschaften der Person und der Sache» veröffentlicht. Vor allem über die Bedeutung des zweiten Absatzes, der den sog. «Motivirrtum» betrifft, sind sich die Juristen noch immer nicht einig. Wir können, ohne uns in die Dogmatik zu verlieren, festhalten, dass sich F und R und auch H über den Inhalt der Auster geirrt haben. Alle dachten, dass es sich um eine zwar wohlschmeckende, aber darüber hinaus wertlose Muschel handelte, während sich in Wahrheit eine kleines Vermögen darin befand. Wir müssen aber auf die Problematik der Vorschrift doch noch einmal zurückkommen. Man kann sich das gut an einem Beispiel verdeutlichen: Wenn ich in einen Laden gehe, um eine goldene Uhr zu kaufen, dann kann ich anfechten, wenn die Uhr in Wirklichkeit nur vergoldet war. Umgekehrt kann auch der Verkäufer anfechten, wenn er die Uhren verwechselt hat und mir statt der billigen vergoldeten eine wertvolle goldene Uhr übergeben hat. Nur eines geht nicht: Ich kann nicht deshalb anfechten, weil dieselbe Uhr im Laden um die Ecke billiger zu haben ist. Dann hätte ich mich eben vorher umschauen müssen!

Deshalb sagt der Jurist, dass der Preis einer Sache keine «wesentliche» Eigenschaft der Sache sei, obwohl sich das für normale Ohren komisch anhören muss, aber das kennen wir ja schon von dem Motor, der eben juristisch kein wesentlicher Bestandteil des Autos ist. Sonst könnte nämlich jeder anfechten und verlangen, alles zum billigsten Preis in der Stadt zu bekommen. Das geht nicht. Der Wert kann schon deswegen keine Eigenschaft der Sache selbst sein, weil er ja durch Angebot und Nachfrage erst zustande kommt. Der Preis ist eben der, den ich dafür bezahle. Für unseren Fall bedeutet das, dass weder F noch R noch H mit dem Argument anfechten können, diese spezielle Auster sei mehr wert gewesen, als sie dachten. Damit, scheint es, sind wir genauso weit wie vorher. Es gibt aber aus der Zwickmühle noch einen Ausweg. In dem Uhrenbeispiel hat sich der Verkäufer ja ebenfalls über den Wert der Uhr geirrt. Trotzdem kann er anfechten. Er hat sich nämlich über einen «wertbildenden Faktor» geirrt, wie die Juristen sagen. So ein Faktor ist sehr wohl eine verkehrswesentliche Eigenschaft im Sinne des Gesetzes. Bei der Uhr ist es die Eigenschaft, aus Gold zu sein. Im Austernfall ist es die Eigenschaft der Auster, eine Perle produziert zu haben oder nicht produziert zu haben, die zur Anfechtung berechtigt. Herr H ficht daher seinen Schenkungsvertrag mit B an, R ficht den Kaufvertrag mit H an und F ficht wiederum seinen Vertrag mit R an. Damit sind wir freilich noch nicht am Ende, denn wir haben ja gelernt, dass das dingliche Geschäft, nämlich die Übereignung, vom schuldrechtlichen Geschäft unabhängig ist (Abstraktionsprinzip!). Darum bleibt die Eigentumslage von der Anfechtung der schuldrechtlichen Verträge unberührt. Es bedarf daher noch eines weiteren Tricks. Denn natürlich sind dingliche Verträge ebenfalls anfechtbar. Man sagt, sie «kranken» am selben Mangel. Der Fehler ist ja identisch. Man spricht daher auch von Fehleridentität. Wir sehen daran, wie weit es in Wahrheit her ist mit dem viel gepriesenen «Abstraktionsprinzip». Man muss nur ein bisschen «um die Ecke» denken.

Damit sind wir am Ende des Falls angelangt. Jeder ficht seine Übereignung an: H seine an B, R seine an H und F die seinige. Dazu bedarf es freilich noch einer Anfechtungserklärung, wie wir gesehen haben, und man muss dafür erst einmal den Anfechtungsgrund kennen. H kennt ihn. R kennt ihn auch. F kennt ihn nicht und wird davon wohl auch nie erfahren. Damit dürfte wohl Hedemann Recht behalten, wenn er sagt, dass der Restaurateur R in der Praxis «die meiste Aussicht auf den wirtschaftlichen Gewinn, auf die Perle selbst oder den Erlös» besitzt. Er kann die Perle von B oder wem auch immer nach Durchführung der Anfechtung herausverlangen. Die Römer nannten diesen Anspruch die «rei vindicatio». Noch heute spricht man von der «Vindikation»:

§ 985 BGB: *Der Eigentümer kann von dem Besitzer die Herausgabe der Sache verlangen.*

Das war's.[32] Im nächsten Kapitel wird ein Fall behandelt, der in gewisser Weise das genaue Gegenteil der «Perle in der Auster» ist. Anders als dieser war jener tatsächlich Gegenstand einer gerichtlichen Entscheidung und ist daher frei von dem Vorwurf, nur «im Scherz zum Scherze» (Dr. Warnatsch) erfunden worden zu sein oder ganz offenbar «den Stempel der Erfindung» zu tragen (Schloßmann). Das Amtsgericht Burgwedel hat ihn am 10. April 1986 entschieden.

Kapitel 2

Zivilrecht:
Die Schnecke im Salat

Am 4. Oktober 1985 hatte ein Ehepaar in einem französischen Restaurant, einem bekannten Feinschmeckerlokal, dessen Name nicht genannt wird, einen Tisch reserviert. Sie lassen sich die Karte bringen und bestellen Speisen und Getränke im Gesamtwert von (nach heutigen Maßstäben) 152 Euro. Unter anderem entscheiden sie sich für den Kupferkessel (29,50 Euro) sowie für das Kalbsmedaillon zum Preis von 36,50 Euro. Nachdem ein Teil des Menüs bereits verzehrt ist, findet die Ehefrau in ihrem Salat eine unappetitliche Schnecke. Daraufhin brechen beide das Essen ab und verlassen, ohne zu bezahlen, das Restaurant, mehr wissen wir nicht. Interessant ist vielleicht noch, dass der Ehemann Ingenieur ist und promoviert hat. Der Wirt verlangt unter Abzug von zehn Euro (bzw. eigentlich DM, die 1985 noch galt) für den schneckenbefallenen Salat Zahlung der verbleibenden 142 Euro für das bestellte und teilweise bereits verzehrte Menü und klagt diesen Betrag vor dem Amtsgericht ein.

1. Das Echo in der Presse

Als der Fall bekannt wurde, ging ein Aufschrei durch Feinschmeckerkreise. Das Gericht hatte nämlich entschieden, dass das Ehepaar – Schnecke hin oder her – das Essen im Prinzip bezahlen müsse und verurteilte die Eheleute zur Zahlung eines Teilbetrags in Höhe von 86 Euro. Zur Schnecke im Salat gibt es eine Leserzuschrift in der überregionalen *Frankfurter Allgemeinen Zeitung*.[1] Selbst die hoch angesehene Wochenzeitung *Die Zeit* hat sich der Schnecke im Salat angenommen.[2] Freilich sind beide Autoren Juristen, wie sich bei näherem Hinsehen herausstellt: Eva Maria von Münch, die für *Die Zeit* schreibt, ist Mitkommentatorin eines der bekanntesten Kommentare zum Bonner Grundgesetz, der den Namen ihres Mannes, des ehemaligen Hamburger Senators und stellvertretenden Bürgermeisters Ingo von Münch, trägt. Ulrich Ramrath, der Autor der anderen Leserzuschrift, hat drei Jahre später im *Archiv für die civilistische Praxis* (AcP) einen weiteren, fast zwanzig Seiten langen Aufsatz mit dem Titel «Vertragsbedingungen bei mangelhaften Restaurantleistungen – zugleich kritische Anmerkung zum Schneckenurteil» verfasst.[3]

In der juristischen Fachliteratur wurde der Fall zuerst von dem Mainzer Hochschullehrer Professor Teichmann in den «Juristischen Arbeitsblättern», einer Ausbildungszeitschrift für den Studenten, aufgegriffen und juristisch aufbereitet, nachdem die Entscheidung kurz zuvor in Heft 42 der «Neuen Juristischen Wochenschrift» veröffentlicht worden war[4] – vor dem Krieg hatte die Zeitschrift *Juristische Wochenschrift* geheißen. Er hält das amtsgerichtliche Urteil, wonach jedenfalls die Speisen und Getränke bezahlt werden müssen, die bis zum Auffinden der Schnecke bereits verzehrt waren, im Ergebnis für richtig.

Unter der Rubrik «Kurzer Beitrag» übt der bekannte Lehrbuchautor und Marburger Professor Wolf in der *Neuen Juristischen Wochenschrift* des darauf folgenden Jahres, Heft 14, harsche Kritik am Urteil des Amtsgerichts und plädiert für die vollständige Bezahlung aller Speisen und Getränke.[5] Er beginnt seinen Beitrag mit der Feststellung, dass sich das Urteil nicht «halten lasse». Auch sonst lässt er kein gutes Haar an der Urteilsbegründung. Für ihn ist das Urteil eine «Kombination von Ungereimtheiten» und enthält «darüber hinaus eine Fülle von hier nicht ausschöpfbaren logischen und sachlichen Fehlern.»

Sein Beitrag ruft den Vorsitzenden Richter am Kammergericht – kürzer, aber für Uneingeweihte nicht unbedingt verständlicher: «VRiKG» –, Freckmann, auf den Plan: «Leider enthalten aber die Lösungshinweise von Wolf zu dem Fall der Schnecke im Salat einen nach meinem Empfinden unbegreiflichen Fehler, zu dem ich nicht schweigen kann.» Das Kammergericht, dem Freckmann als Vorsitzender Richter angehört, hat seinen Sitz in Berlin. Man darf sich durch den eigentümlichen Namen nicht verwirren lassen: Überall sonst im Bereich der ordentlichen Gerichtsbarkeit, zu dem die Zivilgerichtsbarkeit gehört, heißt das unterste Gericht das Amtsgericht (AG), darüber steht das Landgericht (LG) und darüber kommt das Oberlandesgericht (OLG). Nur das Oberlandesgericht von Berlin heißt aus historischen Gründen Kammergericht. Unter Hinweis darauf, dass er sich sonst vor derart krassen Äußerungen hüte, wiederholt er, dass ihm Wolfs Lösung «schlicht unverständlich» sei. Dessen Beitrag hatte «Schnecke im Salat» geheißen. Freckmann nennt seinen Beitrag folglich: «Nochmals: Schnecke im Salat – Erwiderung auf Wolf».[6] Er gelangt darin zum vollständigen Wegfall der Zahlungspflicht und meint, die Eheleute müssten überhaupt nichts bezahlen, d. h. weder die Speisen, die sie verzehrt haben, noch die, die sie bestellt, aber nicht mehr gegessen haben.

In der *Neuen Juristischen Wochenschrift* findet sich noch ein weiterer Beitrag zum Thema, er heißt «Abermals: Schnecke im Salat» und ist die Antwort des gekränkten Professors.[7] Er beginnt mit den Worten: «Der Vorsitzende Richter am Kammergericht, Tilen Freckmann, Berlin, glaubt in meinen Ausführungen einen unbegreiflichen Fehler entdeckt zu haben, der ihm schlicht unverständlich sei.» Und er fährt fort: «Der Fehler liegt nicht bei mir!» Darin wirft der Marburger Professor dem Berliner Richter mehr oder minder unverblümt vor, das Gesetz nicht richtig gelesen zu haben. Darauf der Kontrahent im selben Heft:[8] «Den Vorwurf von Prof. Dr. Ernst Wolf, Marburg, gegen die gesicherte juristische Dogmatik verstoßen zu haben, trage ich mit Fassung; er ist offensichtlich unbegründet.» Im Übrigen erinnert er den Professor an seine «Aufgabe als Rechtswissenschaftler und Rechtslehrer», diesen Fall gegebenenfalls eben zum Anlass zu nehmen, die Dogmatik zu überdenken, die ihm ein solches unsinniges Ergebnis vorschreibe. Auch in den *Juristischen Arbeitsblättern* findet sich ein «Nochmals die Schnecke im Salat».[9] Darin steuert der Richter am Oberlandesgericht a. D., Dr. Heinrich Schopp, seine Rechtsansicht bei. Zuletzt geisterte «Die Schnecke im Salat» noch einmal im Jahre 1990 durch die juristische

Literatur. In der *Juristischen Schulung* (JuS) spricht der Rechtsreferendar Hans-Gerd Jauch das vorläufige Schlusswort zu dem Fall und präsentiert im dritten Teil ebenfalls einen «eigenen Lösungsvorschlag».[10]

Außerdem findet sich in der *Juristischen Ausbildung* auch noch eine Falllösung eines Akademischen Rates namens Rauser zu der «Schnecke im Salat» mit dem schönen Titel «Es schmeckt nicht alles, was glänzt»,[11] und es gibt zudem eine Stellungnahme eines Rechtsanwalts Rabe aus Hamburg in der *Neuen Juristischen Wochenschrift* mit dem – nicht ganz ernst gemeinten – Vorschlag, eine «Neue Zeitschrift für Essen und Recht» («NZER») zu gründen.[12] Immerhin: Eine *Zeitschrift für Sport und Recht* (SpuRt) gibt es schon!

2. Die Anspruchsgrundlage

Wenn man an die Lösung eines zivilrechtlichen Rechtsfalles herangeht, muss man eigentlich umgekehrt vorgehen, als wir es im ersten Kapitel gemacht haben. Der Jurist geht nicht vom Sachverhalt aus und vergleicht ihn dann mit den Vorschriften des Gesetzes, sondern geht von der gesetzlichen Vorschrift aus und prüft dann, ob der Sachverhalt darunter passt. Diese Methode heißt «Subsumtion». Man «subsumiert» den Sachverhalt unter das Gesetz, im Zivilrecht unter die gesetzliche Bestimmung, die die gewünschte Rechtsfolge enthält, aus der sich der «Anspruch» ableiten lässt. Dazu muss man zweierlei wissen. Erstens: «Wer will was von wem?» Und zweitens: «Welche Anspruchsgrundlage passt zu diesem Begehren?» Das ist der Kern des «zivilistischen Denkens». Anspruchsgrundlage ist eine Vorschrift, eine Norm, ein Paragraf, die oder der sagt, dass einer von einem anderen etwas verlangen kann. Nicht jede Norm ist eine Anspruchsgrundlage, viele Normen sind bloße Hilfsnormen, die für sich allein genommen gar nicht zu verstehen sind. Ein Beispiel dafür und zugleich für juristische Formulierungskunst:

§ 164 Abs. 2 BGB: *Tritt der Wille, in fremdem Namen zu handeln, nicht erkennbar hervor, so kommt der Mangel des Willens, im eigenen Namen zu handeln, nicht in Betracht.*

Ein solcher Satz verlangt wahre Dechiffrierarbeit: Wer für einen anderen handeln will, das aber nicht offenlegt, handelt für sich selber (und kann sich nicht auf seinen entgegenstehenden Willen berufen). Manchmal misslingen den Studenten die komplizierten Satzgebilde aber auch. Da geht es dem Gesetz nicht anders. Das macht es dann wieder sympathisch. Der folgende Paragraf vom «verrückt gewordenen Grenzzeichen» steht seit mehr als hundert Jahren unverändert im Gesetz, obwohl das BGB seitdem mehrfach geändert wurde. Der Jurist spricht insoweit von einem Redaktionsversehen, über das er hinwegsieht.

§ 919 Abs. 1 BGB: *Der Eigentümer eines Grundstücks kann von dem Eigentümer eines Nachbargrundstücks verlangen, dass dieser zur Errichtung fester Grenzzeichen, und wenn ein Grenzzeichen verrückt oder unkenntlich geworden ist, zur Wiederherstellung mitwirkt.*

Das ist eine solche Anspruchsgrundlage. Im vorigen Fall war es der § 985 BGB, der besagte, dass der Eigentümer vom Besitzer die Herausgabe verlangen kann (Anspruchsgrundlage!). Deshalb konnte R die Perle von B herausverlangen, sobald feststand, dass er der Eigentümer war. In unserem Fall will aber der Gastwirt nicht die Schnecke haben, sondern Geld sehen. Wollte der Wirt seine Schnecke zurückhaben, so müssten wir uns ganz ähnliche Gedanken machen wie oben. Der Wirt will aber, dass die Rechnung beglichen wird. Dafür braucht es eine andere Anspruchsgrundlage. Wir können dabei auf Wissen zurückgreifen, das wir schon haben. Das Bürgerliche Gesetzbuch ist in fünf Bücher eingeteilt, den Allgemeinen Teil, das Schuldrecht, das Sachenrecht, das Familienrecht und das Erbrecht. Als es um die Perle in der Auster ging, haben wir die Anspruchsgrundlage im dritten Buch, im Sachenrecht, gefunden, weil es um das Eigentum an einer Sache ging. Wir werden jetzt im Schuldrecht suchen, weil es darum geht, ob der eine dem anderen etwas schuldet. Im Schuldrecht findet sich denn auch eine Norm, auf die der Wirt sein Begehren stützen könnte:

§ 433 Abs. 2 BGB: *Der Käufer ist verpflichtet, dem Verkäufer den vereinbarten Kaufpreis zu zahlen und die gekaufte Sache abzunehmen.*

Mit dem ersten Absatz der Vorschrift hatten wir es schon im ersten Kapitel von der Perle in der Auster zu tun. Dort waren wir davon ausgegangen, dass es sich um einen Kauf handelte. Das ist aber nicht ganz richtig.

3. Der gemischt-typische Vertrag

Im Schuldrecht sind verschiedene Arten von Verträgen nacheinander aufgezählt, der Jurist spricht von «Typen» – der Kauf zuerst, danach das Darlehen, die Miete und die Pacht, die Leihe, der Dienstvertrag, der Werkvertrag und noch ein paar andere. Dabei ist der Hauptfall eines Dienstvertrages übrigens der Arbeitsvertrag, der so wichtig ist, dass er in zahlreichen Spezialgesetzen näher geregelt ist, z. B. dem Kündigungsschutzgesetz, dem Mutterschutzgesetz und letztlich auch dem Arbeitsgerichtsgesetz. Wir sehen also, nicht das ganze Zivilrecht ist auch im BGB geregelt. Ein Werkvertrag liegt zum Beispiel vor, wenn ein Handwerker eine Waschmaschine repariert. Miete und Leihe, darunter kann sich jeder etwas vorstellen. Aber Vorsicht! Wenn ich mir im Urlaub oder für den Umzug einen Leihwagen nehme, ist das schon einmal keine Leihe. Denn die Leihe setzt voraus, dass der Verleiher dem Entleiher den Gebrauch der Sache unentgeltlich gestattet. Ich muss aber für das Auto bezahlen. Darum ist das keine Leihe, sondern ein Mietvertrag.

§ 535 BGB: *(1) Durch den Mietvertrag wird der Vermieter verpflichtet, dem Mieter den Gebrauch der Mietsache während der Mietzeit zu gewähren (…). (2) Der Mieter ist verpflichtet, dem Vermieter den vereinbarten Mietzins zu entrichten.*

§ 598 BGB: *Durch den Leihvertrag wird der Verleiher einer Sache verpflichtet, dem Entleiher den Gebrauch der Sache unentgeltlich zu gestatten.*

Und wenn ich mir am Wochenende von meinem Nachbarn zwei Eier leihe, weil ich vergessen habe einzukaufen, dann ist das auch keine Leihe! Warum nicht? Ich muss doch nichts bezahlen? Miete und Leihe stimmen aber darin überein, dass man nach der Benutzung dieselbe Sache zurückgibt, nicht eine andere. Jedem leuchtet ein, dass ich an Stelle des ausgeliehenen Buches nach dem Lesen nicht einfach ein anderes zurückgeben darf. Ich kann aber am Montag nicht dieselben Eier zurückgeben, sondern nur Eier «gleicher

Art, Güte und Menge» zurückerstatten. Darum handelt es sich genau genommen um einen anderen Vertrag, nämlich um ein Darlehen.

§ 607 Abs. 1 Satz 2 BGB: *Der Darlehensnehmer ist zur Zahlung eines Darlehensentgelts und bei Fälligkeit zur Rückerstattung von Sachen gleicher Art, Güte und Menge verpflichtet.*

Wenn wir jetzt vorsichtiger geworden sind mit voreiligen Schlüssen, dann sind wir bereit, die schwierige Nuss zu knacken, um welchen Vertragstyp es sich denn eigentlich handelt, wenn ich in einem Restaurant speise. Sicher, man denkt zuerst an Kauf. So ist es auch, wenn ich mir in einer Frittenbude eine kalte Frikadelle bestelle. Das ist genau so, wie wenn ich im Laden eine Tafel Schokolade kaufe, um sie gleich darauf zu verzehren. Bestelle ich jedoch eine warme Frikadelle mit Pommes, so muss beides noch zubereitet werden. Das heißt, der Verkäufer schuldet nicht nur die Übergabe der Sachen, so wie sie sind, sondern schuldet auch eine Tätigkeit. Das ist schon komplizierter. Man nennt es einen Werklieferungsvertrag, weil der Vertrag «die Lieferung herzustellender oder zu erzeugender beweglicher Sachen zum Gegenstand hat» (§ 651 BGB). Wenn ich mich aber an einen Tisch setze und bedient werde, dann spielt auch noch der Dienstvertrag mit hinein (§ 611 BGB), außerdem umfasst der Vertrag dann eine Miete! Schließlich werden mir Tisch, Stuhl, Geschirr und Besteck zum (entgeltlichen) Gebrauch überlassen (vgl. oben § 535 BGB). Und wenn ich meinen Mantel an der Garderobe aufhänge, dann kommt auch noch ein Verwahrungsvertrag zustande, den das Gesetz in §§ 688 ff. BGB eigens geregelt hat.

§ 611 BGB: *(1) Durch den Dienstvertrag wird derjenige, welcher Dienste zusagt, zur Leistung der versprochenen Dienste, der andere Teil zur Gewährung der vereinbarten Vergütung verpflichtet. (2) Gegenstand des Dienstvertrages können Dienste jeder Art sein.*

§ 688 BGB: *Durch den Verwahrungsvertrag wird der Verwahrer verpflichtet, eine ihm von dem Hinterleger übergebene bewegliche Sache aufzubewahren.*

Also um welchen Vertrag handelt es sich denn nun? Es wäre im Grunde denkbar, dass ich bei einem Restaurantbesuch alle diese Verträge abschließe. Einen Mietvertrag, einen Dienstvertrag und einen Verwahrungsvertrag. (Dazu kommen, wie wir wissen, noch mindestens zwei dingliche Verträge bezüglich der Speisen und des Geldes. Bei einer Speisenfolge sind es sogar noch mehr, einer für jeden Gang.) Die Schwierigkeit bestünde dann darin, festzustellen, welcher Teil des Kaufpreises jeweils auf welchen Vertrag entfiele, denn ich bezahle schließlich nur einmal, und zwar alles zusammen. Außerdem wäre zu überlegen, was denn mit dem Mietvertrag passiert, wenn der Kaufvertrag entfällt. Denn ich möchte ja schließlich keine Miete für den Stuhl bezahlen, wenn ich kein Essen bekomme. Darum löst man es auch anders: Nur ein Vertrag. Ein «typengemischter» oder «gemischt-typischer» Vertrag, also eine Mischung aus den verschiedenen gesetzlichen Vertragstypen. Das ist so leicht dahin gesagt. Doch steckt darin etwas sehr Merkwürdiges: Dürfen denn die Typen so einfach gemischt werden? Müssen sich die Vertragspartner denn nicht an das Gesetz halten? Können sie nach Gutdünken neue Verträge erfinden?

Wo es um die Rechte an Sachen geht, im Sachenrecht, geht das nämlich nicht. Dort kann einer nur solche Verträge schließen, die im Gesetz auch vorgesehen sind. Man sagt, dort herrsche «Typenzwang». Ganz anders im Schuldrecht, hier gilt «Typen-» und «Vertragsfreiheit». Danach darf – nahezu[13] – jeder beliebige Inhalt zum Gegenstand eines Vertrages gemacht werden. Ich kann mich vertraglich verpflichten, auf dem Kopf zu stehen und zu lachen. Oder in einem Schaufenster zu schlafen. Dieser Gedanke entspricht der liberalen Grundhaltung der Väter des BGB. Man ging im 19. Jahrhundert davon aus, dass der Einzelne in der Lage sei, seine privaten Lebensverhältnisse in freier Selbstbestimmung und ohne staatliche Bevormundung selbst zu gestalten («Privatautonomie»). Niemand sollte ihm vorschreiben, ob und mit wem er einen Vertrag zu schließen habe und welchen Inhalts. Freiheit, Gleichheit und das ungehinderte Spiel der Kräfte, mehr war nicht erforderlich.

Man musste allerdings bald einsehen, dass es mit diesen Prinzipien in der Praxis oft nicht so weit her war, weil ein Partner der stärkere ist und dem anderen einen Vertrag zu seinen Bedingungen aufzwingen kann. Die Idee funktioniert nämlich nur bei gleich Starken. Beim Arbeitsvertrag oder beim Wohnungsmietvertrag sind die Verhältnisse aber andere. Da können der Arbeitnehmer oder Mieter gegenüber Arbeitgebern oder Vermietern wenig ausrichten. Darum hat der Gesetzgeber zugunsten des schwächeren Teils nach und nach immer neue Schutzvorschriften geschaffen, von denen nicht abgewichen werden darf. Und damit ein Energieunternehmen nicht einfach sagen kann: «Wir suchen uns unsere Vertragspartner gerne selbst aus, und Sie nehmen wir nicht», unterliegen die Versorger von Strom, Wasser, Telefon usw. sogar einem Kontrahierungszwang. Im Prinzip gilt aber weiterhin die Vertragsfreiheit, wenn es auch selten vorkommt, dass gänzlich neue Vertragsarten erfunden werden. Gemischte Verträge kommen dagegen häufig vor. Das bekannteste Beispiel aus jüngerer Zeit ist der «Leasingvertrag», der aus dem amerikanischen Recht übernommen wurde und eine Mischung von Kauf und Miete darstellt. Man benutzt daher auch das deutsche Wort «Mietkauf», das es vorher gar nicht gab.

Solche Verträge werfen das schwierige Problem auf, welche Regeln man auf sie anwenden soll. Daraus kann sich nämlich ein enormer Unterschied ergeben. Jetzt sehen wir, warum es nötig war, die verschiedenen Elemente unseres Restaurantvertrages so sorgfältig aufzudröseln. Jedermann weiß, dass die Regeln über die Miete und den Dienstvertrag, zu dem ja auch der Arbeitsvertrag gehört (siehe oben), eine Kündigung vorsehen. So eine Vorschrift fehlt aber beim Kauf. Wende ich nun Mietrecht an, weil Tisch und Stuhl gemietet sind, dann konnte der Vertrag möglicherweise gekündigt werden. Eine Kündigung muss nicht ausdrücklich ausgesprochen werden, sondern kann auch durch schlüssiges Verhalten («konkludent») erklärt werden. Das Ehepaar konnte dann gehen, ohne das restliche Essen zu bezahlen.

Aber reicht das wirklich aus, dass dem Gast im Restaurant Tisch und Stuhl, Besteck und Gläser überlassen werden, um Mietrecht anzuwenden? Das kommt einem schon ein wenig seltsam vor. Man kann sich vorstellen, dass die anderen mietrechtlichen Regeln weniger gut passen, vor allem was die Speisen anbelangt, die ich ja schließlich nicht mieten, sondern essen will. In der juristischen Literatur findet man dazu zwei Theorien. Darunter darf man sich in der Juristerei keine so weltbewegenden Erkenntnisse vorstellen wie jene der Einsteinschen Relativitätstheorie. Schon die bescheidensten Gedanken werden hier als Theorie bezeichnet. Ein Beispiel: Verträge sind nach der herkömmlichen Definition zwei übereinstimmende Willenserklärungen, nämlich Angebot und Annahme.[14] Umstritten ist nun, ob es mehr auf den Willen ankommt oder mehr auf die Erklärung. In dem jahrhundertealten Streit, den jeder Student beigebracht bekommt, stehen sich zwei Theorien unversöhnlich gegenüber, die eine ist die «Willenstheorie», die andere die «Erklärungstheorie».

Auch bei uns gibt es zwei «Theorien»: Die eine besagt, dass ausschließlich die Regeln desjenigen Vertragstyps Anwendung finden, der den Schwerpunkt bildet (Absorptionstheorie). Die andere will auf jedes der Elemente jeweils seine Regeln anwenden (Kombinationstheorie). Es ist nicht wichtig, sich das zu merken. In unserem Fall kommen eh beide zum selben Ergebnis. Der Schwerpunkt des Vertrages liegt im Verkauf von Speisen und Getränken. Es geht auch nicht um die unbequemen Stühle, das wäre das mietvertragliche Element, oder um die unfreundliche Bedienung, das wäre das dienstvertragliche Element. Darum drehte es sich in dem Fall, den das Amtsgericht Garmisch-Partenkirchen zu entscheiden hatte, der stets erwähnt wird, wenn es um die Schnecke im Salat geht: Dort wurde einem Ehepaar in einem führenden Garmischer Hotel eine Flasche 1967er Erbacher Markobrunn Riesling Spätlese stilwidrig in einem Sektkübel mit Eisstückchen serviert und sie war immer noch zu warm. Hier geht es einzig und allein um den Kaufgegenstand, einen schneckenbefallenen Salatteller. Also scheidet Kündigung aus, es kommt folglich doch Kaufrecht zur Anwendung, ganz wie wir es anfangs vermuteten.

4. Das Teichmannsche Sukzessivlieferungsschuldverhältnis

Damit ist die Kündigung aber noch nicht vom Tisch. Zunächst einmal müssen wir uns klarmachen, dass nur ein einziger (schuldrechtlicher) Vertrag besteht und nicht etwa über jeden Gang des Menüs ein neuer Vertrag geschlossen wird. Es bleibt sogar dann bei einem Vertrag, wenn später noch eine Flasche Wein dazu bestellt wird und noch eine und noch eine. Das heißt «Vertragserweiterung». Sachenrechtlich ist das durchaus anders, jede Flasche erfordert einen weiteren dinglichen Übereignungsvertrag! Im Schuldrecht haben es die Vertragspartner – man sagt auch: Vertragsparteien – dagegen in der Hand, in einem Vertrag zu bestimmen, wie viel, was und in welcher Reihenfolge es geliefert werden soll (Privatautonomie!). Wenn sie ausmachen, dass etwas nicht auf einmal, sondern in Raten nacheinander («sukzessive») geliefert werden soll, spricht man von einem Sukzessivlieferungsvertrag.

Das Problem solcher Verträge besteht darin, dass sie meistens eine sehr lange Laufzeit haben und man sich auch dann schwer daraus lösen kann, wenn immer wieder mangelhafte Lieferungen vorkommen. Das gängigste Beispiel dafür ist der Bierlieferungsvertrag, den Brauereien (meist auf fünfzehn Jahre) mit Gaststätten schließen, die ihnen monatlich eine bestimmte Mindestmenge Bier abnehmen müssen. Für diesen Fall des Kaufvertrags hat man ein eigenes Kündigungsrecht erfunden. Gestützt wird es auf eine Analogie zu mietrechtlichen und anderen Kündigungsvorschriften. Diese beliebte Methode des Analogieschlusses ist uns schon im ersten Kapitel untergekommen und begegnet uns hier nicht zum letzten Mal.

Außer Teichmann, der zum Ergebnis kommt, dass die Eheleute den Vertrag kündigen können und so von der weiteren Kaufpreiszahlung frei werden, das bis dahin Verzehrte aber bezahlen müssen, hält allerdings niemand den Vertrag über ein Menü für ein Sukzessivlieferungsschuldverhältnis. Weshalb kommt gerade Teichmann auf diese Lösung? Der eine Grund ist sicherlich der, dass er sie für eine gerechte Lösung hält. Er stimmt damit dem Ergebnis zu, zu dem auch das Amtsgericht, freilich aus weniger juristischen Erwägungen, gekommen war. Auf den zweiten Grund kommt man nicht so leicht. Man muss dazu wissen, dass es derselbe Teichmann ist, der im «Soergel» (noch einem bekannten, nach dem früheren Herausgeber benannten Großkommentar zum BGB) die Passage zu den «Sukzessivlieferungsschuldverhältnissen» kommentiert hat.

5. Die Anfechtung

Aber auch beim «einfachen» Kaufvertrag muss man nicht notwendig den zuvor vereinbarten Kaufpreis zahlen, sondern kann sich von der Verpflichtung, den Kaufpreis zu entrichten, unter Umständen wieder lösen. Eine Möglichkeit, vom Vertrag loszukommen, haben wir im ersten Kapitel kennengelernt. Wer beim Abschluss des Vertrages einem Irrtum unterlegen ist, kann den Vertrag «anfechten». Man könnte nun erwägen, ob die Eheleute sich bei der Bestellung darüber irrten, dass sich in dem Salat eine Schnecke befindet, so wie sich der Restaurateur R darüber irrte, dass sich in der Auster eine Perle befand. Die Folge davon wäre, dass sie nicht mehr «den vereinbarten Kaufpreis zu zahlen und die gekaufte Sache abzunehmen» (§ 433 Abs. 2 BGB) hätten, sondern allenfalls «Schadensersatz» leisten müssten.

§ 122 BGB: *(1) Ist eine Willenserklärung (...) auf Grund der §§ 119, 120 angefochten, so hat der Erklärende, wenn die Erklärung einem anderen gegenüber abzugeben war, diesem, andernfalls jedem Dritten den Schaden zu ersetzen, den der andere oder der Dritte dadurch erleidet, dass er auf die Gültigkeit der Erklärung vertraut, jedoch nicht über den Betrag des Interesses hinaus, welches der andere oder der Dritte an der Gültigkeit der Erklärung hat.*

(2) Die Schadensersatzpflicht tritt nicht ein, wenn der Beschädigte den Grund der Nichtigkeit oder der Anfechtbarkeit kannte (...).

Die beiden Fälle erscheinen aber nur auf den ersten Blick gleich. Bei näherer Betrachtung sind sie das genaue Gegenteil voneinander: Die Perle in der Auster war den Gästen im ersten Fall höchst willkommen. Die Schnecke im Salat hingegen ist höchst unerwünscht. Kriechtiere im Salat beeinträchtigen den Genuss erheblich, auch wenn es sich nur um eine einzelne Schnecke handelt. Im einen Fall liegt bloß ein Irrtum vor, im anderen zugleich ein Mangel. Das Menü war mangelhaft. Sofern es um einen Mangel geht, gibt es im BGB aber noch eine speziellere Regelung als die Anfechtung. Eine fundamentale Regel in allen Rechtsgebieten, sei es im Zivilrecht, im Strafrecht oder im Öffentlichen Recht, lautet, dass die spezielle Regelung die generelle Regelung verdrängt: «lex specialis derogat legi generali». Diese Spezialregeln heißen Sachmängelgewährleistung.

6. Die Sachmängelgewähr

Nach § 433 Abs. 1 Satz 2 BGB hat nämlich der Verkäufer «dem Käufer die Sache frei von Sach- und Rechtsmängeln zu verschaffen». Und das hat er nicht getan:

§ 434 Abs. 1 BGB: *Die Sache ist frei von Sachmängeln, wenn sie bei Gefahrübergang die vereinbarte Beschaffenheit hat. Soweit die Beschaffenheit nicht vereinbart ist, ist die Sache frei von Sachmängeln,*

1. wenn sie sich für die nach dem Vertrag vorausgesetzte Verwendung eignet, sonst

2. wenn sie sich für die gewöhnliche Verwendung eignet und eine Beschaffenheit aufweist, die bei Sachen der gleichen Art üblich ist und die der Käufer nach der Art der Sache erwarten kann.

Eine Schnecke im Salat ist nicht üblich und weicht daher von dem ab, was der Käufer, zumal in einem Feinschmeckerlokal, erwarten darf. Genau wie eine Kakerlake im Hotelzimmer – oder drei Geckos. Allerdings nicht auf Hawaii! Dazu das lehrreiche Urteil des Landgerichts Frankfurt:

«Zunächst ist festzustellen, dass weder der eine Gecko im Zimmer Nr. 510 noch die drei Geckos im Zimmer Nr. 318 einen Reisemangel darstellen. Die Beklagte (= das Reiseunternehmen) weist mit Recht darauf hin, dass es sich bei den Geckos nicht um Ungeziefer oder Schädlinge handelt, die in einem Hotelzimmer in Hawaii eine Beeinträchtigung darstellen könnten, die über eine bloße Unannehmlichkeit hinausgeht. Die Geckos gehören als Kriechtiere zu der Familie der Haftechsen und stellen sich als vollkommen unschädliche, harmlose Schuppenechsen dar. Die Kammer verweist hierzu auf die Ausführungen in Brehms Tierleben (2. Originalausgabe, Neuaufl. 1954, Bd. Nr. 11, S. 185 f.). Es handelt sich hierbei um völlig harmlose Geschöpfe, die weder Menschen angreifen, noch sich in den Betten aufhalten oder irgendwelche Krankheiten übertragen. Brehm schreibt: ›Einen widerwärtigen Eindruck aber rufen Geckos nur bei dem hervor, welcher sich nicht die Mühe gibt, ihr Treiben zu beachten.‹ Brehm bezeichnet sie als ›Haustiere im vollsten Sinne des Wortes, treuer noch als die Mäuse und jedenfalls nützlicher‹ (Brehms Tierleben, S. 189). Sie werden teilweise sogar in Wohnungen geduldet, da sie anderes Ungeziefer aufspüren und verzehren (Tierlexikon, Ullstein-Verlag, 1967, Stichwort ›Gecko‹). Insoweit erscheint der Vortrag der Kläger (= die verdutzten Urlauber), einer der Geckos habe die Kakerlake gefressen, nicht unwahrscheinlich. Über diese bestrittene Tatsache hat die Kammer keinen Beweis erhoben. Ebenso wenig bedurfte es einer Beweisaufnahme über die streitige Tatsache, ob der Empfangschef bei dem Anblick der Tiere zusammengezuckt ist oder nicht.»[15]

Auch Schnecken mögen ihre Vorzüge haben, möglicherweise sind sie noch treuer und nützlicher als Mäuse oder Geckos! Aber auch schleimiger. Doch erinnern wir uns an die Worte Brehms: Einen widerwärtigen Eindruck rufen sie nur bei dem hervor, der ihr Treiben nicht beachtet! Vielleicht hätten die Eheleute dem Treiben des lieben Tierchens im Salat mehr Beachtung schenken sollen. Das Amtsgericht Burgwedel sah darin allerdings einen Sachmangel, der dem Käufer nach heutiger Rechtslage – das am 1. Januar 2002 in Kraft getretene sog. «Schuldrechtsmodernisierungsgesetz» hat über zweihundert Paragrafen des Bürgerlichen Gesetzbuches geändert, darunter auch das Kaufrecht und das gesamte Gewährleistungsrecht, und stellt damit die umfänglichste Reform dar seit dem Inkrafttreten des Bürgerlichen Gesetzbuches am 1. Januar 1900 – folgende Möglichkeiten eröffnet:

§ 437 BGB: *Ist die Sache mangelhaft, kann der Käufer, wenn die Voraussetzungen der folgenden Vorschriften vorliegen und soweit nicht ein anderes bestimmt ist,*

1. nach § 439 Nacherfüllung verlangen,

2. nach den §§ 440, 323 und 326 Abs. 5 von dem Vertrag zurücktreten oder nach § 441 den Kaufpreis mindern und

3. nach den §§ 440, 280, 281, 283 und 311 a Schadensersatz oder nach § 284 Ersatz vergeblicher Aufwendungen verlangen.

Ein solcher Schaden könnte z. B. darin bestehen, dass einem Geschäftsmann wegen des missglückten Abendessens ein Geschäft durch die Lappen geht. Vergebliche Aufwendung wäre vielleicht die Taxifahrt zum Lokal, die jetzt sinnlos ist, weil die Eheleute sich ein neues Taxi in ein anderes Lokal nehmen müssen oder Ähnliches. Die aufgezählten Ansprüche verjähren übrigens erst in zwei Jahren.[16] So lange kann jeder Käufer im Falle eines Mangels «Nacherfüllung verlangen», d. h. «nach seiner Wahl die Beseitigung des

Mangel oder die Lieferung einer mangelfreien Sache verlangen»
und der Verkäufer hat die dafür erforderlichen Transport-, Wege-,
Arbeits- und Materialkosten zu tragen.[17] Das sagt schon das Gesetz. Wenn ich also in ein Kaufhaus gehe und einen Wecker kaufe
mit zwei Jahren «Garantie», dann habe ich im Grunde nichts anderes bekommen, als mir ohnehin zusteht. Ein – im wahrsten Sinne
des Wortes für den Verkäufer – billiger Verkaufstrick!

Alles, was die Eheleute in unserem Fall wollen, ist gehen ohne
zu bezahlen. Das könnte ein «Rücktritt» vom Vertrag sein, wie
er zusammen mit der «Minderung» in Nr. 2 steht. «Minderung»
bedeutet, dass man anstatt des vollen nur einen geminderten Kaufpreis bezahlen muss, also etwa 142 Euro statt der vereinbarten
152 Euro. Die verärgerte Ehefrau will aber gar nichts bezahlen,
auch nicht 142 Euro. Das geht nur, wenn sie «Rücktritt» wählt.
Aber obwohl es so aussieht und ein solches «Wahlrecht» nach dem
alten Sachmängelgewährleistungsrecht, unter dem der Fall entschieden worden ist, zwischen «Wandelung» (wie man es früher nannte)
und Minderung tatsächlich bestand, besteht zwischen den verschiedenen Alternativen kein Wahlrecht. Vielmehr gilt (wegen der anderen Vorschriften,[18] auf die Bezug genommen wird, und die wir uns
im Einzelnen jetzt nicht anzuschauen brauchen) der «Vorrang der
Nacherfüllung». Grundsätzlich soll der Verkäufer es noch einmal
versuchen dürfen, seine Leistung vertragsgemäß zu erbringen. Der
Käufer hat nur insofern ein Wahlrecht, als er die Art der Nacherfüllung bestimmen kann:

§ 439 Abs. 1 BGB: *Der Käufer kann als Nacherfüllung nach seiner Wahl
die Beseitigung des Mangels oder die Lieferung einer mangelfreien Sache
verlangen.*

Die Mangelbeseitigung fällt nicht schwer: Der Wirt bräuchte nur
die Fliege aus der Suppe zu fischen bzw. die Schnecke aus dem Salat
zu entfernen. Das reicht der Ehefrau aber verständlicherweise nicht.
Alternativ dazu hätte sie nach dieser Vorschrift allenfalls die Lieferung eines frischen Salattellers verlangen können. Aber auch das
wollte sie nicht. Vom Vertrag «zurücktreten», das kann sie (ohne
Setzung einer Frist zur Nacherfüllung) aber erst, wenn auch der
zweite Versuch einer ordnungsgemäßen Leistung fehlgeschlagen
ist.

§ 440 BGB: *Außer in den Fällen des § 281 Abs. 2 und des § 323 Abs. 2 bedarf es der Fristsetzung auch dann nicht, wenn der Verkäufer beide Arten der Nacherfüllung gemäß § 439 Abs. 3 verweigert oder wenn die dem Käufer zustehende Art der Nacherfüllung fehlgeschlagen oder ihm unzumutbar ist. Eine Nachbesserung gilt nach dem erfolglosen zweiten Versuch als fehlgeschlagen, wenn sich nicht insbesondere aus der Art der Sache oder des Mangels oder den sonstigen Umständen etwas anderes ergibt.*

Von einem erfolglosen zweiten Versuch kann hier aber keine Rede sein. Die Eheleute sind ohne einen solchen Versuch abzuwarten aufgestanden und gegangen. Bei genauem Hinsehen ergibt sich aus der Vorschrift aber noch eine zweite Möglichkeit für den Käufer, gleich vom Vertrag zurückzutreten, nämlich dann, wenn ihm die Nacherfüllung «unzumutbar» ist. Das wird man hier annehmen können. Und zwar nicht nur, wenn die Ehefrau vor Ekel keinen Bissen mehr herunterbringt, sondern in einem Feinschmeckerlokal auch dann, wenn durch den verpatzten Gang das gesamte Essen seinen eigentlichen, über die Nahrungsaufnahme hinausgehenden Zweck nicht mehr erfüllen kann und somit sinnlos geworden ist. Darüber kann man gewiss streiten und es auch anders sehen. Aber damit sind wir noch nicht am Ende.

§ 349 BGB: *Der Rücktritt erfolgt durch Erklärung gegenüber dem anderen Teil.*

Ebenso wie ein Vertrag durch schlüssiges Verhalten geschlossen werden kann – «Trierer Weinversteigerungsfall»[19] – und eine Kündigung durch schlüssiges Verhalten erklärt werden kann (siehe oben), braucht auch der «Rücktritt» nicht durch Worte («ausdrücklich») erklärt zu werden, sondern kann durch Taten («konkludent») erfolgen: Indem die Eheleute einfach aufstehen und gehen. Ihrem Verhalten kommt der Erklärungswert zu, dass sie an dem geschlossenen Vertrag nicht weiter festhalten wollen, das reicht. Durch die Ausübung dieses «Gestaltungsrechts»[20] wird das vorhandene Schuldverhältnis in ein sog. Rückgewährschuldverhältnis umgewandelt. D. h. die Vertragsparteien sind einander zur Rückgabe der «empfangenen Leistungen» verpflichtet, und das kann die Ehefrau ja nun nicht mehr, soweit sie die Speisen bereits aufgegessen hat. Das ist das Problem.

§ 346 Abs. 1 BGB: *Hat sich eine Vertragspartei vertraglich den Rücktritt vorbehalten oder steht ihr ein gesetzliches Rücktrittsrecht zu, so sind im Falle des Rücktritts die empfangenen Leistungen zurückzugewähren und die gezogenen Nutzungen herauszugeben.*

Das war, im Wesentlichen, die Rechtslage wie sie zum Zeitpunkt der Entscheidung des Amtsgerichts Burgwedel in der Mitte der 80er Jahre des letzten Jahrhunderts und seit dessen Beginn bestand. Nicht ganz zu Unrecht folgerte Professor Wolf daraus, dass das Rücktrittsrecht der Ehefrau von vornherein ausgeschlossen sei. Um davon Gebrauch machen zu können, müsste sie nämlich die empfangenen Speisen zurückgeben können. Das ist ihr aber nach dem Verzehr unmöglich, in jedem Fall haben sie sich dadurch wesentlich verschlechtert. Sie sind, mit einem juristischen Begriff gesprochen, untergegangen. Und die Ehefrau hatte das zu «verschulden», weil sie die Speisen schließlich aufgegessen hatte.[21]

Die anderen, Ramrath, Freckmann und Schopp, hielten das Ergebnis jedoch für widersinnig, weil man dann bei Verträgen dieser Art niemals sein infolge der Gewährleistung bestehendes Recht, vom Vertrag zurückzutreten, ausüben und sich immer auf Minderung oder Nacherfüllung verweisen lassen müsste. Für das – in § 346 Abs. 1 BGB auch geregelte – «vertragliche Rücktrittsrecht» ist diese Regelung ja verständlich. Hat sich einer zum Beispiel bei einem Autokauf das Recht vorbehalten, bei Nichtgefallen von dem Vertrag wieder zurückzutreten, so weiß er, dass er vorsichtig damit umgehen muss. Es kann ja sein, dass er das Auto wieder zurückgeben muss. Von daher ist es sinnvoll, dass sein Rücktrittsrecht ausgeschlossen ist, wenn er die Sache schuldhaft zerstört. Aber diese Regeln passen nicht auf das «gesetzliche Rücktrittsrecht», weil der Käufer bei dem Empfang der Sachen noch gar nichts von seinem Rücktrittsrecht weiß und daher auch nicht ahnen kann, dass er das, was er empfangen hat, unter Umständen später wieder zurückgeben muss. Das ist genau das Problem der Lage, in der die Ehefrau hier steckt, die nichts Böses ahnend die gereichten Speisen verzehrt. Bis sie die Schnecke entdeckt. Dann ist es aber zu spät, die Speisen noch zurückzugeben. Manche Gelehrte billigten ihr daher früher – mit Hilfe ebenso komplizierter wie gewagter Analogien – ein Rücktrittsrecht trotz verschuldeten Untergangs der Sache zu.

«Die §§ 346 ff. a. F. gehörten zu den schwächsten Partien der Kodifikation (gemeint ist des Bürgerlichen Rechts); sie waren gesetzestechnisch so missglückt und in zentralen Fragen auch rechtspolitisch so fragwürdig und umstritten, dass ein für Theorie und Praxis kaum noch zu durchdringendes Dickicht von Streitfragen und These entstanden war.»[22] Die wesentliche Neuerung der §§ 346 ff. BGB n. F. besteht darin, dass der Rücktrittsberechtigte nunmehr auch dann sein Rücktrittsrecht ausüben und vom Vertrag zurücktreten kann, wenn er den Untergang oder eine wesentliche Verschlechterung der Sache verschuldet hat:

§ 346 Abs. 2 BGB: *Statt der Rückgewähr oder Herausgabe hat der Schuldner Wertersatz zu leisten, soweit*

1. die Rückgewähr oder die Herausgabe nach der Natur des Erlangten ausgeschlossen ist,

2. er den empfangenen Gegenstand verbraucht, veräußert, belastet, verarbeitet oder umgestaltet hat,

3. der empfangene Gegenstand sich verschlechtert hat oder untergegangen ist; jedoch bleibt die durch die bestimmungsgemäße Ingebrauchnahme entstandene Verschlechterung außer Betracht.

Freilich ist der Ehefrau damit noch immer nicht gedient, denn statt des Kaufpreises muss sie dem Wirt nun «Wertersatz» leisten, also den Wert der Zutaten zu den Speisen ersetzen, die sie verzehrt hat, das kann immer noch sehr beträchtlich sein, und vielleicht kommt man damit auf genau den Betrag, zu dessen Zahlung das Amtsgericht die Eheleute verurteilt hat.

Wer das für ungerecht hält, der kann vielleicht sagen, dass nach dem Gesetzeswortlaut doch die «durch die bestimmungsgemäße Ingebrauchnahme entstandene Verschlechterung außer Betracht» bleibt. Doch diese Klausel gilt, wenn man das Gesetz genau liest, nur für die «entstandene Verschlechterung» und nicht für den in derselben Nummer auch geregelten Untergang, und schon gar nicht für den in der vorangehenden Nummer geregelten «Verbrauch», den das Gesetz früher[23] nicht unterschieden hat. Außerdem kann man beim Verzehr kaum von einer «Ingebrauchnahme» sprechen. An dieser, durch den möglichen Wortsinn vorgegebenen Grenze endet jede «Auslegung». Und eine «Analogie» kommt auch nicht in Betracht, weil es an einer «Lücke» fehlt.[24] Mit dem Schuldrechtsmodernisierungsgesetz wollte der Gesetzgeber solchen Analogien ja gerade den Garaus machen. Ungeachtet dessen bleibt die Vorschrift ein «Lieblingsthema» der Kritik. Und so ist es nicht ausgeschlossen, dass doch noch einer auf diese Lösung verfällt. Aber die Vorschrift hat ja noch einen dritten Absatz.

§ 346 Abs. 3 Satz 1 BGB: *Die Pflicht zum Wertersatz entfällt,*

1. wenn sich der zum Rücktritt berechtigende Mangel erst während der Verarbeitung oder Umgestaltung des Gegenstandes gezeigt hat,

2. soweit der Gläubiger die Verschlechterung oder den Untergang zu vertreten hat oder der Schaden bei ihm gleichfalls eingetreten wäre,

3. wenn im Falle eines gesetzlichen Rücktrittsrechts die Verschlechterung oder der Untergang beim Berechtigten eingetreten ist, obwohl dieser diejenige Sorgfalt beobachtet hat, die er in eigenen Angelegenheiten anzuwenden pflegt.

Das letzte, die «diligentia quam in suis», wie man auf Lateinisch sagt, die Sorgfalt, die man in eigenen Angelegenheiten anzuwenden pflegt, ist viel gerügt worden. Manchen geht es zu weit, weil damit dem «Schlendrian» das Wort geredet werde. Anderen geht die Regelung nicht weit genug, weil sie die Haftung wegen grober Fahrlässigkeit unberührt lässt:

§ 277 BGB: *Wer nur für diejenige Sorgfalt einzustehen hat, welche er in eigenen Angelegenheiten anzuwenden pflegt, ist von der Haftung wegen grober Fahrlässigkeit nicht befreit.*

«Fahrlässig handelt, wer die im Verkehr erforderliche Sorgfalt außer Acht lässt», so sagt es § 276 Abs. 2 BGB – man spricht in solchen Fällen von einer «Legaldefinition» – und «grob» bedeutet «in besonders krassem Maße». Aber was hätte die Ehefrau denn tun sollen? Hätte sie sich das ganze Menü erst zeigen lassen sollen, um es vorab zu untersuchen oder gar alles zu kosten, bevor sie mit dem ersten Gang begann? Also ist keine grobe Fahrlässigkeit erkennbar. Sie müsste nach dieser Vorschrift folglich keinen «Wertersatz» leisten. Aber die Vorschrift spricht, ebenso wie schon die Bestimmung weiter oben, nur von «Verschlechterung oder (...) Untergang» und nicht vom «Verbrauch» der Sache. Und während man die sonstigen Fälle der «Unmöglichkeit der Herausgabe» (wie es früher in § 351 Satz 1 BGB a. F. hieß), z. B. den unverschuldeten Diebstahl der Sache, dem «Untergang» gleichstellen kann, kann man wegen der begrifflichen Unterscheidung der Neuregelung «Untergang» und «Verbrauch» kaum gleich behandeln.

Dagegen lässt sich die etwas eigenwillige Lösung, die der Rechtsreferendar in der *Juristischen Schulung* vorgestellt hat, auf die heutige Rechtslage übertragen, heißt es doch in § 346 Abs. 3 Satz 1 Nr. 1 BGB, dass der Wertersatz entfällt, «wenn sich der zum Rücktritt berechtigende Mangel erst während der Verarbeitung oder Umgestaltung des Gegenstandes gezeigt hat» (wie in § 352 BGB a. F.): Wenn man sagen könnte, dass der Verzehr von Speisen eine «Umgestaltung durch Verarbeitung oder Umbildung in eine Sache anderer Art» sei, dann bräuchte die Ehefrau gar nichts zu bezahlen und nicht einmal den Wert der verzehrten Speisen und Getränke zu ersetzen, weil sich die Schnecke erst beim Essen gezeigt hat. Und sagt man nicht auch, der Magen müsse schwere Speisen erst «verarbeiten»? Damit sind wir fast am Ende angelangt. Doch hat die Diskussion um die richtige Lösung des Falls noch eine weitere Kuriosität hervorgebracht, über die berichtet werden muss (wenn sich dafür auch heute sicher keine Anhänger mehr finden lassen). Der Ausschluss des Anspruchs auf Wertersatz ändert nämlich weder etwas daran, dass die gezogenen Nutzungen[25] herausgegeben werden müssen (§ 346 Abs. 1 Satz 1 am Ende), noch daran, dass eine «verbleibende Bereicherung» herauszugeben ist:

§ 346 Abs. 3 Satz 2 BGB: *Eine verbleibende Bereicherung ist herauszugeben.*

Aber was hat die Esserin denn noch, um das sie «bereichert» sein könnte? Das Kalbsmedaillon ist aufgegessen. Den angefangenen Salat (und die Schnecke) hat sie stehen lassen und auch nicht mitgenommen. Was sie noch hat, so ist gesagt worden, sei der «Essgenuss». Schließlich ist das Essen bis zum Auffinden der Schnecke ja so verlaufen, wie es sich die Gäste vorgestellt hatten. Doch abgesehen davon, wie der «Essgenuss» finanziell zu bemessen sein sollte zwischen dem «Kaufpreis» (für den Teil der Speisen, die bereits verzehrt wurden, laut Speisekarte) und dem «Wertersatz» (für die Zutaten, der darunter liegen dürfte), wird man sich in unserem Fall mit Ramrath ohnehin wieder auf den Standpunkt stellen dürfen, dass ihr bisheriges Essen «aufgrund des bei ihr eingetretenen Widerwillens wertlos» geworden sei. Zum Schluss müssen wir aber noch die Frage klären, was mit dem Essen des Mitessers ist. Muss er etwa auch nicht bezahlen, obwohl sein Menü vollkommen einwandfrei war? Auch dabei kann man, wie immer, unterschiedlicher Meinung sein.

7. Der Kupferkessel des Ehemanns

Im Normalfall schließen mehrere Gäste auch mehrere Verträge mit dem Gastwirt ab. Ein Ausnahmefall ist der, dass einer der Gäste die anderen einlädt. Dann kommt nur ein Vertrag zustande. Das war bei den Austern so, wir wollen annehmen, dass es auch hier so ist, dass der Herr die Dame einlädt. Das ändert aber zunächst einmal nichts daran, dass sich der «Rücktritt» nur auf diejenige Sache bezieht, die tatsächlich mangelhaft ist. Das ist im Prinzip schon unter der alten Gesetzeslage[26] so gesehen worden, unter der es darauf ankam, ob die beiden Essen erstens «als zusammengehörend» verkauft worden waren – das meinten sowohl Ramrath als auch Jauch – und ob sie zweitens «ohne Nachteil» voneinander getrennt werden konnten. Daran allerdings schieden sich die Geister. Der eine fand, es sei schon ein «Nachteil», wenn der Ehemann das Essen nur noch alleine einnehmen konnte. Immerhin war ein gemeinsames Abendessen in romantischer Atmosphäre geplant. Der andere kam zum umgekehrten Ergebnis: Wenn das Gesetz eine Trennung ohne Nachteil für möglich halte, dann könne die Tatsache, dass lediglich ein gemeinsamer Verzehr nicht mehr möglich war, noch nicht der Nachteil sein. Sonst hätte es ja keinen Sinn, dass das Gesetz noch einen Nachteil verlangt, wenn schon die Trennung der Nachteil ist. Eine spitzfindige Argumentation. Heute lautet die Vorschrift, nach der die Sache sich entscheidet:

§ 323 Abs. 5 BGB: *Hat der Schuldner eine Teilleistung bewirkt, so kann der Gläubiger vom ganzen Vertrag nur zurücktreten, wenn er an der Teilleistung kein Interesse hat. Hat der Schuldner die Leistung nicht vertragsgemäß bewirkt, so kann der Gläubiger vom Vertrag nicht zurücktreten, wenn die Pflichtverletzung unerheblich ist.*

Möglicherweise war der Salat nur eine «Teilleistung». Schließlich war er nur «Teil» einer aus mehreren Speisen bestehenden Speisenfolge. In der Tat hat ja auch die Ehefrau nicht bloß einen Salat, sondern ein ganzes Menü bestellt, eine Vorspeise, vielleicht eine Suppe, ein Hauptgericht und eine Nachspeise, dazu einen Aperitif, verschiedene Weine. Was das Menü der Ehefrau anbelangt, so besteht kein Zweifel, dass sie «vom ganzen Vertrag» zurücktreten konnte, weil sie an der Teilleistung «kein Interesse» mehr hatte. Wie jeder Feinschmecker weiß, stellen die einzelnen Speisen eine aufeinander abgestimmte Geschmacksfolge dar. Dabei ist es – in den Worten Jauchs – wie mit den Gängen eines Autos: «Einer muss stets einem bestimmten anderen folgen. Fehlt mittendrin ein Gang, wären die anderen nur noch die Hälfte wert, egal wie gut ein jeder für sich wäre.» Wohin das «Interesse» des Ehemannes in dieser misslichen Lage geht, ist klar: Ohne seine Frau hat er weder an dem Kupferkessel noch an dem Nachtisch weiterhin ein Interesse. Aber darauf kommt es wohl nicht an. Mit Teilleistung meint das Gesetz nur die «quantitative» Falschleistung (ein Zuwenig). Bei der qualitativen Falschleistung (Mangel) kommt es nicht auf den ersten Satz, sondern nur darauf an, ob die Pflichtverletzung «erheblich» ist. Und das ist auch richtig so.

Das Entscheidende haben wir uns nämlich bis zum Schluss aufbewahrt. Man nennt es ein «argumentum ad absurdum». Jauch hat es in die Diskussion geworfen. Es handelt sich dabei um ein durchaus legitimes Argument der juristischen Auseinandersetzung. Käme es bloß auf das «Interesse» und nicht auch auf die «Erheblichkeit» der Pflichtverletzung an, so bräuchte man sich bloß vorzustellen, das Ehepaar hätte auch noch Kinder und deren Freunde zum Essen eingeladen, und diese hätten ebenfalls ohne Bezahlung das Restaurant verlassen. Wegen einer einzigen Schnecke im Salat könnte die ganze Festgesellschaft samt und sonders ihr Essen stehen lassen und erfolgreich die Bezahlung verweigern, nur weil alle davon ausgingen, gemeinsam einen stimmungsvollen Abend zu verbringen. Man kann es auf die weniger juristisch ausgefeilte, aber ebenso treffende Formel bringen: Das wäre ja noch schöner! Von den Fällen windiger Betrüger einmal ganz abgesehen, die eine Kakerlake in einer Streichholzschachtel mit ins Restaurant nehmen und kurz vor dem Nachtisch über den Tisch laufen lassen. Man darf vermuten, dass sich das Amtsgericht Burgwedel von ähnlichen Erwägungen hat leiten lassen, indem es die Zechpreller verurteilte, wenigstens einen Teil der Zeche zu zahlen, der nahezu auf das arithmetische Mittel hinausläuft.

Damit sind wir am Ende dieses kleinen Falles angelangt. Das Bemerkenswerte an diesem Fall ist nicht, wie er entschieden wurde, sondern, dass er überhaupt vor Gericht gekommen ist. Dass Gäste mit den Leistungen so unzufrieden sind, dass sie aufstehen und gehen, kommt sicherlich öfter vor. Aber nur selten werden Rechtstreitigkeiten daraus, weil unabhängig vom Ausgang das Renommee des Hauses darunter leidet und ein gut beratener Restaurantbesitzer die Sache daher auch dann auf sich beruhen lassen wird, wenn er im Recht ist. Auch die Gäste zahlen lieber, als vor Gericht zu gehen, weil die Kosten dort höher sind als der Betrag, um den es geht. Warum der Fall dennoch ein staatliches Gericht beschäftigen musste, mag die folgende Passage der amtlichen Urteilsbegründung erhellen: «Auch der Umstand, dass der Kläger sich nicht beim Beklagten bzw. dessen Ehefrau entschuldigt hat, begründet keinen Minderungsanspruch. Eine Entschuldigung des Klägers, die vielleicht üblich sein mag, auf die aber kein Anspruch besteht, hätte den Widerwillen des Beklagten und seiner Ehefrau weiterzuessen nicht aufheben können.»

Kapitel 3

Strafrecht:
Wer einen andern in
die Wüste schickt

Diese Geschichte spielt in einer Karawanserei.[1] Unsere drei Hauptpersonen sind A, B und C. A beschließt, den C umzubringen, weil
der ihm die Frau ausgespannt hat. Er vergiftet dazu den einzigen
Wasservorrat des C, der sich in einer Wasserflasche befindet. Auch
B weiß davon, dass C in die Wüste reitet, und auch er will sich an C
wegen zweier gestohlener Pferde rächen. Er bohrt daher ein Loch
in dessen Wasserflasche, so dass das Wasser langsam ausläuft. Dass
das Wasser schon vergiftet war, merkt er nicht. Bald darauf reitet C
los und verdurstet ein paar Tage später in der Wüste. Wer hat C umgebracht, A oder B?

1. Das Büchlein des Herrn Smullyan

Man sieht der Geschichte an, dass sie erfunden ist. Sie entstammt
der JuS *(Juristische Schulung),* einer «Zeitschrift für das Studium
und die praktische Ausbildung» aus dem Jahrgang 1988. Oft erfinden Juristen solche Fälle, um daran ihre Fingerfertigkeiten zu üben.
Diesen Fall haben die beiden Autoren, eine Rechtsreferendarin und
ein wissenschaftlicher Mitarbeiter aus Hamburg, jedoch einem
Buch des amerikanischen Logikers Raymond M. Smullyan entnommen. Es heißt: *Wie heißt dieses Buch? – Eine unterhaltsame
Sammlung logischer Rätsel* (1981). Smullyan bezweifelt darin, dass
es eine Lösung des Problems gibt, äußert aber am Ende doch seine

persönliche, nicht juristische Meinung. Danach ist «wenn jemand für den Tod des C verantwortlich gemacht werden soll, A derjenige.»

Der in Frankfurt/Oder lehrende Professor für Rechtsphilosophie Joerden befasst sich in seiner 1986 erschienenen Monografie *Dyadische Fallsysteme im Strafrecht* ebenfalls mit dem kleinen Fall, dessen Geschichte freilich noch weiter zurückreicht. Er wird auch angeführt von Stegmüller *(Probleme und Resultate der Wissenschaftstheorien und Analytischen Philosophie, 2.* Auflage 1983), der keine eigene Lösung anbietet, sondern auf Mackie verweist *(The Cement of the Universe,* Oxford 1974, Seite 44). Der wiederum hat den Fall von Hart und Honoré *(Causation in the Law,* Oxford 1959)* übernommen, die ihn nach eigenen Angaben bei McLaughlin *(Harvard Law Review 1925,* Seite 155, Anmerkung 25) entdeckt haben wollen.

2. Kleine Strafrechtsgeschichte

Der Fall bietet sich an, um sich in das Strafrecht einzudenken, das uns in diesem und im nächsten Kapitel beschäftigen soll. Es unterscheidet sich vom Zivilrecht am augenfälligsten dadurch, dass die Durchsetzung des Rechts nicht den Betroffenen überlassen ist, sondern dass der Staat selbst die Verfolgung übernimmt. Aber auch das war nicht immer so. Im germanischen Recht war das Strafrecht vor allem privates Strafrecht. Innerhalb der Sippe oblag die Strafgewalt dem Hausherrn. Streitigkeiten von Sippe zu Sippe löste die «Fehde» (Blutrache). Diese Form der Sippenrache konnte bis ins dritte oder vierte Glied genommen werden und richtete sich gegen die gesamte Sippe des Täters. Sie konnte durch «Urfehde» beigelegt werden, d. h. durch Versöhnung, die durch Eide, Friedensbund und mitunter sogar durch Verlobung gefestigt wurde. Als die Staatsgewalt in der fränkischen Zeit erstarkte, war sie bemüht, die Fehde zurückzudrängen. Fehdeverbote wurden durch Gottesfrieden (als «Pax» zum Schutze bestimmter Personengruppen, z. B. Alte, Frauen und Kinder, sowie durch waffenfreie Tage, «treuga dei», hohe Feiertage, Sonntage und die drei letzten Wochentage) verkündet oder durch die berühmten «Landfrieden» ausgesprochen. Doch erst mit Verkündung des «Ewigen Landfriedens» von Worms (1495) und die Androhung scharfer Strafen für den Landfriedensbruch konnte die Selbstjustiz allmählich überwunden werden. Es gibt übrigens noch heute im Strafgesetzbuch einen Straftatbestand mit diesem Namen (§ 125 StGB).[2]

Man kann sich nicht, auch nicht so kurz und oberflächlich, wie wir es tun wollen, mit dem Strafrecht beschäftigen, ohne sich einmal Gedanken über den Zweck der Strafe gemacht zu haben. Es gibt zwei Grundgedanken, Abschreckung und Vergeltung, wobei streitig ist, welcher die Überhand hat. Schon bei Protagoras findet sich der Gedanke: «Wer aber mit Vernunft sich vornimmt, einen zu bestrafen, der bestraft nicht um des begangenen Unrechts willen, denn er kann ja doch das Geschehene nicht ungeschehen machen, sondern des Zukünftigen wegen, damit nicht ein andermal wieder, weder derselbe noch einer, der diesen bestraft gesehen hat, dasselbe Unrecht begehe.» Das ist Vorbeugung (Prävention), wobei man diesen Gedanken wie gesehen weiter aufspalten kann, in Spezialprävention (negativ: Abschreckung des Täters für die Zukunft; positiv: Besserung) und Generalprävention (Abschreckung anderer). Der entgegengesetzte Gedanke findet sich bei Immanuel Kant (1724–1804): «Selbst wenn sich die bürgerliche Gesellschaft mit aller Glieder Einstimmung auflöste (z. B. das eine Insel bewohnende Volk beschlösse, auseinander zu gehen und sich in alle Welt zu zerstreuen), müsste der letzte im Gefängnis befindliche Mörder vorher hingerichtet werden, damit jedermann das widerfahre, was seine Taten wert sind.»[3] Hier dominiert der Vergeltungsgedanke. Man hat die erste Theorie «relative Straftheorie» und die zweite die «absolute Straftheorie»[4] genannt, weil die Strafe hier als von jedem Zweck losgelöst, als «Selbstzweck» erscheint.[5]

Die Volksrechte (leges barbarorum), wie z. B. die um 450 n. Chr. zur Zeit der Eroberung Chlodwigs in Gallien entstandene Lex Salica, kannten bereits ein ausgefeiltes System von Sanktionen: Acht (Ächtung, d. h. der Täter wurde aus der Gemeinschaft ausgestoßen, konnte von jedermann erschlagen werden und durfte nicht begraben werden, sondern war «vogelfrei» = den Vögeln zum Fraße[6]), Verbannung (exilium), Todesstrafe und peinliche Strafen (von «Pein» = Schmerz). Sie waren oftmals «spiegelnde» Strafen, worin der Vergeltungscharakter besonders deutlich zum Ausdruck kommt, zum Beispiel: Zungenausreißen bei Verleumdung, Handabschlagen beim Diebstahl usw. Bis ins Mittelalter beherrschten drakonische Strafen (Rädern, Vierteilen, Ertränken) die Gesetzgebung. Das berühmteste Beispiel dafür ist die Peinliche Gerichtsordnung Kaiser Karls V. von 1532 (Constitutio Criminalis Carolina), die wie selbstverständlich die Folter vorsah. Erst Ende des Jahrhunderts traten zunehmend Freiheitsstrafen an ihre Stelle, das erste Zuchthaus entstand 1595 in Amsterdam. 1813 begann mit dem Bayerischen Strafgesetzbuch von Paul Johann Anselm von Feuerbach, dem berühmten Philosophen, Richter und Strafrechtsgelehrten (1775–1833),[7] das moderne liberale Strafrecht, auf das unser heutiges Strafgesetzbuch (StGB) zurückgeht, das 1871 als Reichsstrafgesetzbuch verkündet wurde.

Trotz zahlreicher grundlegender Reformen, die ihm den Charakter des sozialen Strafrechts unserer Zeit gaben, sollte man sich nicht täuschen: Auch unserem Strafrecht liegen nach der herrschenden Meinung in der Strafrechtswissenschaft noch immer beide Elemente, Vorbeugung (= Abschreckung) und Vergeltung (= Rache), zugrunde (sog. Vereinigungstheorie).

3. Strafwürdigkeit und Verbrechensbegriff

Bevor wir jetzt an die Lösung des strafrechtlichen Falls herangehen wollen, müssen wir uns aber noch einige Gedanken darüber machen, welche Rechtfertigung es hat, bestimmte Verhaltensweisen unter Strafe zu stellen und andere nicht. Damit ist die Frage angesprochen, ob der Gesetzgeber jedes beliebige Verhalten unter Strafe stellen kann. Kann er zum Beispiel sagen: «Wer die Ehe bricht, macht sich strafbar und wird mit Freiheitsstrafe nicht unter einem Jahr bestraft?» Er kann es nicht. Und wenn er es doch täte, dann würde das Bundesverfassungsgericht das Gesetz aufheben. Dazu später, wenn wir uns mit dem Öffentlichen Recht befassen, hier im Strafrecht geht es nur darum zu wissen, warum das nicht geht.

Darüber, was ein Verbrechen ist und bestraft werden kann und darüber, was kein Verbrechen ist und daher nicht bestraft werden kann, hat man sich viele Gedanken gemacht. Man sagt, Verbrechen sei strafwürdiges Unrecht (materieller Verbrechensbegriff). Eine Vorstellung hat man schon davon, was strafwürdig ist. Ehebrechen ist es nicht, einen Menschen zu töten schon. Das leuchtet jedem ein. Viel ist damit natürlich noch nicht gewonnen, aber es ist immerhin ein Anfang. Denn es bedeutet auch, dass nicht jedes Unrecht strafwürdig ist. Ein uralter Rechtssatz der Römer, der noch heute gilt, lautet «pacta sunt servanda»[8] (Verträge sind einzuhalten). Wer Verträge nicht einhält, geht trotzdem straflos aus, auch wenn der Vertragspartner dadurch einen Millionenschaden erleidet, während der kleinste Betrug mit Strafe bedroht ist. Die Heimlichkeit des Vorgehens ist es, weshalb die eine Vermögensschädigung strafwürdig ist und die andere nicht. Wir wollen unsere Überlegungen an dieser Stelle abbrechen und endlich in den Fall einsteigen, der dem amerikanischen Logiker so viel Kopfzerbrechen bereitet hat.

4. Die Sachbeschädigung am Trinkwasser

Richtig formuliert lautet die Frage: Wie haben sich A und B strafbar gemacht? Das ist die sogenannte «Fallfrage», wie man sie in allen Klausuren unter dem Aufgabentext liest. Im Zivilrecht heißt sie stets, wer kann was von wem verlangen (Anspruch). Hier lautet sie fast immer so. Den Studenten wird damit ein Gutachten abverlangt. Die Gerichte gehen im Prinzip nicht viel anders vor, nur stellen sie das Ergebnis voran, das nennt man ein Urteil, die Vorüberlegungen sind aber die gleichen. Wir wollen mit der Strafbarkeit des A beginnen, der das Wasser vergiftete, und zwar mit einem Straftatbestand, an den man sicher nicht als Erstes denkt.

§ 303 Abs. 1 StGB: *Wer rechtswidrig eine fremde Sache beschädigt oder zerstört, wird mit Freiheitsstrafe bis zu zwei Jahren oder mit Geldstrafe bestraft.*

A hat Gift in das Wasser getan und es damit unbrauchbar gemacht. Eine Sachbeschädigung liegt vor. Der Straftatbestand ist uns übrigens nicht ganz unbekannt. Im ersten Kapitel, als es um den Begriff der Sache im BGB ging, war von dem Fall die Rede, in dem das Bayerische Oberste Landesgericht zu entscheiden hatte, ob eine Langlaufloipe eine Sache ist. Wir hatten gesagt, Erkennungsmerkmale einer Sache seien Körperlichkeit und Abgrenzbarkeit. Die Langlaufloipe ist ein körperliches Gebilde, aber sie ist nicht genügend abgrenzbar vom Rest des Schnees. Wasser ist auch nicht abgrenzbar, wenn es fließt. Aber wenn es sich in einer Flasche befindet, kann es schon Gegenstand einer Sachbeschädigung sein. Zivilrecht und Strafrecht greifen ineinander, wie wir sehen. Der Straftatbestand bietet aber noch an einer anderen Stelle ein Einfallstor für das Zivilrecht. Ob eine Sache fremd ist, richtet sich nämlich danach, wessen Eigentum sie ist. Wie schwer es sein kann, das festzustellen, lehrt uns die Perle in der Auster. Hier haben wir aber keine Probleme damit, denn das Wasser gehört C. Trotzdem ist die Vorschrift unanwendbar. Denn was hat das deutsche Strafrecht damit zu tun, wenn in der Sahara eine Flasche Wasser ausläuft?

§ 3 StGB: *Das deutsche Strafrecht gilt für Taten, die im Inland begangen werden.*

Wir wollen deshalb annehmen, dass A und B oder C Deutsche waren, was sich wiederum nicht aus dem Strafrecht ergibt, sondern sich nach dem Öffentlichen Recht richtet, das wir uns für den Schluss vorbehalten haben.

§ 7 StGB: *(1) Das deutsche Strafrecht gilt für Taten, die im Ausland gegen einen Deutschen begangen werden, wenn die Tat am Tatort mit Strafe bedroht ist oder der Tatort keiner Strafgewalt unterliegt. (2) Für andere Taten, die im Ausland begangen werden (…), wenn der Täter zur Zeit der Tat Deutscher war oder es nach der Tat geworden ist…*

Damit wäre deutsches Strafrecht anwendbar. Ob es auch angewandt werden wird, hängt jedoch noch von einer anderen Vorschrift ab.

5. Der Strafantrag

§ 303 c StGB: *In den Fällen der §§ 303 bis 303 b wird die Tat nur auf Antrag verfolgt, es sei denn, dass die Strafverfolgungsbehörde wegen des besonderen öffentlichen Interesses an der Strafverfolgung ein Einschreiten von Amts wegen für geboten hält.*

Strafverfolgungsbehörde, das ist die Staatsanwaltschaft. Sie bedient sich dabei der Polizei. Von wem der Strafantrag gestellt werden kann, ist jetzt nicht so wichtig. Das Gesetz regelt es weiter vorne, in den §§ 77 ff. StGB, es sind in erster Linie das Opfer selbst, sonst die nahen Angehörigen. Entscheidend ist vielmehr, dass es überhaupt eines Antrags bedarf, um die Tat strafrechtlich zu verfolgen. Fehlt er, so besteht ein Strafverfolgungshindernis.

Normalerweise gilt nämlich im Bereich des Strafrechts das sogenannte Legalitätsprinzip, d. h. Polizei und Staatsanwaltschaft müssen auf einen Verdacht hin einschreiten. Anders ist das bei den Ordnungswidrigkeiten. Dort gilt das Opportunitätsprinzip, nach dem die Strafverfolgungsbehörden einschreiten können, es aber nicht müssen. Sie sind im Ordnungswidrigkeitengesetz (OWiG) geregelt und sind keine Straftaten. Die meisten Verkehrsverstöße zählen dazu, außerdem unzulässiger Lärm, Ausübung der Prostitution in Sperrbezirken usw. Manche davon waren ursprünglich Straftaten, die aus dem Strafrecht herausgenommen worden sind. Man sagt, sie sind «entkriminalisiert» worden. Ordnungswidrigkeiten sind gerade kein kriminelles Unrecht, weil es an der Strafwürdigkeit fehlt. Sie verdienen daher nicht das Unwerturteil, das der Strafe anhaftet und werden statt dessen mit Geldbußen geahndet. Das sind keine Strafen. Es kann sogar ausreichen, eine bloße Verwarnung zu erteilen. Diese Unterscheidung zwischen Straftaten und Ordnungswidrigkeiten muss man kennen, aber wir wollen uns wieder um unseren Fall kümmern.

Wird Strafantrag gestellt, so steht der Bestrafung des A wegen Sachbeschädigung an dem in der Flasche befindlichen Wasser nichts mehr im Wege. Das ist allerdings ein kleiner Fisch, der nicht weiter ins Gewicht fällt. Bevor wir uns aber den wirklich großen Fischen zuwenden, wollen wir noch einen Blick darauf werfen, was denn am Ende aus der Sachbeschädigung wird. Das ist eine Frage der Konkurrenzen. Man sagt, mehrere Straftatbestände «konkurrieren» miteinander.[9] Geregelt sind die Konkurrenzen ziemlich weit vorne im Strafgesetzbuch.

6. Tateinheit und Tatmehrheit

§ 52 StGB: *(1) Verletzt dieselbe Handlung mehrere Strafgesetze oder dasselbe Strafgesetz mehrmals, so wird nur auf eine Strafe erkannt. (2) Sind mehrere Strafgesetze verletzt, so wird die Strafe nach dem Gesetz bestimmt, das die schwerste Strafe androht. Sie darf nicht milder sein, als die anderen anwendbaren Gesetze es zulassen.*

§ 53 Abs. 1 StGB: *Hat jemand mehrere Straftaten begangen, die gleichzeitig abgeurteilt werden, und dadurch mehrere Freiheitsstrafen oder mehrere Geldstrafen verwirkt, so wird auf eine Gesamtstrafe erkannt.*

Dabei werden die einzelnen Strafen (sog. Einsatzstrafen) nicht einfach addiert, sondern es wird die schwerste Strafe erhöht (Asperationsprinzip).[10] Bei der ersten Vorschrift wird auch nicht addiert, sondern der schwerere Straftatbestand schluckt die anderen (Absorptionsprinzip). Würde man die Strafen einfach zusammenzählen, wie das im angloamerikanischen Recht gemacht wird, so würde man leicht zu Strafen kommen, die die durchschnittliche Lebenserwartung eines Menschen übersteigen. Man käme dann beispielsweise zu 140 Jahren Zuchthaus (so hieß die Freiheitsstrafe früher), was etwas komisch anmuten würde, in Amerika aber, wie man weiß, gang und gäbe und übrigens auch bei uns nicht ganz ausgeschlossen ist (Wenn der zu einer lebenslangen Freiheitsstrafe verurteilte Straftäter im Gefängnis einen weiteren Mord begeht, dann kann es auch in Deutschland dazu kommen, dass einer zweimal zu «lebenslänglich» verurteilt wird![11] Aber das ist auch richtig: Sonst könnte ein zu lebenslänglicher Freiheitsstrafe Verurteilter im Knast straflos morden).

Wie das genau geht und wann welcher von beiden Paragrafen angewendet werden muss, ist im Einzelnen sehr kompliziert und braucht uns weiter nicht zu kümmern. Die eine Berechnungsmethode ist wesentlich einfacher als die andere. Darum tendieren die Richter mehr zur ersten Methode und sind bestrebt, die andere zu meiden, während die Literatur skeptisch gegenüber solcher Laxheit ist. Es sollte uns auch nur vorführen, warum die Sachbeschädigung überhaupt geprüft wird. In einer Klausur oder Anklageschrift wird man sich nicht lange damit aufhalten, sondern gleich zu gewichtigeren Vorwürfen kommen.

7. Mord und Totschlag

§ 211 StGB: *(1) Der Mörder wird mit lebenslanger Freiheitsstrafe bestraft. (2) Mörder ist, wer aus Mordlust, zur Befriedigung des Geschlechtstriebs, aus Habgier oder sonst aus niedrigen Beweggründen, heimtückisch oder grausam oder mit gemeingefährlichen Mitteln oder, um eine andere Straftat zu ermöglichen oder zu verdecken, einen Menschen tötet.*

§ 212 StGB: *(1) Wer einen Menschen tötet, ohne Mörder zu sein, wird als Totschläger mit Freiheitsstrafe nicht unter fünf Jahren bestraft. (2) In besonders schweren Fällen ist auf lebenslange Freiheitsstrafe zu erkennen.*

Wenn man die Formulierung des Mordtatbestandes mit der anderer Tatbestände vergleicht, z. B. der Sachbeschädigung, dann fällt sofort eines auf: Hier wird nicht die Tat beschrieben («Wer eine fremde Sache beschädigt, wird bestraft»), sondern der Täter («Mörder ist, wer (…)». Das ist ungewöhnlich für das Strafgesetzbuch.[12] Und noch eines ist ungewöhnlich. Die Strafandrohung. Mord ist der einzige Tatbestand im StGB, der zwingend die lebenslange Freiheitsstrafe vorschreibt. Das ist die schwerste Strafe überhaupt, die der Staat verhängen kann, nachdem das Grundgesetz die Todesstrafe abgeschafft hat.

Man kann sich vorstellen, dass sich daraus eine Menge juristischer Streitfragen ergeben. Die eine ist die, dass sich die Gerichte und ein Teil der strafrechtlichen Literatur auf den Standpunkt stellen, der Mord sei deshalb ein besonderer Tatbestand, ein Delikt eigener Art (delictum sui generis). Die umstrittenste Frage aber ist, wie man um die lebenslange Freiheitsstrafe herumkommen kann. Denn bei allen anderen Strafandrohungen hat der Richter einen gewissen Spielraum. Das Gesetz schreibt ihm lediglich einen Strafrahmen vor, innerhalb dessen er die besonderen Umstände berücksichtigen kann, die bei der Tat eine Rolle gespielt haben. Zum Beispiel beim Totschlag. Zwischen fünf Jahren und lebenslänglich. Bei Mord geht das nicht. So will es jedenfalls das Gesetz. Das würde aber oft zu ungerechten Ergebnissen führen. Deshalb hat man inzwischen auch Wege gefunden, solche Ergebnisse zu vermeiden. Aber dazu später. Wir können hier mit der Prüfung des Paragrafen 212 beginnen, denn das haben ja beide gemeinsam, Mord und Totschlag setzen beide voraus, dass ein Mensch getötet worden ist. Aber hat A denn einen Menschen getötet?

8. Die Kausalität

Der im Tatbestand vorausgesetzte Erfolg ist eingetreten: C ist tot. Das ist aber nur der erste Schritt der Prüfung. Außerdem muss die Handlung des A kausal geworden sein für den Tod des C. Zwischen dem Gift und dem Verdursten muss «Kausalität» bestehen, so nennen es die Juristen. Hier liegt das eigentliche Problem des Falles. Kausalität im naturwissenschaftlichen Sinne, das ist die Verknüpfung von Ursache und Wirkung. Dass C in der Wüste verdursten musste (Wirkung), liegt aber nicht daran, dass A sein Trinkwasser vergiftet hat (Ursache), könnte man sagen. Denn von dem Gift hat C ja nichts getrunken. Die Ursache ist, dass er kein Wasser zum Trinken hatte. Und warum hatte er kein Wasser mehr? Weil B die Wasserflasche angebohrt hat, so dass das Wasser auslaufen konnte. Aber das kann auch nicht die Todesursache sein, denn hätte er von dem Wasser getrunken, dann wäre er erst recht gestorben, weil das Wasser ja vergiftet war. Er wäre also gestorben, wenn A das Wasser nicht vergiftet hätte, er wäre aber auch gestorben, wenn B die Wasserflasche nicht angebohrt hätte. Das ist das Dilemma, das Raymond M. Smullyan nicht auflösen konnte. Es gibt keine Ursache, nur eine Wirkung. So einfach ist das aber auch wieder nicht. Wir wollen Schrittchen für Schrittchen vorgehen. Strafrechtlich prüfen wir die «Kausalität» nämlich nach einem ganz bestimmten Muster.

9. Die Conditio sine qua non

Um Ursache und Wirkung festzustellen, bedient man sich im Strafrecht der «Conditio sine qua non».[13] Dieser lateinische Ausdruck besagt, dass eine Handlung dann ursächlich für einen Erfolg geworden ist, wenn sie nicht hinweggedacht werden kann, ohne dass auch der Erfolg entfiele. Ein komplizierter Satz, der erst einmal verstanden sein will. Ein Beispiel: Ein Gangster schießt auf den Helden, der Held stirbt in den Armen seiner Geliebten. Der Schuss kann nicht hinweggedacht werden, ohne dass auch das tragische Ende entfiele. Ein anderes Beispiel: Der Neffe mischt dem Onkel Gift ins Essen. Warum tut er das? Er will ihn natürlich beerben. (Das Motiv kann durchaus eine Rolle spielen, nämlich wenn es um den Mordtatbestand geht!) Bei der Obduktion stellt sich aber heraus, dass der Onkel sowieso bald an Leberkrebs gestorben wäre. Was dann? Der Enkel hätte ihm das Gift dann sicher nicht gegeben, sondern die paar Tage gerne auch noch abgewartet. (Das spielt strafrechtlich allerdings keine Rolle.) Der Erfolg wäre zwar auch eingetreten, wenn man das Gift jetzt hinweg denkt. Er wäre aber später eingetreten, und der Onkel hätte länger gelebt. Das muss einen Unterschied machen, sonst würde die Conditio-sine-qua-non-Formel nie zum Tragen kommen. Denn jeder Mensch muss einmal sterben. Niemand lebt ewig. Es gäbe keine Mörder, weil ihre Opfer sowieso irgendwann gestorben wären. So kann das mit der Kausalität nicht sein.

Aber wie, wenn feststünde, dass er genau zur selben Zeit, in der gleichen Sekunde an Herzversagen verstorben wäre? Dann kann das Gift doch hinweggedacht werden, ohne dass der Erfolg entfiele. Falsch! Der Tod wäre nämlich ein anderer gewesen. Ein Herztod sieht anders aus als der Gifttod. Man kann die Bedingungsformel also genauer so formulieren, dass die Ursache nicht hinweggedacht werden können darf, ohne dass auch der Erfolg «in seiner konkreten Gestalt» entfiele. Darauf kommt es an, auf die konkreten Umstände (Ort, Zeit, Art und Weise). Und damit sind wir wieder bei unserem Fall: Die Handlung des B genügt diesen Anforderungen. Er hat die Wasserflasche angebohrt. Diese Handlung kann nicht hinweggedacht werden, ohne dass der Erfolg in seiner konkreten Gestalt entfiele. Denn C ist wirklich verdurstet (realer Kausalverlauf). Hätte er von dem Wasser getrunken, wäre er vergiftet worden (hypothetischer Kausalverlauf). Das ist aber nicht geschehen und wird deshalb nicht berücksichtigt. Wissenschaftlich ausgedrückt: Die «Reserveursache» (Gift) bleibt außer Betracht. Damit ist B kausal geworden für den Tod des C in der Wüste. A hingegen ist nicht kausal geworden. Seine Handlung kann hinweggedacht werden, ohne dass der Erfolg in seiner konkreten Gestalt entfiele. Der C wäre ganz genauso verdurstet, ob das ausgelaufene Wasser nun vergiftet war oder nicht, er hatte eben kein Wasser mehr zum Trinken. Zwar hat A durch sein Verhalten die Gefahr geschaffen, dass C an Gift stirbt. Diese Gefahr hat sich aber nicht realisiert. Sie hat nicht beigetragen zu dem Erfolg in der konkreten Gestalt. Die Juristen sprechen von einem «abgebrochenen Kausalverlauf». Das soll heißen, dass A zwar eine Ursachenkette in Gang gesetzt hat, die auch zum Ziel geführt hätte, wenn sie nicht gestört worden wäre, die aber irgendwo steckengeblieben ist und daher nicht zum Ziel geführt hat. Die Prüfung ist damit eigentlich beendet. A kann weder wegen Mordes noch wegen Totschlags bestraft werden.

Übrigens gibt es tatsächlich einen Fall, in dem auch die abgewandelte Conditio-sine-qua-non-Formel nicht weiterhilft. Man muss schon einige Kunststücke anstellen, um einen solchen Fall zu konstruieren. Gift eignet sich dazu besonders gut. Man muss sich zwei Neffen vorstellen, die ihrem Erbonkel unabhängig voneinander je eine tödliche Dosis genau des gleichen Gifts ins Essen geben. Wenn der Onkel jetzt stirbt, dann kann man sich jede der beiden Handlungen hinwegdenken, ohne dass das am Erfolg auch nur irgend etwas ändert. Wäre die Giftmenge so bemessen, dass jede für sich allein harmlos wäre und sie nur zusammen tödlich wirkten, dann wären beide kausal, weil weder die eine noch die andere hinweggedacht werden könnte. Würde das eine Gift schneller wirken als das andere, so würde es sich um einen Fall der abgebrochenen Kausalität handeln. In diesem Zusammenhang ist das Wort von der «überholenden Kausalität» geprägt worden. Das langsamer wirkende Giftgemisch wird von dem schnelleren überholt. Dann ist nur das schnellere Gift kausal. Und wären es völlig verschiedene Gifte, so wäre wenigstens der Erfolg in seiner konkreten Gestalt ein anderer, weil das Opfer an einer Kombination von verschiedenartigen Vergiftungen gestorben wäre. So aber hilft nichts, die Bedingungsformel muss extra für diesen Fall erneut abgewandelt werden. Man sagt darum, von zwei Bedingungen, die zwar einzeln (alternativ), aber nicht zusammen (kumulativ) hinweggedacht werden können, ohne dass der Erfolg entfiele, sei jede ursächlich.

10. Abwandlung

Wir wollen uns zur Kontrolle noch einen abgewandelten Fall – eine übliche Methode, von der auch bei Aufgaben in juristischen Prüfungen häufig Gebrauch gemacht wird – überlegen. Wie wäre es zu beurteilen, wenn sich die Sache so abgespielt hätte: Morgens reitet C los, dann bekommt er Durst, nimmt seine Feldflasche hervor, riecht an dem Wasser und stellt fest, dass es vergiftet ist. Deshalb trinkt er nicht davon. Er hofft, irgendwo auf trinkbares Wasser zu stoßen, findet aber keins und verdurstet. Dass B die Flasche angebohrt hat, merkt er nicht. Oder er bemerkt es. Macht das einen Unterschied? Ob er das Loch entdeckt oder nicht, spielt in dieser Situation tatsächlich keine Rolle. Entdeckt er es, so könnte er es vielleicht verstopfen. Das wäre aber sinnlos, da er weiß, dass das Wasser ohnehin ungenießbar ist.

Doch wie steht es mit der Kausalität? Wir wenden wieder die Conditio-sine-qua-non-Formel an, und jetzt kann der Umstand, dass A das Wasser vergiftet hat, tatsächlich nicht hinweggedacht werden, ohne dass auch der Erfolg in seiner konkreten Gestalt entfiele. C hat zwar wiederum nicht den Gifttod erlitten, sondern ist den konkreten Umständen nach verdurstet. Durch das Gift hat A aber auch die Gefahr geschaffen, dass das Opfer die Giftigkeit erkennt und daher lieber verdurstet, als davon zu trinken. Insofern hat A tatsächlich auch die Gefahr des Verdurstens begründet, die sich im zweiten Fall auch realisiert hat. In dem ersten Fall war es so, dass C verdurstete, obwohl das Wasser vergiftet war. Jetzt kann man sagen, dass er verdurstet, weil das Wasser vergiftet war. Dann ist auch das Ergebnis umgekehrt: Das Vergiften ist jetzt kausal, nicht aber das Anbohren der Wasserflasche, da es hinweggedacht werden kann, ohne dass es am Ausgang etwas änderte.

11. Der Irrtum über den Kausalverlauf

Das Problem bei dieser Variante liegt aber auch ganz woanders. Es hat damit zu tun, dass A annimmt, C werde von dem Gift trinken und daran sterben, während C in Wirklichkeit gar nicht von dem vergifteten Wasser nimmt. Wenn Wirklichkeit und Vorstellung solchermaßen auseinanderfallen, spricht man im Strafrecht – wie auch sonst – von einem Irrtum. Irrtümer sind gewissermaßen die hohe Kunst des Strafrechts. (Eine besonders schwierige Konstellation wird uns im nächsten Kapitel beschäftigen.) Strafrechtliche Probleme können häufig nur dann richtig gelöst werden, wenn man auch den Irrtum mit bedenkt. Das hängt damit zusammen, dass ein Mensch nur bestraft werden soll, wenn er auch wusste, was er tat. Hier, wo es um den Kausalverlauf geht, handelt es sich um einen «Irrtum über den Kausalverlauf». Man unterscheidet zwischen beachtlichen und unbeachtlichen Kausalabweichungen.

Auch dazu ein Beispiel, das die Einordnung unseres Falles erleichtern soll, der berühmte Brückenfall, den das Reichsgericht im 67. Band der Entscheidungssammlung auf Seite 258 zu beurteilen hatte: Jemand will einen anderen umbringen und die Leiche danach beiseiteschaffen. Er erschlägt ihn mit einer Axt und wirft die Leiche dann von einer Brücke, damit es nach einem Unfall aussieht. Das Opfer war aber noch gar nicht tot, sondern ertrinkt oder prallt auf einen Brückenpfeiler auf und kommt dadurch erst zu Tode. Das kommt gar nicht so selten vor, wie auch der Jauchegruben-Fall zeigt, den später der Bundesgerichtshof in den 60er Jahren zu entscheiden hatte: Der Angeklagte stopfte seinem Opfer zwei Hände voll Sand in den Mund, damit es aufhörte zu schreien. Als es regungslos dalag, hielt der Angeklagte das Opfer für tot und warf es daher in die Jauchegrube. Tatsächlich starb das Opfer erst dadurch.[14] Die Gerichtsmediziner können das heute sehr genau feststellen. Früher, bevor die Medizin so weit war, brauchte man sich darüber keine Gedanken zu machen. Der Angeklagte wollte einen Menschen töten und hat es auch getan. Kein Problem. Jetzt aber konnte man sich hinstellen und sagen: Der Täter wollte zwar einen Menschen umbringen, das hat aber nicht geklappt. Später hat er zwar einen Menschen getötet, doch da wollte er das gar nicht mehr. Also kann man ihn dafür auch nicht bestrafen.

Ja, haben die einen gesagt, aber es war ihm doch gleichgültig, ob sein Opfer nun durch die Axt zu Tode kam oder erst durch den Aufprall auf den Pfeiler. So oder so, der Täter wollte beides, er hatte einen «dolus generalis» (einen das Ganze umfassenden generellen Vorsatz). Hätte ihn ein Beobachter nach dem Wurf darauf aufmerksam gemacht, dass sein Opfer noch lebte, so hätte er vielleicht geantwortet: Auch gut, sei's drum. Aber das ist kein Argument, denn den Vorsatz muss der Täter gerade in dem Moment der Handlung haben (Simultanitätsprinzip). Es genügt weder, dass er früher einmal den Vorsatz hatte (dolus antecedens) noch, dass er ihn erst danach hat (dolus subsequens). Und das ist auch richtig so: Man darf den Ehemann nicht dafür bestrafen, dass er schon öfter daran gedacht hat, seine Frau umzubringen, wenn jetzt ein dummer Unfall passiert, für den er nichts kann und bei dem die Ehefrau tatsächlich umgekommen ist. Und auch nicht dafür, dass er sich nach dem Unfall sagt, auch gut, besser so als gar nicht. Nicht die böse Gesinnung wird bestraft, sondern die böse Tat. Es ist nicht das Ziel des Strafrechts, alle schlechten Menschen hinter Gitter zu bringen. Die Gefängnisse wären voll davon. Darin unterscheiden sich Tatstrafrecht und Gesinnungsstrafrecht. Das erste ist ein Produkt des Rechtsstaats, das zweite ist in Unrechtsstaaten verbreitet.

Die meisten Strafrechtler kommen dennoch zum gleichen Ergebnis, indem sie sagen, auch der Aufprall am Pfeiler oder das Ertrinken sei dem Täter noch objektiv zurechenbar und erklären die Abweichung zwischen vorgestelltem und realem Kausalverlauf für unbeachtlich. Eine beachtliche Kausalabweichung wäre es erst, wenn das Opfer weder durch die Axt getötet würde noch durch den Aufprall oder durch Ertrinken, sondern wenn es von Passanten am Flussufer gefunden würde, ins Krankenhaus gebracht würde und es dort bei einem Brand ums Leben käme. Noch einmal zur Wiederholung: In beiden Fällen bestehen an der reinen Kausalität keine Zweifel. Der Schlag mit der Axt und das Werfen von der Brücke können nicht hinweggedacht werden, ohne dass auch der Erfolg entfiele. Wäre er nicht geschlagen und von der Brücke geworfen worden, so hätte er nicht ins Krankenhaus gemusst, wo der Brand ausgebrochen ist.

Das sind also die beiden Möglichkeiten: Aufprallen auf den Pfeiler unbeachtlich, Krankenhausbrand beachtlich. Danach dürfte es keine Schwierigkeiten mehr machen, den Fall einzuordnen, dass A dachte, das Opfer werde an dem vergifteten Wasser sterben, während es in Wahrheit auf der Suche nach trinkbarem Wasser ums Leben kam. Das ist natürlich eine unwesentliche Kausalabweichung, die keine andere Bewertung der Tat rechtfertigt. Darum bleibt es dabei, im zweiten Fall wäre A wegen Totschlags zu bestrafen. Die kleine Abwandlung sollte uns auch nur vorführen, dass es mit der Kausalität allein nicht getan ist. Das Stichwort ist schon gefallen.

12. Die objektive Zurechnung

Käme es nur auf die «Conditio sine qua non» an, so würde viel zu viel davon erfasst, außer dem Mörder wären auch seine Eltern und seine Großeltern und deren Eltern und Großeltern kausal geworden für den Mord. Der Leser möge es selbst überprüfen, sie alle können nicht hinweggedacht werden, ohne dass der Erfolg entfiele. So ein Ergebnis ist aber ganz offensichtlich unsinnig. Die reine Bedingungsformel behandelt aber alle Ursachen als gleichwertig (äquivalent). Sie wird daher auch Äquivalenztheorie genannt. Dem steht die sog. Adäquanztheorie gegenüber, die nur die angemessenen (adäquaten) Ursachen berücksichtigen und unangemessene Ursachen ausscheiden will.

Begründer der Adäquanztheorie war übrigens kein Jurist, sondern ein Arzt, der Freiburger Physiologe Johannes von Kries. Seine Lehre von der adäquaten Verursachung hat schnell Eingang gefunden in die zivilrechtliche Rechtsprechung. Auch die Zivilgerichte haben ja über die Kausalität zu entscheiden, wenn es um Schadensersatz für bestimmte Handlungen geht. Ein gutes Beispiel ist der Krankenhausfall. Wenn das Opfer eines Autounfalls im Krankenhaus Verbrennungen erleidet, dann muss der Unfallverursacher das nicht bezahlen. Ausgeschieden werden damit aber nach der Rechtsprechung des Bundesgerichtshofes in Zivilsachen nur «ganz ungewöhnliche, atypische Kausalverläufe», die «völlig außerhalb jeder Lebenswahrscheinlichkeit» liegen. Wenn also zum Beispiel der Krankenwagen auf dem Weg zum Krankenhaus verunglückt und sich der Verletzte dabei weitere Verletzungen zuzieht, dann muss der Schädiger dafür zahlen. Denn es liegt nicht völlig außerhalb der Wahrscheinlichkeit, dass ein Unfallopfer mit dem Krankenwagen abtransportiert werden muss und dass der Krankenwagen dabei so schnell fährt, dass ein weiterer Unfall passiert.

Im Strafrecht hat die Adäquanztheorie dagegen wenig Anhänger gefunden. Vor allem die Strafgerichte haben lange Zeit geglaubt, ohne eine solche Einschränkung auskommen zu können. Das liegt daran, dass es im Zivilrecht auch Fälle gibt, in denen jemand ohne Verschulden haften muss. Man spricht dann von verschuldensunabhängiger Gefährdungshaftung. Im Strafrecht muss dagegen zur Kausalität immer noch die Schuld treten. Die Gerichte nehmen die notwendige Korrektur daher bei der Prüfung von Vorsatz und Fahrlässigkeit vor, während die strafrechtliche Literatur den Begriff der objektiven Zurechnung erfunden hat. Objektive Zurechnung bedeutet, dass dem Täter die Tat auch als «sein Werk» zugerechnet werden können muss. Warum so umständlich, wenn doch die Rechtsprechung zum gleichen Ergebnis auch ohne solche Konstruktionen kommt?

Man könnte das für Spielerei halten. In der Tat ist noch kein Fall vorgekommen, bei dem es auf die Unterscheidung angekommen wäre. Bis er geschieht, werden die Strafgerichte wohl auch weiter bei ihrer Auffassung bleiben und auf die objektive Zurechnung verzichten. Aber alles was denkbar ist, passiert auch früher oder später. Es ist nur eine Frage der Zeit. Denken wir uns deshalb folgenden Fall: Der Knecht wird von seinem Arbeitgeber bei heraufziehendem Gewitter in den Wald geschickt, damit er vom Blitz getroffen wird. Oder der Erbonkel, der von seinem Neffen zu einer Flugreise überredet wird, damit er abstürzt, was auch geschieht. Hier wäre der Vorsatz zu bejahen. Wer so dumm wäre, das zuzugeben, dem könnte nicht geholfen werden, wenn man nicht von vornherein sagt, dass so etwas niemandem als sein Werk zugerechnet werden kann. Für solche Fälle braucht man in der Tat eine zweite Stufe der Kausalitätsprüfung, im Zivilrecht nennt man sie Adäquanz, im Strafrecht objektive Zurechnung.

Damit haben wir uns das Zweistufenmodell der Kausalitätsprüfung erarbeitet, mit dem man jeden Rechtsfall lösen kann. Auch logische Paradoxien wie die von Raymond M. Smullyan lassen sich danach auflösen. Von unserem Ausgangsfall sind wir dabei etwas abgekommen, wir wollen ihn jetzt zu Ende bringen. Wenn C nicht deshalb verdurstet ist, weil er erkannte, dass sein Wasser vergiftet war, sondern einfach, weil es ausgelaufen ist, dann hat A den C entgegen der Ansicht Smullyans nicht getötet und kann mangels Kausalität auch nicht wegen Totschlags bestraft werden. Er kommt deshalb aber nicht straflos davon.

13. Versuch und Rücktritt

§ 23 Abs. 2 StGB: *Der Versuch kann milder bestraft werden als die vollendete Tat.*

§ 22 StGB: *Eine Straftat versucht, wer nach seiner Vorstellung von der Tat zur Verwirklichung des Tatbestandes unmittelbar ansetzt.*

Man kann sich schon aufgrund des bloßen Gesetzestextes vorstellen, wo die Probleme beim Versuch liegen. Es ist die Frage, wann genau ein Täter zu seiner Tat unmittelbar ansetzt. Wissenschaftlich ausgedrückt: Die Abgrenzung von strafbarem Versuch und strafloser Vorbereitungshandlung. Zum Beispiel beim Einbruchsdiebstahl.[15] Man unterscheidet nämlich im zeitlichen Ablauf verschiedene Stadien der Verbrechensentwicklung. Das ist der «iter criminis» (der Weg des Verbrechens): Zuerst ist der Entschluss da. Der Einbrecher braucht Geld und überlegt sich, wie er daran kommen kann. Dann macht er einen Plan. Noch nicht strafbar. Also besorgt er sich das nötige Werkzeug, einen Dietrich, eine Taschenlampe, eine Strumpfmaske für den Fall der Entdeckung. Das ist auch nicht strafbar, bloße Vorbereitungshandlungen. Dann fährt er durch die Straßen, um eine geeignete Villa ausfindig zu machen. Strafbar? Nein, immer noch Vorbereitung. Aber jetzt wird es ernst: Er hat ein alleinstehendes Haus gefunden, parkt den Wagen um die Ecke, zieht sich die Strumpfmaske über und steigt aus. Jetzt? Nein, immer noch nicht. Er schleicht durch den Garten. Vielleicht jetzt? Schon eher. Er packt sein Werkzeug aus. Man weiß nicht so genau. Jetzt macht er sich an der Terrassentür zu schaffen. Versuch. Er findet den Tresor, öffnet ihn und packt das Geld in den Rucksack. Vollendung. Er fährt mit seinem Auto nach Hause und zählt die Beute. Letztes Stadium: Beendigung. Anfang und Ende bereiten keine großen Schwierigkeiten. Dazwischen befindet sich aber eine Grauzone, in der irgendwann die Grenze zum strafbaren Versuch überschritten wird. Wo genau, kann niemand sagen. Man muss sich immer vorstellen, die Polizei würde in dem

Moment zugeschlagen haben: Wäre das dann schon strafbar oder nicht?

Versetzen wir uns in die Lage eines Polizeibeamten, der beobachtet, wie jemand betrunken aus der Kneipe kommt, in der Hand die Autoschlüssel. Ab einer gewissen Promillegrenze sind Trunkenheitsfahrten strafbar. Er findet sein Auto, fingert mit dem Schlüssel im Schloss herum, schließt die Tür auf und setzt sich auf den Fahrersitz. Jetzt steckt er den Zündschlüssel ins Zündschloss und schaltet das Abblendlicht an. Strafbar? Soll der Polizist etwa abwarten, bis er losgefahren ist? Wartet er ab, ist es unter Umständen schon zu spät. Greift er zu früh ein, so hat sich der Täter noch nicht strafbar gemacht. Das Bayerische Oberste Landesgericht hat deshalb angenommen, dass bereits das Herumdrehen des Zündschlüssels ausreichen müsse. Sonst könnte ja jeder kommen und sagen, er habe sich nur die Füße wärmen oder bei Licht lesen wollen. Der Bundesgerichtshof dagegen hat gesagt, das ginge zu weit. Solange die Räder nicht rollen, kann von einer Trunkenheitsfahrt keine Rede sein. Und der Versuch? Der ist bei Vergehen nicht strafbar.

§ 23 Abs. 1 StGB: *Der Versuch eines Verbrechens ist stets strafbar, der Versuch eines Vergehens nur dann, wenn das Gesetz es ausdrücklich bestimmt.*

§ 12 StGB: *(1) Verbrechen sind rechtswidrige Taten, die im Mindestmaß mit Freiheitsstrafe von einem Jahr oder darüber bedroht sind. (2) Vergehen sind rechtswidrige Taten, die im Mindestmaß mit einer geringeren Freiheitsstrafe oder mit Geldstrafe bedroht sind.*

Die Trunkenheit im Verkehr ist im Höchstmaß mit «Freiheitsstrafe bis zu einem Jahr» (§ 316 StGB) bedroht, das Mindestmaß der Freiheitsstrafe ergibt sich aus allgemeinen Vorschriften und beträgt nach § 38 Abs. 2 StGB einen Monat, wenn der Richter nicht auf Geldstrafe erkennt. Das sind die beiden sog. Hauptstrafen, Freiheit oder Geld. Es gibt auch einen Umrechnungsmodus, weil Geldstrafe in Tagessätzen verhängt wird. Ein Tagessatz entspricht dem Verdienst des Täters an einem Tag. Dabei kann geschätzt werden. Ein Tagessatz darf aber nicht höher sein als fünftausend Euro.[16] Im Urteil werden Zahl und Höhe der Tagessätze angegeben.[17] Daneben gibt es als «Nebenstrafe» noch das Fahrverbot.[18] Es gibt also nicht nur Ordnungswidrigkeiten und Straftaten, sogar die Straftatbestände des Strafgesetzbuches werden noch nach Strafwürdigkeit abgestuft. Diese Zweiteilung im Strafrecht in Verbrechen und Vergehen, für die unterschiedliche Regeln gelten, wird Dichotomie genannt. Bis 1975 gab es sogar eine dritte Gruppe, die sog. Übertretungen, die heute meist zu Ordnungswidrigkeiten herabgestuft sind.

Totschlag ist ein «Verbrechen», der Versuch also strafbar. A hat nicht nur «zur Verwirklichung des Tatbestandes unmittelbar angesetzt», sondern «nach seiner Vorstellung von der Tat» sogar alles Erforderliche getan. Er hat den C in die Wüste geschickt und damit das weitere Geschehen aus der Hand gegeben. Das ist ganz sicher ein Versuch. Man spricht in dieser Konstellation sogar von einem «beendeten Versuch». A ist also wegen versuchten Totschlags strafbar. Das Erstaunliche ist nur, dass es überhaupt einen Versuch gibt. Wird da nicht die böse Gesinnung bestraft und hatten wir nicht gesagt, dass Gesinnungsstrafrecht eines Rechtsstaates unwürdig sei? Der Strafgrund des Versuchs wirft unter den Gelehrten tiefe Gräben auf. Ursprünglich sagten die meisten in der Tat, es sei der verbrecherische Wille, der den Versuch ebenso strafwürdig mache wie das vollendete Delikt (subjektive Theorie). Nein, sagten die anderen, der böse Wille für sich kann niemals strafbar sein (und ist es auch nicht). Die Gedanken sind frei. Grund für die Strafbarkeit sei die objektive Gefahr, in die der Täter das Rechtsgut gebracht hat. Das ist die «objektive Theorie». Dagegen spricht aber, dass auch der sog. untaugliche Versuch strafbar ist, der völlig ungefährlich ist. Schon das Reichsgericht hat in einem berühmten Urteil entschieden, dass sich strafbar macht, wer an einer Frau, die tatsächlich nicht schwanger ist, mit harmlosen Kopfschmerztabletten eine Abtreibung versucht. Heute würde dafür wohl niemand mehr verurteilt werden.

§ 23 Abs. 3 StGB: *Hat der Täter aus grobem Unverstand verkannt, dass der Versuch nach der Art des Gegenstandes, an dem, oder des Mittels, mit dem die Tat begangen werden sollte, überhaupt nicht zur Vollendung führen konnte, so kann das Gericht von Strafe absehen oder die Strafe nach seinem Ermessen mildern.*

An der grundsätzlichen Frage aber ändert das nichts. Die objektive Gefahr kann es also nicht sein. Die heutige Auffassung ist daher eine Synthese aus beiden, verbrecherischer Wille einerseits und Rechtsgutsgefährdung andererseits. So die «gemischt subjektiv-objektive Theorie». Ein unbefriedigendes Ergebnis, wie viele Kritiker finden. Man akzeptiert weder die eine noch die andere Erklärung, um sie dann in der Kombination als ausreichende Grundlage für die Bestrafung von Menschen anzusehen. Aber man hat festzustellen, dass der Versuch fast zu allen Zeiten und in allen Rechtskreisen als strafwürdiges Unrecht angesehen wurde. Schon die Constitutio Criminalis Carolina (CCC) von 1532 stellte ihn in Art. 178 unter Strafe: «Item so sich jemandt eyner missethatt mit etlichen scheinlichen wercken, die zu volnbringen der missethatt dienstlich sein mögen, vundersteht, vnnd doch an volnbringung der selben missethatt durch andere mittel, wider seinen willen verhindert würde, solcher böser will, darauß etlich werck, als obsteht volgen, ist peinlich zu straffen (…)» Freilich bestrafte die Carolina nur dort, wo die Vollbringung «wider seinen willen verhindert würde», nicht wo er die Tat «freiwillig» verhindert hätte. Das ist noch heute so:

§ 24 Abs. 1 StGB: *Wegen Versuchs wird nicht bestraft, wer freiwillig die weitere Ausführung der Tat aufgibt oder deren Vollendung verhindert. Wird die Tat ohne Zutun des Zurücktretenden nicht vollendet, so wird er straflos, wenn er sich freiwillig und ernsthaft bemüht, die Vollendung zu verhindern.*

Darum, warum der Täter in diesem Fall nicht bestraft wird, wird mindestens so heftig gestritten wie darum, warum der Versuch überhaupt strafbar ist. Nach der wohl herrschenden Meinung will die Vorschrift dem Täter «eine goldene Brücke» zurück in die Legalität bauen. Das berühmte Bild stammt von Paul Johann Anselm von Feuerbach, der darauf hinwies, dass der Staat, «wenn er nicht, um den Versuch zu verhüten, das Verbrechen selbst befördern will», in bestimmten Fällen auf Strafe verzichten müsse: «Denn der Unglückliche, der sich zu einem Versuche fortreißen ließ, weiß ja sonst, dass er schon Strafe hat verschuldet, dass er nichts Großes mehr durch Reue zu gewinnen und durch Vollendung der Tat nichts Bedeutendes mehr zu verlieren hat.»[19] Die Theorie wird deshalb auch die «kriminalpolitische» genannt, weil die Straffreiheit nicht so sehr eine Vergünstigung für den Täter als vielmehr die Besserstellung des

Opfers bezweckt. Der Täter soll sich nicht sagen: «Jetzt ist es auch egal, ich komme sowieso ins Gefängnis, da kann ich auch weitermachen».[20] Von einer Rückkehr in die Legalität kann man freilich nicht sprechen, wenn ein zu einer Vergewaltigung ansetzender Täter zwar das Sexualverbrechen nicht vollendet, dafür aber dem Opfer die Brieftasche stiehlt. Allenfalls lässt sich sagen, dass er durch das Angebot der Straffreiheit ermutigt werden soll, von der Tat abzulassen. Es gibt nur einen Haken. Alle Erfahrung zeigt, dass Täter bei der Begehung der Tat gar nicht an die Folgen (Bestrafung) denken. Deshalb entfaltete auch die Heraufsetzung von Strafandrohungen, wenn es sie in der Vergangenheit gab, niemals die Wirkung, dass die betreffenden Straftaten zurückgingen, wie sich sehr schön und überzeugend am Beispiel des Mordes zeigen lässt, dessen wechselnde Sanktionierung auf die Zahl der begangenen Taten stets ohne Einfluss geblieben ist.

Deshalb ist eine andere Auffassung die, dass es sich gewissermaßen um eine Belohnung oder Prämie (daher auch: Prämientheorie) für eine verdienstliche Umkehrleistung handele. Dagegen ist einerseits anzumerken, dass der Abbruch einer Straftat noch kein «Verdienst» ist, welcher «Belohnung» zu beanspruchen hat. Andererseits muss die Umkehr aber auch nicht sehr «verdienstlich», das Motiv des Täters nicht sittlich besonders hochstehend oder billigenswert sein. Es besteht Einigkeit, dass auch sittlich neutrale oder gar missbilligenswerte Motive genügen, solange sie nur selbstgesetzt (autonom) sind. Zum Beispiel: Ein Einbrecher packt das Einbruchswerkzeug wieder ein, weil er es doch lieber bei der Nachbarvilla versuchen will. Oder folgender Fall: Jemand fällt von hinten über eine Frau her, um sie zu vergewaltigen. Als er ihr ins Gesicht sieht, erkennt er in ihr eine alte Bekannte. Sie: «Herrmann, lass mich los!» Darauf er: «Lilo, du?» Diesem Ausruf verdankt der «Lilo-Fall» seinen Namen, den der Bundesgerichtshof im Jahr 1956 zu entscheiden hatte.[21] Hätte das Überfallopfer nicht «Lilo», sondern «Erna» geheißen, so würde es sich um den «Erna-Fall» handeln. Dieser Name war freilich schon vergeben für einen anderen Fall, der in der amtlichen Sammlung zwei Bände zuvor abgedruckt ist, und der in diesem Zusammenhang ebenfalls interessiert, weil es darum ging, ob freiwillig zurücktritt, wer vom Vergewaltigungsversuch deshalb Abstand nimmt, weil das Opfer ihm freiwillige Hingabe verspricht und sich mit ihm zu Hause verabredet.²² Das geschah natürlich nur zum Schein, tatsächlich informierte das Opfer die Polizei, die den in freudiger Erwartung erschienenen Täter in Empfang nahm.

Freiwillig oder unfreiwillig? Das ist hier zu entscheiden. Nach der «Frank'schen Formel» handelt «freiwillig», wer sich sagt «Ich will nicht, selbst wenn ich könnte», wohingegen unfreiwillig handelt, wer sich sagt «Ich kann nicht, selbst wenn ich wollte».²³ Aber das hilft nicht viel weiter. Der Täter könnte, wenn er wollte, das Angebot ausschlagen und weitermachen wie vorgesehen. Er könnte auch seine Schulkameradin «Lilo» vergewaltigen. Aber das machte keinen Sinn, weil das Überführungsrisiko dadurch gestiegen war. Von dem Standpunkt des «vernünftigen Verbrechers» (der sein «Handwerk» beherrscht) aus ist zu beurteilen, ob das Weitermachen sinnvoll ist oder das Risiko zu hoch erscheint. Der Umstand, dass der Vergewaltiger hätte beschließen können, «Lilo» trotz Entdeckung zuerst zu vergewaltigen und dann zu ermorden, ist irrelevant: Der Verzicht auf einen gar nicht geplanten Mord lässt den erzwungenen Rücktritt vom Vergewaltigungsversuch selbstverständlich nicht als «freiwillig» erscheinen. Man spricht in diesem Zusammenhang auch von einem «Fehlschlag», der jeden «Rücktritt» ausschließt. Im «Erna-Fall» bietet sich freilich noch ein anderer Ansatzpunkt für den Ausschluss des Rücktritts an, weil man sagen kann, wer den Sex nur auf später verschiebe, der habe «die weitere Ausführung der Tat» gar nicht endgültig «aufgegeben».

In unserem Fall kann A noch aus einem anderen Grunde gar nicht zurückgetreten sein: Die freiwillige Aufgabe der weiteren Tatausführung reicht nämlich nur dort aus, um sich Straffreiheit zu erkaufen, wo es um einen «unbeendeten Versuch» geht, bei dem der Täter glaubt, noch nicht alles zur Tatbestandsverwirklichung Erforderliche getan zu haben. Hier handelte es sich aber um einen «beendeten Versuch» der Tat, wie wir oben sagten. Davon kann man nur zurücktreten, wenn man «deren Vollendung verhindert». Das hat A aber nicht getan.

14. Die Körperverletzung

Bevor wir endlich zu B kommen wollen, müssen wir uns noch einen Tatbestand vornehmen, den wir bisher nicht bedacht haben. Das Strafgesetzbuch ist nach «Rechtsgütern» aufgebaut, Mord und Totschlag beispielsweise standen im sechzehnten Abschnitt des Besonderen Teils des Strafgesetzbuches unter der Überschrift «Straftaten gegen das Leben». Der siebzehnte Abschnitt ist überschrieben mit «Straftaten gegen die körperliche Unversehrtheit» und beginnt mit:

§ 223 StGB: *(1) Wer einen anderen körperlich misshandelt oder an der Gesundheit schädigt, wird mit Freiheitsstrafe bis zu fünf Jahren oder mit Geldstrafe bestraft. (2) Der Versuch ist strafbar.*

Auch dieser Tatbestand kommt wieder nur in der Versuchsform in Betracht, da C ja von dem Gift nicht getrunken hat. Aber wenn wir uns den § 22 hinzudenken, dann passt das, was A gemacht hat, genau darunter: Er hat «unmittelbar» dazu «angesetzt», den C «an der Gesundheit» zu «schädigen». Beides in Übereinstimmung zu bringen, das, was jemand getan hat und die Norm, die das verbietet, nennt man übrigens Subsumtion. Ein Verhalten wird unter eine Vorschrift «subsumiert». Wo steckt das Problem? Das juristische Problem besteht darin, dass A beides getan haben soll: Er soll vorgehabt haben, C an der Gesundheit zu schädigen und gleichzeitig ihn zu töten. Wir haben bei der Sachbeschädigung gesehen, dass prinzipiell ein und dieselbe Handlung mehrere Straftatbestände erfüllen kann und dass die Strafe dann erhöht werden kann. Aber Tote sind schließlich keine Verletzten (und Verletzte sind eben keine Toten). Das Reichsgericht hatte daher gemeint, dass der Tötungsvorsatz nach dem 16. Abschnitt und der Verletzungsvorsatz nach dem 17. Abschnitt Gegensätze seien, die sich begrifflich ausschließen («Gegensatztheorie»). Nein, hat die Strafrechtswissenschaft zu Recht eingewandt. Stellen wir uns vor, jemand schießt auf einen anderen: Die Kugel durchschlägt zuerst die Jacke des Opfers (Sachbeschädigung), dann die Haut. Stopp! Wenn man die Kugel anhalten könnte, so läge unzweifelhaft eine Körperverletzung vor. Es ist nicht einzusehen, warum sich daran etwas ändern sollte, wenn die Kugel danach das Herz trifft, statt einfach auf der anderen Seite wieder auszutreten. Die Körperverletzung ist bei genauer Betrachtung ein «Durchgangsstadium» zur Tötung. Körperverletzung und Tötung schließen sich daher nicht aus, sondern bilden eine Einheit («Einheitstheorie»).

15. Die Qualifikation

§ 224 StGB: *(1) Wer die Körperverletzung durch Beibringung von Gift oder anderen gesundheitsschädlichen Stoffen, mittels einer Waffe oder eines anderen gefährlichen Werkzeugs, mittels eines hinterlistigen Überfalls, mit einem anderen Beteiligten gemeinschaftlich oder mittels einer das Leben gefährdenden Behandlung begeht, wird mit Freiheitsstrafe von sechs Monaten bis zu zehn Jahren, in minder schweren Fällen mit Freiheitsstrafe von drei Monaten bis zu fünf Jahren bestraft. (2) Der Versuch ist strafbar.*

Da A die Körperverletzung «durch Beibringung von Gift» versucht hat, ist auch dieser Tatbestand «erfüllt». Dass gegen Straftatbestände nicht «verstoßen», sondern dass diese «erfüllt» werden, ist eine erst relativ junge Erkenntnis der Strafrechtswissenschaft, die auf Karl Binding (1841–1920) zurückgeht. Wenn wir dennoch davon sprechen, das Strafgesetz sei übertreten, so deshalb, weil dem Strafrecht andere «Normen», Ge- und Verbote, vorgelagert sind, z.B. «Du sollst nicht töten!»[24] oder im Falle der Körperverletzung: niemanden verletzen (neminem laedere[25]). Da die Vorschrift die für die (einfache) Körperverletzung vorgesehene Strafe bei Vorliegen bestimmter besonderer Umstände verschärft, nämlich das Strafmaß verdoppelt, spricht man von einer «Qualifikation».

Diese Vorschrift kennt jeder Student, weil er immer gefragt wird, ob etwas ein «gefährliches Werkzeug» ist. Da gibt es viele Zweifelsfälle. Nehmen wir einen Arzt. In erster Linie wehren sich Ärzte schon dagegen, dass der medizinisch notwendige Eingriff überhaupt eine Körperverletzung darstellen soll. Schließlich bezweckt der ärztliche Heileingriff nicht den Körper zu verletzen, sondern ihn zu reparieren. Vergleicht man den Zustand vorher und nachher, so geht es dem Menschen dadurch besser als vorher. Viele Arztstrafrechtler sehen das genauso. Aber wehe es geht was schief. Dann ist es gleich ein Kunstfehler, und schnell ist man wieder bei dem Körperverletzungstatbestand! Dann stellt sich die Frage, ob ein Skalpell ein gefährliches Werkzeug ist: In der Hand eines Laien sicher ja. Aber wenn es von einem Fachkundigen bestimmungsgemäß verwendet wird? Da sagt auch die Rechtsprechung nein, es kommt auf die konkrete Art der Verwendung an und darauf, von wem es verwendet wird. Aber dann geht es erst richtig los: Wenn es auf die konkrete Art der Verwendung ankommt, wie steht es dann mit dem «beschuhten Fuß»?

Die Rechtsprechung sagt, der Fuß, das Knie, der Ellenbogen, andere Körperteile, das sind schon keine Werkzeuge, aber der Schuh am Fuß? Es kommt darauf an, wie hart die Sohle ist und wohin getreten wird. Übrigens können durchaus auch Lebewesen gefährliche Werkzeuge sein, hat die Rechtsprechung entschieden bei einem Hund, der auf einen Menschen gehetzt wurde. Eine Axt ist ein gefährliches Werkzeug, wenn man sie wirft, eine Bratpfanne ebenfalls, wenn man damit zuschlägt, statt Spiegeleier darin zu braten. Umstritten ist, ob auch der heiße Herd ein gefährliches Werkzeug ist. Warum sollte es einen Unterschied machen, ob ich die heiße Pfanne nehme, um jemandem die Hand zu verbrennen, oder die Hand gleich auf den Herd drücke? Nun, wenn man auch unbewegliche Gegenstände dazuzählt, dann ist plötzlich auch die Hauswand, die Bordsteinkante, das Straßenpflaster ein gefährliches Werkzeug und die Rauferei auf der ganz normalen Straße wird doppelt so schwer bestraft.

Ob auch chemisch wirkende Substanzen (die berühmte «chemische Keule») gefährliche Werkzeuge sind, können wir dahingestellt sein lassen, da jedenfalls «Gift» eigens aufgezählt wird. Nun wäre es aber ungerecht, den A nicht nur wegen § 224, sondern darüber hinaus auch noch wegen § 223 StGB zu verurteilen, weil man Ersteren gar nicht begehen kann, ohne zugleich Letzteren zu erfüllen. Außerdem haben wir gesehen, dass in jeder Tötung – als Durchgangsdelikt – immer auch eine Körperverletzung steckt, so wie in jeder Vollendung notwendigerweise als Durchgangsstadium auch der Versuch steckt. Allerdings wird man selbstverständlich nur dann wegen Versuchs bestraft, wenn die Tat in diesem Stadium steckengeblieben ist und nicht wenn sie vollendet wurde. Man sagt, der Versuch sei «subsidiär», d.h. er tritt nur dann hervor, wenn es nicht zur Vollendung kommt. Ebenso ist auch die versuchte Körperverletzung schon in der versuchten Tötung enthalten und damit abgegolten. Auch sie fällt als subsidiär unter den Tisch, und es bleiben am Ende nur die Sachbeschädigung und der Tötungsversuch bei A übrig.

16. Der bloße Sachentzug

Bei B können wir es kurz machen. Indem er die Feldflasche anbohrte, hat auch er sicher eine Sachbeschädigung begangen. Doch langsam! Was hat er beschädigt? Die Flasche oder deren Inhalt? Da muss man schon genau sein. A hatte das Wasser beschädigt, indem er es vergiftete (siehe oben). B hat die Feldflasche unbrauchbar gemacht und damit beschädigt, auch gut. Aber was ist mit dem Wasser? Ist es eine Sachbeschädigung hinsichtlich des Wassers, wenn es ausläuft und versickert? Angenommen, ich nehme dem Penner im Park die Whiskyflasche aus der Hand und gieße sie aus. Ein Diebstahl ist das nicht.

§ 242 Abs. 1 StGB: *Wer eine fremde bewegliche Sache einem anderen in der Absicht wegnimmt, die Sache sich oder einem Dritten rechtswidrig zuzueignen, wird mit Freiheitsstrafe bis zu fünf Jahren oder mit Geldstrafe bestraft.*

Es fehlt an der Absicht, sich den Whisky (durch Trinken) rechtswidrig «zuzueignen». Er will das Zeug ja nicht behalten. Und wenn ich die Flasche mit nach Hause nehme und dort in den Ausguss schütte? Dann schon eher. Manche sagen, dann benehme ich mich wie ein Eigentümer. Lateinisch: se ut dominum gerere. Denn nur der Eigentümer darf seinen Whisky weggießen. Wenn ich es tue, «geriere» ich mich wie ein Eigentümer. Das soll dann eine Zueignung sein. Die meisten sehen es anders. Bloßer Entzug einer Sache ist keine Zueignung, also kein Diebstahl. Bleibt nur die Sachbeschädigung, aber da ist es nicht viel einfacher, wie der berühmte «Singvogel-Fall» des Reichsgerichts aus dem 13. Bande[26] zeigt: Wer den Käfig aufsperrt und so einen einheimischen Singvogel entweichen lässt, macht sich nicht strafbar! Gestohlen wurde nichts. Der Käfig ist nicht beschädigt und der Vogel (im rechtlichen Sinne eine Sache, wie wir wissen)[27] auch nicht, im Gegenteil. Anders wäre es, wenn es sich um einen tropischen Papagei handelte, der in unseren Breitengraden elend zugrunde gehen muss. Dann ist das arme Tier nämlich über den Entzug hinaus schädlichen Umwelteinwirkungen ausgesetzt, die zu seiner Beschädigung führen. So ist es auch hier, wenn sich der Whisky mit dem Erdreich vermischt, wird er zwangsläufig beschädigt. Also ist das Ausgießen von Flüssigkeiten eine Sachbeschädigung. Nur eines stört noch daran. B hat ja damit objektiv Gutes bewirkt und verhindert, dass C sich an dem Wasser vergiftete. Er hat damit einen gegenwärtigen rechtswidrigen Angriff von einem anderen abgewendet. Man nennt das Nothilfe. Wenn man den Angriff von sich selbst abwendet, heißt es «Notwehr». Davon hat jeder schon einmal gehört.

17. Not kennt kein Gebot[28]

§ 32 StGB: *(1) Wer eine Tat begeht, die durch Notwehr geboten ist, handelt nicht rechtswidrig. (2) Notwehr ist die Verteidigung, die erforderlich ist, um einen gegenwärtigen rechtswidrigen Angriff von sich oder einem anderen abzuwenden.*

Wie steht es damit? Wenn man den Notwehrparagrafen genau liest, sieht man, dass er trotzdem nicht eingreift. Denn um die Gefahr von C abzuwenden, hätte es genügt, das giftige Wasser auszugießen, statt auch noch die Feldflasche zu beschädigen. Das war nicht erforderlich. Daher keine Notwehr! Aber sagen wir, der Stöpsel saß so fest, dass er ihn nicht herausbekam und dass es daher nötig war, die Flasche anzubohren, um das Wasser auslaufen zu lassen. Wäre er dann durch Notwehr gerechtfertigt? B wusste ja gar nichts von dem Gift, und er hatte auch nicht gehandelt, «um einen Angriff von einem anderen abzuwenden», sondern hat selbst einen Angriff auf das Leben des C unternommen.

Zum einen könnte man sich in der Tat auf den Standpunkt stellen, wenn einer eine Gefahr nur durch eine andere, ebenso große Gefahr ersetzt, dann sei das gar kein Abwenden eines Angriffs. Irgendeine Art von Verbesserung müsse mindestens eingetreten sein. Aber damit kann man hier nicht durchdringen. Denn eine Verbesserung ist ja eingetreten. Hätte C von dem Wasser getrunken, so wäre er mit Sicherheit gestorben. Indem B das Wasser auslaufen ließ, hat er die Todesgefahr für C zwar nicht aufgehoben, aber doch hinausgeschoben. Der C hatte dadurch die Chance, vor dem Verdursten durch eine andere Karawane gerettet zu werden oder sonst irgendwie auf Wasser zu stoßen. Es war so immer noch besser für C, als wenn B überhaupt nicht gehandelt hätte. Daran liegt es also nicht.

Trotzdem streitet man darüber, ob in einer solchen Situation von Nothilfe gesprochen werden kann. Wissenschaftlich gesprochen geht es um das «subjektive Rechtfertigungselement». Es beschreibt die innere Seite der Tat, die sich im Kopf des Täters abspielt. Objektiv ist er gerechtfertigt, subjektiv weiß er nichts davon. Die Frage ist nun, ob das ausreicht, um die Tat zu rechtfertigen. Zur Veranschaulichung ein Lehrbuchbeispiel, das zugegebenermaßen wieder etwas konstruiert erscheint: Der Wilderer hat auf den Förster angelegt, der ihm das Handwerk legen will. Ein zweiter Wilderer erkennt im Dickicht seinen Rivalen und meint, dieser wolle ihm einmal mehr den schönsten Hirsch vor der Nase wegschnappen. Darum erschießt er den Nebenbuhler just in dem Augenblick, da dieser auf den Förster zielt. Nothilfe? Objektiv ja, subjektiv nein. Es fehlt der sog. «Rettungs-» oder «Verteidigungswille».

Ein Teil der Gelehrten, darunter der renommierte ehemalige Freiburger Professor und Direktor des Max-Planck-Instituts für ausländisches und internationales Recht, Hans-Heinrich Jescheck, und einige andere wollen hier nur wegen Versuchs bestrafen. Wieso wegen Versuchs? Der Fortgeschrittene wird sich die Frage selbst beantworten können. Weil die Lage genauso ist wie beim Versuch. Der Unrechtserfolg kann nicht eintreten, da objektiv Gutes vollbracht wird. Was bleibt, ist der böse Wille, der in der Handlung zum Ausdruck kommt. Der Bundesgerichtshof und die herrschende Lehre gehen dagegen so wie schon vor ihnen das Reichsgericht davon aus, dass die Tat eben rechtswidrig ist, wenn sie nicht gerechtfertigt ist. Dann kommt man automatisch zum vollendeten Delikt. Strafbar ist beides, einen großen Unterschied macht das nicht, oder doch? Es führt immerhin dann zur völligen Straflosigkeit, wenn der Versuch nicht strafbar ist wie bei den Vergehen. Deshalb kann man sich schon darüber streiten. Wir wollen aber lieber zur Lösung des Falles kommen und prüfen, ob B den C getötet hat.

18. Zwei Versuche, eine Leiche

Bei A waren wir zum Versuch gelangt, weil das Vergiften des Wassers nicht kausal dafür geworden ist, dass C in der Wüste verdurstet ist. Wir hatten dabei schon festgestellt, dass auf der anderen Seite das, was B getan hat, in der Tat kausal war für den Tod des C. Denn das Anbohren der Trinkwasserflasche kann nicht hinweggedacht werden, ohne dass der Erfolg in seiner konkreten Gestalt entfiele. C wäre dann nicht verdurstet, sondern vergiftet worden. Die Frage ist nur, ob es nicht eine Rolle spielt, dass der B objektiv Gutes für C getan hat. Notwehr und Nothilfe scheiden allerdings von vornherein aus. Man kann vielleicht den Angriff auf das Leben durch eine Sachbeschädigung abwenden, aber man kann keinen Angriff auf das Leben durch einen Angriff auf das Leben abwenden wollen. Im Übrigen fehlt es wieder an der Erforderlichkeit, weil B ihn nicht ohne Wasser in die Wüste reiten lassen musste, um die Lebensgefahr abzuwenden. Also keine Not(wehr)hilfe. Es gibt aber noch andere Rechtfertigungsgründe, viele stehen nicht einmal im Gesetz, z.B. der «übergesetzliche» Notstand.[29] Es darf zwar ohne Gesetz keine Strafe geben. Das ist der berühmte Satz von Anselm von Feuerbach.[30] Es darf aber auch nicht keine Strafe ohne Gesetz geben. Zu denken wäre zunächst einmal an eine Einwilligung:

§ 228 StGB: *Wer eine Körperverletzung mit Einwilligung der verletzten Person vornimmt, handelt nur dann rechtswidrig, wenn die Tat trotz der Einwilligung gegen die guten Sitten verstößt.*

Das ist seit langem ein anerkannter Rechtfertigungsgrund, allerdings nur für die Körperverletzung, und außerdem müsste C dazu gefragt worden sein. Es gibt auch den – von den Gerichten entwickelten – Rechtfertigungsgrund der «mutmaßlichen Einwilligung» im Strafrecht. Zum Beispiel, wenn das bewusstlose Unfallopfer ins Krankenhaus eingeliefert wird und nicht erst gefragt werden kann, ob es operiert werden will. Aber dabei ist Voraussetzung, dass die echte Einwilligung nicht rechtzeitig eingeholt werden kann. Davon kann in unserem Fall ebenfalls keine Rede sein. Aber wir haben ja noch die «objektive Zurechnung». Dabei kommt es auf subjektive Momente (wie den «Rettungswillen») gar nicht an. Nach der Feststellung der Kausalität war auf einer zweiten Stufe zu prüfen, ob dem Täter die Tat auch als «sein Werk» zuzurechnen ist. Nun könnte man auf den Gedanken kommen, die von B begründete Gefahr gegen die durch ihn abgewendete Gefahr aufzurechnen. Was danach übrig bliebe, das wäre dem B nicht mehr als sein Werk zuzuschreiben, sondern wäre, ja, was? Schicksal? So machen es die beiden Autoren des Beitrags in der Zeitschrift *Juristische Schulung*. Dann bleibt für B ebenfalls nur ein Versuch übrig.

Zur Begründung führen sie folgenden Fall an: In den Bergen findet ein Hirte einen verletzten Wanderer und nimmt ihn mit nach Hause. Dort pflegt er ihn, der Wandersmann stirbt trotzdem nach einer Woche an den inneren Verletzungen, die er erlitten hat. Hätte er ihn ins nächste Spital gebracht, so hätte er länger überleben können. Nun sind die Handlungen des Hirten zwar kausal für den Erfolg in seiner konkreten Gestalt, d. h. den konkreten Zeitpunkt. Doch was er getan hat, ihn mitzunehmen und zu pflegen, hat das ohnehin vorhandene Todesrisiko verringert und kann ihm nicht zum Vorwurf gemacht werden, sondern muss ihm als Verdienst angerechnet werden. Er hätte den Wanderer ja auch liegen lassen können. Dann wäre er innerhalb von Stunden gestorben. Deshalb ist der Tod des Wanderers nicht «sein Werk».

Auf diese Weise gelangt man dann zu dem erstaunlichen Ergebnis, dass es zwar ein Mordopfer, aber nur zwei versuchte Morde gibt. Mit den beiden Autoren des Artikels in der *Juristischen Schulung* ist auch bei B nur eine versuchte Tötung anzunehmen. Dann zeigt sich, dass Raymond M. Smullyan gar nicht auf die richtige Antwort kommen konnte, weil er schon die Frage falsch formuliert hat, als er den Fall vorstellte. Es war weder A noch B. Keiner von beiden hat C getötet. Aber wenn A und B nicht gewesen wären, dann wäre C jetzt noch am Leben. So sieht das Ergebnis unserer juristischen Überlegungen aus. Vielleicht hatte Smullyan deshalb so große Probleme mit seiner Antwort.

19. Schluss

Zum Schluss müssen wir uns noch einmal den Mordtatbestand vornehmen, den wir schon kennengelernt haben, um die Lösung zu vervollständigen. Es handelt sich dabei, wie wir jetzt sagen können, um einen durch das Vorhandensein eines Mordmerkmals «qualifizierten» Fall des Totschlags. Wenn es sich wirklich um zwei Mordversuche handeln soll, dann muss ein Mensch «aus Habgier oder sonst aus niedrigen Beweggründen, heimtückisch oder grausam oder mit gemeingefährlichen Mitteln oder um eine andere Straftat zu ermöglichen oder zu verdecken» getötet worden sein. In Frage kommt eine heimtückische Begehung, vielleicht auch eine grausame Begehungsweise und ein versuchter Mord aus niedrigen Beweggründen. Beginnen wir mit den niedrigen Beweggründen. Nach der höchstrichterlichen Rechtsprechung sind das solche Motive, «die sittlich auf tiefster Stufe stehen und nach allgemein anerkannten Wertmaßstäben besonders verwerflich und verachtenswert sind». A wollte C deshalb töten, weil er ihm die Frau ausgespannt hatte. Ob Eifersucht ein niedriger Beweggrund ist, dazu gibt es eine umfangreiche Judikatur. Ursprünglich hat die Rechtsprechung danach unterschieden, ob der Täter mit der Frau, um die es ging, verheiratet war oder nicht. Wurde ihm die Ehefrau ausgespannt, so hatte man mehr Verständnis für seine Reaktion, als wenn es um die Geliebte ging. Davon ist man abgekommen. Man kann nicht viel mehr sagen, als dass Eifersucht ein solcher Grund sein kann, aber nicht muss.

Was B angeht, der sich an C wegen zweier gestohlener Pferde rächen wollte, könnte man den «niedrigen Beweggrund» schon eher bejahen. Aber auch hier kommt alles auf den Einzelfall und die gesamten Tatumstände an. Letztlich ist oft die Geschicklichkeit des Verteidigers ausschlaggebend, seinen Mandanten in gutem Licht erscheinen zu lassen. Aber wie steht es mit der zweiten Möglichkeit? Grausam ist es, seinem Opfer «aus gefühlloser und unbarmherziger Gesinnung besondere Schmerzen und Qualen» zuzufügen. Man wird dazu neigen, zu unterscheiden: Führt das Gift den Tod sofort nach dem Einnehmen herbei, so ist die Lage für das Opfer nicht viel anders, als wenn es durch einen Schuss getroffen würde. Aber wenn es ganz langsam wirkt und sich der Tod über Stunden hinzieht?

Oder über Tage? Wie beim langsamen Verdursten. Das muss doch grausam sein. Der Jurist wird immer noch nicht überzeugt sein. Manchmal ist es haarsträubend, was man alles anstellen muss, bevor die Rechtsprechung etwas «grausam» nennt. Da soll es nicht einmal ausreichen, einen Menschen mit Benzin zu übergießen und anzuzünden! Dem Laien ist das kaum verständlich zu machen. Das schillerndste unter den Mordmerkmalen aber ist die «Heimtücke». Heimtückisch nennt man das Ausnutzen der auf Arglosigkeit beruhenden Wehrlosigkeit des Opfers. Arglos ist nach der Rechtsprechung derjenige, der sich keines Angriffs auf sein Leben versieht. Gemeint ist damit, dass einer in einen Hinterhalt gelockt wird oder dass sein Vertrauen missbraucht wird, um ihm eine Falle zu stellen. Das ist ein Mord. Keine Frage.

Verschlagenheit, List und Tücke sind es, die den Mord besonders gemein erscheinen lassen. Aber jetzt geht es los mit den Zweifelsfällen: Wenn sich die Ehepartner vorher gestritten haben und mit Gegenständen beworfen haben, dann ist keiner von beiden arglos, denn jeder ist sich ja des Angriffs des anderen bewusst und weiß, dass er sich vorsehen muss. Aber wenn einer den Ehestreit für beendet hält und sich umdreht. Ist er dann arglos, wenn die Bratpfanne ihn trifft? Oder er geht zu Bett. Im Schlaf ist der Mensch arglos, weil er nicht mit Angriffen auf seine Person rechnet. Genau genommen rechnet er aber auch nicht mit dem Gegenteil. Er rechnet mit gar nichts, weil er ja schläft. Deshalb sagen die Juristen, er habe sich arglos dem Schlaf hingegeben und seine Arglosigkeit so gewissermaßen mit in den Schlaf genommen. Aber wenn sie sich kurz vorher gestritten haben? Ist er dann nicht argwöhnisch eingeschlafen? Und wie steht es mit Bewusstlosen? Kann er in der Erwartung getäuscht werden, dass ihm in diesem Zustand niemand etwas anhaben werde? Und wenn der Täter den Schlafenden für bewusstlos hält oder umgekehrt?

Soviel dazu, wann Arg- und Wehrlosigkeit gegeben sind. Das ist schwierig genug, doch das eigentliche Problem liegt woanders. Es stellt sich dann, wenn Arg- und Wehrlosigkeit unzweifelhaft vorliegen. Wie im «Türkenmord-Fall»: Ein türkischer Ehemann tötet seinen Onkel, der seine Frau vergewaltigt hatte und damit auf der Straße prahlte. Seine Ehe war darüber zerbrochen, weil die Frau es ihm übel nahm, dass es einer aus seiner Familie war. Er nahm eine Pistole, suchte den Onkel in seiner Stammkneipe auf, wo er gerade Karten spielte, und erschoss ihn.[31] Oder der «Familientyrannen-Fall»: Der Ehemann kommt stets betrunken nach Hause, schlägt Ehefrau und Kinder und missbraucht die Stieftochter. Die Familie erzittert jedes Mal vor Angst, wenn er kommt. Eines Tages erschlagen Ehefrau und Stieftochter gemeinsam den brutalen Familientyrannen von hinten mit der Bratpfanne.[32] Heimtückischer, grausamer Mord? Lebenslange Freiheitsstrafe, die schärfste Strafe, die es gibt? Oder Totschlag, zeitige Freiheitsstrafe von ein paar Jahren und danach die Chance, ein neues Leben zu beginnen?

Da haben wir es wieder, das Gerechtigkeitsproblem. Auch ein bewusstes Ausnutzen der Arg- und Wehrlosigkeit lässt nicht zwangsläufig auf Verschlagenheit, List und Tücke schließen. Ein solches Verhalten kann auch die Waffe des Schwachen und Unterlegenen gegen Übermacht, Gewalt und Unterdrückung sein. Viele, die sich damit befasst haben, fordern daher eine besondere Verwerflichkeitsprüfung. Gedanklich müsse als weiteres ungeschriebenes Merkmal hinzukommen, dass die Tat besonders verabscheuenswürdig sei. Wir haben gesehen, dass nicht jedes Unrecht strafwürdig ist, dass es Ordnungswidrigkeiten gibt, die Buße statt Strafe verdienen, und dass das Strafrecht selbst noch einmal unterscheidet zwischen Verbrechen und Vergehen. Ein solches abgestuftes System, an dessen Spitze das verwerflichste Unrecht, das ein Mensch begehen kann, der Mord, steht, ist ein Gebot der Gerechtigkeit. Darum die Verwerflichkeitsprüfung. Man spricht bei dieser Lösung von einer «Typenkorrektur», die in zwei Varianten vorkommt, als «positive Typenkorrektur», indem man sich die besondere Verwerflichkeit als zusätzliches ungeschriebenes Tatbestandsmerkmal hinzudenkt, und als «negative Typenkorrektur», indem man die geschriebenen Tatbestandsmerkmale nur als Indiz für die besondere Verwerflichkeit ansieht, die aber im Einzelfall trotzdem fehlen kann. Eine dritte Möglichkeit haben wir schon kennengelernt. Hier liegt die Erklärung dafür, warum die Rechtsprechung so zurückhaltend mit dem Begriff der Grausamkeit ist. Man nennt das eine «restriktive» Auslegung oder auch «verfassungskonforme» Auslegung, weil es mit der Verfassung nur dann zu vereinbaren ist, einen Menschen lebenslang hinter Gitter zu schicken, wenn man diese Strafe wirklich nur den schlimmsten Fällen vorbehält. Der Bundesgerichtshof hat im «Türkenmord-Fall» noch einen anderen Weg eingeschlagen, an dem viele bis heute kritisieren, dass er sogar das Gesetz missachtet, denn das dürfen Richter nie tun, dafür sind sie nicht zuständig, das ist Aufgabe des Gesetzgebers: Der Mordparagraf ist der einzige Straftatbestand, der in der Rechtsfolgenseite keinerlei Spielraum lässt. Kein Strafrahmen von drei bis zehn Jahren, sondern eine genau definierte Strafe, lebenslang. Dennoch hat der Bundesgerichtshof gesagt, man müsse lieber die Strafe mindern als an den Tatbestandmerkmalen herumzumodeln. So halten es die Gerichte seitdem. Das sind die Möglichkeiten, die es gibt. Es ist daher nicht unwahrscheinlich, dass A und B nur wegen versuchten Totschlags bestraft würden, wenn man sie in Deutschland vor Gericht stellte. Es ist aber auch möglich, sie wegen versuchten Mordes zu bestrafen, wenn man das für gerecht hielte, weil sie ihn verdursten lassen wollten, beziehungsweise weil er vergiftet werden sollte. Eine gerechte Lösung ist immer auch eine juristische Lösung. Leider gilt das Umgekehrte nicht. Sicher ist jedenfalls, dass C auch kein Unschuldslamm war. Sonst hätte er weder Pferde gestohlen noch einem anderen die Frau ausgespannt.

Kapitel 4

Strafrecht:
Der Rose-Rosahl-Fall

Die Geschichte von dem Zimmermann Schliebe, dem Gymnasiasten Ernst Harnisch, dem Holzhändler Rosahl und dessen Knecht namens Rose hat sich den Feststellungen des Schwurgerichtshofes in Halle an der Saale zufolge so zugetragen: Der Zimmermann Schliebe war am 11. September 1858 abends nach neun Uhr in Begleitung seines Gesellen auf dem Wege von Schliepzig nach Lieskau bei Halle. Es war ziemlich dunkel. Sie fanden einen Leichnam, machten davon dem Schulzen in Lieskau Anzeige, und es fand sich, dass es der Leichnam des siebzehnjährigen Gymnasiasten Ernst Harnisch, Sohn des Kantors in Lieskau, war, welcher in Schliepzig sein Laufzeugnis zum Eintritt in den Jägerdienst an jenem Abend abgeholt hatte und sich demnach auf dem Rückweg von dort nach Lieskau befunden hatte. An der Leiche wurde eine Schusswunde entdeckt. Den tödlichen Schuss hatte der Arbeiter Rose abgegeben, der in den Diensten des Holzhändlers Rosahl in Schliepzig stand. Er hatte sich in einen Hinterhalt am Wegesrand gelegt und abgedrückt, als er in der Dämmerung einen Menschen daherkommen sah. In dem Graben zur Seite der Straße, der Hafengarten heißt, fand man in neun Schritten Entfernung den Abdruck seines Stiefelabsatzes. Wie sich herausstellte, war es kein Zufall, dass Schliebe wenig später denselben Weg daherkam und den toten Harnisch fand. Er gab sofort die Vermutung kund, dass der Schuss nicht dem Toten, sondern ihm gegolten habe und lenkte so den Verdacht auf den Holzhändler Rosahl, mit dem er in Geschäftsverbindung stand und von dem er noch Geld zu bekommen hatte. Rose und Rosahl wurden alsbald verhaftet und gestanden. Rosahl hatte zu seinem Knecht geäußert: «Ich gäbe gleich etwas darum, wenn Schliebe weg wäre, dass ich nichts mehr mit ihm zu tun hätte; ich gäbe dir 300 Reichsthaler und 1 Reichsthaler die Woche, wenn du ihn wegbringst.» Er hatte ihm auch beim Kaufmann in Leipzig Pulver und Blei sowie eine kurze Flinte beschafft, mit der sich Rose zur vorgesehenen Zeit an jenem Waldweg auf die Lauer legte.

1. Das Rad der Geschichte

Nachzulesen ist der Fall, der dann Gegenstand der berühmten Entscheidung des Preußischen Obertribunals wurde, im *Archiv für Preußisches Strafrecht,* wie es damals noch hieß, heute *Goltdammer's Archiv,* Band 7, auf Seite 322 ff. aus dem Jahre 1859. Das Obertribunal bestätigt darin das Urteil des Schwurgerichtshofes Halle, das Rose und Rosahl wegen Mordes verurteilt hat. Berühmte Strafrechtler haben Stellung genommen. Im selben Band von *Goltdammer's Archiv* (kurz: GA) äußert sich, rund hundert Seiten weiter, ein Herr Hälschner, wenn auch mit anderer Begründung, zustimmend. Dagegen wieder richtet sich Böhlau im nächsten, dem achten Band des von Goltdammer gegründeten und bis heute existierenden Archivs.[1] Inzwischen schreiben wir das Jahr 1860, also noch immer elf Jahre vor der Bekanntmachung des Strafgesetzbuches für das Deutsche Reich (RStGB) am 15. Mai 1871, auf dem unser heutiges Strafgesetzbuch (StGB) beruht.

Beigepflichtet haben dem Gericht außerdem so teils berühmte Strafrechtler wie Berner (Grundsätze des Preußischen Strafrechts, 1861, S. 31); Geyer (Holtzendorffs Handbuch II, 1871); Ibach (Strafrechtliche Abhandlungen, Heft 148, 1912); Welzel (Strafrecht, Lehrbuch 1956); Metzger (Lehrbuch 1931) und der uns schon bekannte Reinhard Frank[2] in seinem seit 1897 herausgegebenen Kommentar, der bis zu seinem Tod insgesamt achtzehn Auflagen erlebte. Doch die weitaus meisten Strafrechtswissenschaftler haben sich gegen die Auffassung des Preußischen Obertribunals ausgesprochen, außer Böhlau unter anderen die weitgehend unbekannten Autoren

Schütze *(Die nothwendige Theilnahme am Verbrechen,* 1869); Loening *(Grundriss,* 1885); Korn *(Der Vorsatz des Anstifters,* Dissertation Göttingen 1902, S. 22 ff.); der weit bekanntere v. Olshausen (Kommentar, 1915) und – vor allem – der berühmte Rechtsphilosoph und Strafrechtslehrer in Heidelberg (1864), Basel (1866), Freiburg (1870) und Leipzig (1873), Karl Binding,[3] im dritten Band seines Hauptwerks über seine Normentheorie, das ihn fast fünfzig Jahre beschäftigte (Normen III, 1918, S. 213). Als Lehrstück deutscher Strafrechtsdogmatik darf der «Rose-Rosahl-Fall» in keiner Vorlesung und in keinem Lehrbuch zum Allgemeinen Teil des Strafrechts fehlen. Er kann unter diesem Namen in jedem guten Stichwortverzeichnis aufgefunden werden. Generationen von Juristen haben sich daran in Klausuren und Hausarbeiten versucht, und manch «altem Herrn» wird bei diesem Fall wehleidig ums Herz vor Erinnerung an seine eigene Studienzeit. Es gibt mittlerweile unzählige strafrechtswissenschaftliche Stellungnahmen, Abhandlungen und Dissertationen zu dem Thema, zu viele, um sie aufzuzählen. Im Jahre 1979 fragte Alwart in Heft 5 der *Juristischen Schulung,* auf Seite 351: «Gibt es zum Fall Rose-Rosahl überhaupt noch etwas zu sagen, was noch nicht gesagt wurde?»

Da glaubte schon niemand mehr daran, dass dieselbe Konstellation noch einmal auftauchen würde. Doch am 25. Oktober 1990 war es soweit. Der vierte Strafsenat des Bundesgerichtshofes in Karlsruhe hatte über folgenden Sachverhalt zu entscheiden: Der Angeklagte hatte den St. angestiftet, seinen, des Angeklagten, Sohn K. im Pferdestall zu töten, den dieser bei seiner Heimkehr regelmäßig durchquerte. Um sicherzustellen, dass es «den Richtigen» erwischte, hatte der Vater den St. über die Gewohnheiten und das Aussehen seines Sohnes unterrichtet, ferner legte er ihm ein Lichtbild des Opfers vor. St. wartete am 25. November 1985 in dem besagten Pferdestall auf das Erscheinen des K. Es war dunkel, eine gewisse Helligkeit wurde lediglich dadurch erzeugt, dass Schnee lag. Gegen 19 Uhr betrat Sch., ein Nachbar, den Hof und öffnete die Stalltür. Er ähnelte in Statur und Aussehen dem K. und führte in der Hand eine Tüte mit sich, wie das auch K. zu tun pflegte. St. nahm daher an, den K. vor sich zu haben und gab aus kurzer Entfernung einen tödlichen Schuss ab.

Der Bundesgerichtshof entschied den Fall so wie schon 1859 das Preußische Obertribunal – erneut falsch, wie viele meinen. Im darauf folgenden Jahr 1991, also über hundertdreißig Jahre danach, wurde der Fall in Heft 2 der *Monatsschrift für Deutsches Recht* veröffentlicht. So lange braucht es manchmal, bis sich das Rad der Geschichte einmal herumdreht, aber jeder Fall, der einmal vorgekommen ist, kommt wieder vor. Und jeder Fall, den man sich ausdenken kann, kommt auch irgendwann vor. Man muss nur lange genug warten.

2. Das Loch im Anzug

Bevor auf das Problem eingegangen werden kann, das unseren Fall so berühmt gemacht hat und die Strafrechtslehre seit über einem Jahrhundert beschäftigt, ist erst einmal juristische Alltagsarbeit zu leisten. Beginnen wir mit der Sachbeschädigung. Warum Sachbeschädigung? Weil beide Opfer Kleidung getragen haben werden, als auf sie geschossen wurde. Niemand kann ernstlich bezweifeln, dass es eine Sachbeschädigung ist, wenn ich einen Anzug durchlöchere. Aber wenn der Schuss gar nicht die Kleidung durchbohrt hat? Wenn es ein Kopfschuss war? Dann ist die Kleidung beim Aufprall auf den Boden immerhin beschmutzt oder mit Blut besudelt worden. Auch das ist eine Sachbeschädigung, wenn nicht eine einfache Reinigung reicht. Denkt man sich den Schuss hinweg, so wäre der Getroffene nicht umgefallen. Der Schuss war daher kausal. In den Urteilen liest man trotzdem nichts davon. Gerichte dürfen es weglassen, Studenten nicht. Zumindest müssen sie sagen, warum. Das ist wieder einmal eine Frage der Konkurrenzen. Man kann es so machen, wie wir es im vorigen Kapitel gemacht haben. Man kann aber auch sagen, die Sachbeschädigung wird von den schwereren Delikten «konsumiert». So jedenfalls nennen es die Strafrechtler, wenn das eine Delikt zwar nicht notwendigerweise zusammen mit dem anderen einhergeht (man kann ja auch in Badehose ertränkt werden), aber eben typischerweise mitverwirklicht ist. Dann taucht der Tatbestand im Urteilstenor – so nennt man den wichtigsten Teil des Urteils, die Urteilsformel, welche kurz zusammengefasst den Schuldspruch und den Ausspruch des Gerichts über die Strafe enthält – gar nicht auf. Dasselbe gilt auch bei der Körperverletzung. Doch verneint die Rechtsprechung hier schon den Tatbestand, wie wir gesehen haben, indem sie sich auf den (falschen) Standpunkt stellt, dass Körperverletzung und Tötung «Gegensätze» seien[4] und man daher nur das eine oder das andere «wollen» könne: töten oder verletzen. Das Reichsgericht verneinte daher den «Vorsatz». Doch was ist das eigentlich? Über die Einordnung dieses Vorsatzes in den Verbrechensaufbau, also die Bestandteile des Verbrechens, war man sich lange Zeit nicht ganz einig. Tatsächlich scheint er eine Doppelfunktion zu haben: Als Tatbestandsvorsatz gehört er in den Tatbestand und als Schuldvorsatz bezeichnet er eine mögliche Schuldform.

3. Schuld und Sühne

Das ist nicht nur der – freilich ungenau übersetzte – Titel des berühmten Romans von Dostojewskij, sondern könnte auch die Überschrift jener berühmt gewordenen Definition des Bundesgerichtshofes sein, die dieser 1952 bereits im zweiten Band seiner Entscheidungen[5] von dem schon mehrfach erwähnten Münchener Professor Reinhard Frank, dem König der griffigen Formeln, übernommen hat, der es um die Jahrhundertwende als Erster formuliert hatte: «Strafe setzt Schuld voraus. Schuld ist Vorwerfbarkeit. Mit dem Unwerturteil der Schuld wird dem Täter vorgeworfen, dass er sich nicht rechtmäßig verhalten hat, dass er sich für das Unrecht entschieden hat, obwohl er sich rechtmäßig verhalten, sich für das Recht hätte entscheiden können.» Das Schuldprinzip ist bei uns verfassungsmäßig verankert. Es ist ein Fundamentalprinzip unseres Strafrechts, dass es keine Strafe ohne Schuld («nulla poena sine culpa») geben darf.

Freilich hat Arthur Kaufmann, auch ein bedeutender Strafrechtler, zu der Formel «Schuld sei Vorwerfbarkeit» bemerkt, diese Definition sei ebenso unglücklich wie die, Wasser sei Trinkbarkeit. Aber man weiß schon, was gemeint ist. Der Täter muss etwas dafür können. Wer nichts dafür kann, dem ist kein Vorwurf zu machen. «Unrecht» dagegen bezeichnet den Verstoß gegen das generelle Sollen, d. h. Gebote und Verbote (Imperative), ohne Rücksicht auf das individuelle «Dafürkönnen». Zum Beispiel: Das Tötungsverbot gilt für jedermann, auch für Kinder und Geisteskranke. Wenn sie trotzdem einen Menschen töten, setzen sie Unrecht in die Welt, mögen sie dabei auch entschuldigt, ja nicht einmal der Schuld fähig sein.

Die Kategorie der Schuld gibt es nur beim Menschen. Das unterscheidet ihn vom Tier. Das setzt freilich voraus, dass sich der Mensch wirklich vom Tier unterscheidet, indem er einen freien Willen hat. Wie weit es wirklich damit her ist, mit der Willensfreiheit des Menschen, ist eine philosophische Frage, deren beide Pole die Begriffe Determinismus und Indeterminismus markieren. Denkbar ist es schon, dass der Mensch bis in alle Einzelheiten «determiniert» ist, wobei man sich aussuchen darf, ob durch seine Anlagen oder durch seine Umwelt. Zu welchen Teilen der Mensch das Produkt des einen oder des anderen sei, das ist der Kern des Anlage-Umwelt-Streits zwischen Soziologie und Genetik. Wäre es so, dann dürfte es eigentlich keine Strafe geben. Letztlich ist es eine Frage des Glaubens, auch des Menschenbildes, das man hat. Das Strafrecht begnügt sich mit der Unterstellung, dass der Mensch frei entscheiden könne. Das ist möglicherweise eine Fiktion, allerdings eine «staatsnotwendige Fiktion», wie Eduard Kohlrausch (1874–1948) einmal gesagt hat. Dass wir uns eventuell gewaltig täuschen, wenn wir meinen, einen freien Willen zu haben, hat niemand so gut beschrieben wie Arthur Schopenhauer (1788–1860), der es in eine Parabel kleidete: «Um die Entstehung dieses für unser Thema so wichtigen Irrtums aufs Deutlichste zu erläutern… wollen wir uns einen Menschen denken, der, etwa auf der Gasse stehend, zu sich sagte: ‹Es ist 6 Uhr abends, die Tagesarbeit ist beendigt. Ich kann jetzt einen Spaziergang machen; oder ich kann in den Klub gehn; ich kann auch auf den Turm steigen, die Sonne untergehn zu sehen; ich kann auch ins Theater gehn; ich kann auch diesen oder aber jenen Freund besuchen; ja, ich kann auch zum Thor hinauslaufen, in die weite Welt, und nie wiederkommen. Das alles steht allein bei mir, ich habe völlige Freiheit dazu; tue jedoch davon jetzt nichts, sondern gehe ebenso freiwillig nach Hause, zu meiner Frau.› Das ist gerade so, als wenn das Wasser spräche: ‹Ich kann hohe Wellen schlagen (ja! nämlich im Meer und Sturm), ich kann reißend hinabeilen (ja! nämlich im Bette des Stroms), ich kann schäumend und sprudelnd hinunterstürzen (ja! nämlich im Wasserfall), ich kann frei als Strahl in die Luft steigen (ja! nämlich im Springbrunnen), ich kann endlich gar verkochen und verschwinden (ja! bei 80° Wärme[6]); thue jedoch von dem allen jetzt nichts, sondern bleibe freiwillig, ruhig und klar im spiegelnden Teiche.›» Damit gewann er am 27. Januar 1839 den Preis der Königlich Norwegischen Societät der Wissenschaften, den diese für die Beantwortung der Frage ausgesetzt hatte, ob sich die Freiheit des Willens erweisen lasse. Freilich lässt sich auch die Unfreiheit des menschlichen Willens nicht beweisen, und so begnügt sich das Strafrecht mit der Feststellung, wann sie jedenfalls fehlt, vor allem Betrunkenen und Kranken oder Menschen, die «im Affekt» gehandelt haben und deshalb ausnahmsweise «unzurechnungsfähig» sind:

§ 20 StGB: *Ohne Schuld handelt, wer bei Begehung der Tat wegen einer krankhaften seelischen Störung, wegen einer tiefgreifenden Bewusstseinsstörung oder wegen Schwachsinns oder einer anderen seelischen Abartigkeit unfähig ist, das Unrecht der Tat einzusehen oder nach dieser Einsicht zu handeln.*

§ 21 StGB: *Ist die Fähigkeit des Täters, das Unrecht der Tat einzusehen oder nach dieser Einsicht zu handeln, aus einem der in § 20 bezeichneten Gründe bei Begehung der Tat erheblich vermindert, so kann die Strafe nach § 49 Abs. 1 gemildert werden.*

Das festzustellen, ist in erster Linie Sache der Mediziner und Psychologen, die das Gericht als Sachverständige bestellt. Man soll nun aber nicht glauben, dass ein Straftäter immer gut beraten wäre, auf verminderte Schuldfähigkeit «zu machen». Er kann dann zwar nicht bestraft werden für das, was er getan hat, ihm blüht aber ein anderes, in den Augen mancher Verurteilten noch schlimmeres Übel:

§ 63 StGB: *Hat jemand eine rechtswidrige Tat im Zustand der Schuldunfähigkeit (§ 20) oder der verminderten Schuldfähigkeit (§ 21) begangen, so ordnet das Gericht die Unterbringung in einem psychiatrischen Krankenhaus an, wenn die Gesamtwürdigung des Täters und seiner Tat ergibt, dass von ihm infolge seines Zustandes erhebliche rechtswidrige Taten zu erwarten sind und er deshalb für die Allgemeinheit gefährlich ist.*

Außerdem fehlt sie aufgrund ausdrücklicher gesetzlicher Anordnung vor allem Kindern unter 14 Jahren,[7] aber je öfter Kinder unter

14 Jahren in Straftaten verwickelt sind, desto lauter wird über die Herabsetzung dieser Grenze diskutiert. Auf Jugendliche über vierzehn Jahre ist zwar Strafrecht, aber nicht das Erwachsenenstrafrecht, sondern das Jugendstrafrecht anzuwenden, bei dem der Erziehungsgedanke vorherrscht. Das Jugendstrafrecht kann auch auf Täter angewandt werden, die zwischen 18 und 21 Jahre alt sind, wenn besondere weitere Voraussetzungen erfüllt sind, der Täter etwa in seiner sittlichen und geistigen Entwicklung noch einem Jugendlichen gleichstand oder es sich nach Art und Umständen um eine typische Jugendverfehlung handelte. Damit sind die Gerichte recht großzügig. Das alles ist im Jugendgerichtsgesetz (JGG) geregelt.

4. Der Aufbau des Verbrechens

Tatbestandsmäßigkeit, Rechtswidrigkeit, Schuld, das ist das Schema, nach dem Juristen seit mindestens einhundert Jahren die Strafbarkeit prüfen. Im Grunde muss man jeden einzelnen Tatbestand so angehen. Wir haben es in diesem und im letzten Kapitel nur deshalb nicht getan, weil es nicht immer zu jeder der drei Stufen etwas zu sagen gab. Die Schuld haben wir eben erst kennengelernt. Mit der Rechtswidrigkeit haben wir es dagegen, ohne es zu wissen, schon zu tun gehabt.

§ 32 Abs. 1 StGB: *Wer eine Tat begeht, die durch Notwehr geboten ist, handelt nicht rechtswidrig.*

Notwehr, Einwilligung und mutmaßliche Einwilligung, das sind Rechtfertigungsgründe, die die Rechtswidrigkeit ausschließen. Es sind Ausnahmen von dem Grundsatz, dass die Verwirklichung eines Straftatbestandes Unrecht ist. Darum bilden erst Tatbestandsmäßigkeit und Rechtswidrigkeit zusammen den Unrechtstatbestand. Es gibt sogar einige Juristen, die sagen, dass man die Abwesenheit von Rechtfertigungsgründen jeweils in den Tatbestand gleichsam als «negative Tatbestandsmerkmale» hineinlesen müsse. Man nennt dies die «Lehre von den negativen Tatbestandsmerkmalen». Statt drei Stufen gäbe es dann nur zwei: Unrecht und Schuld. Doch wir wollen uns nicht mit diesen dogmatischen Fragen beschäftigen, die auch sehr interessant sein können, sondern lieber zu einem anderen wichtigen Rechtfertigungsgrund weiterblättern, dem Notstand.

§ 34 Satz 1 StGB: *Wer in einer gegenwärtigen, nicht anders abwendbaren Gefahr für Leben, Leib, Freiheit, Ehre, Eigentum oder ein anderes Rechtsgut eine Tat begeht, um die Gefahr von sich oder einem anderen abzuwenden, handelt nicht rechtswidrig, wenn bei Abwägung der widerstreitenden Interessen, namentlich der betroffenen Rechtsgüter und des Grades der ihnen drohenden Gefahren, das geschützte Interesse das beeinträchtigte wesentlich überwiegt.*

Notwehr setzt einen Angriff voraus. Richtet sich die Tat gegen den Angreifer, so liegt schon Notwehr vor. Notstand dagegen lässt jede Gefahr genügen (z. B. ein Waldbrand), und die Tat braucht sich auch nicht gegen den Angreifer zu richten, sondern kann ebenso gegen unbeteiligte Dritte gehen (z. B. Benutzen von fremden Eimern zum Löschen). Man sollte meinen, dass damit alle Fälle abgedeckt sind. Und nun kommen wir zum sog. «Brett des Karneades». Es ist benannt nach dem griechischen Philosophen Karneades (214–129 v. Chr.), der sich als Erster mit folgendem Problem befasst haben soll: Ein Schiffbrüchiger stößt den anderen von einer Planke, die nur einen von beiden tragen kann. Seit der Antike haben sich Rechtsdenker mit diesem Fall beschäftigt. Einige sind darüber verzweifelt; in unlösbaren Konflikten wie diesem wisse das Recht auch keine Lösung und müsse sich darum zurückziehen (Gedanke des rechtsfreien Raumes). Immanuel Kant hat den Fall in seiner Metaphysik der Sitten behandelt. Seitdem steht er in allen Lehrbüchern. Aber der Notstandsparagraf passt nicht: Das Leben des einen ist nicht gegen das Leben des anderen abzuwägen. Keines überwiegt das andere.

Nach Kant ist es zwar nicht gerechtfertigt, wenn der eine den anderen vom Brett stößt, weil dieser ihn nicht rechtswidrig angegriffen hat, aber doch nicht strafbar. Darüber, wie Karneades den Fall gesehen hat, besteht kein Zweifel, hatte er ihn doch eigens gebildet, um Sokrates (ca. 469–399 v. Chr.) zu widerlegen, der gesagt hatte, es sei moralisch besser, Unrecht zu leiden als Unrecht zu tun. Es handelt sich wieder um ein «argumentum ad absurdum». Was soll einer tun, der sich daran hält? Darf er den anderen von der Planke stoßen oder muss jeder dem anderen den Vortritt lassen, damit dieser gerettet wird, weil keiner das Recht hat, sein Leben auf Kosten des Lebens eines anderen zu retten, sodass am Ende keiner von beiden überlebt? Wie ließe sich diese (merkwürdige) Pflicht begründen?

In England ist der (nach dem Namen des untergegangenen Segelschiffs benannte) «Mignonette-Fall» von 1884 für die Behandlung derartiger Gewissenskonflikte maßgebend geworden (R. v. Dudley and Stephens): Zwei Schiffbrüchige hatten, als sie am Verhungern waren, einen sterbenden Kabinenjungen getötet und verzehrt. Das Gericht verhängte die Todesstrafe, die im Gnadenwege in eine sechsmonatige Freiheitsstrafe umgewandelt wurde. Das Gnadenrecht steht übrigens der Königin zu. Straftaten sind in Großbritannien Verbrechen gegen die Krone. Darum wird auch der Prozess in ihrem Namen geführt, R. steht für «regina» (lat. Königin) und v. ist die Abkürzung von «versus» (lat. gegen). So werden solche Fälle seitdem in England gelöst. Man lässt Gnade vor Recht ergehen. Im deutschen Strafrecht ist man einen anderen Weg gegangen und hat eine Vorschrift eingefügt, die den Fall regelt. Es lohnt sich, die Bestimmung genau zu lesen und dabei einmal den Wortlaut zu vergleichen. Auf den ersten Blick scheint alles gleich:

§ 35 Satz 1 StGB: *Wer in einer gegenwärtigen, nicht anders abwendbaren Gefahr für Leben, Leib oder Freiheit eine rechtswidrige Tat begeht, um die Gefahr von sich, einem Angehörigen oder einer anderen ihm nahestehenden Person abzuwenden, handelt ohne Schuld.*

Doch es fehlt die Abwägung der widerstreitenden Interessen. Dafür ist die Tat aber auch nicht gerechtfertigt, sondern nur entschuldigt: «(…) handelt ohne Schuld». Diese Vorschrift wäre also gar nicht auf der Rechtswidrigkeitsebene zu prüfen, sondern erst auf der nächsten Stufe im (dreistufigen) Verbrechensaufbau. Dennoch sollten alle Notstandsregelungen hier im Zusammenhang dargestellt werden. Ein Fall fehlt noch. Man nennt ihn den «übergesetzlichen Notstand», weil er nicht im Gesetz steht. Deshalb ist die Lösung nicht unumstritten. In der NS-Zeit standen die jüdischen Ghettoältesten und manche Ärzte von Heilanstalten vor der Alternative, entweder die Mitarbeit bei der Erstellung von Auswahllisten für die Transporte in die Konzentrationslager zu verweigern oder dabei zum Schein mitzumachen, um das Leben vieler anderer dadurch zu retten. Man muss es den Angeklagten glauben, dass sie sich in echter Gewissensnot befanden. Und dann ist der Wortlaut wieder zu eng, weil es sich bei den Verschonten weder um Angehörige noch um andere nahestehende Personen handelte. Man kann den Betroffenen aber keinen Vorwurf daraus machen, dass sie sich für das kleinere Übel entschieden, oder dass sie es nicht auf sich nehmen wollten, in dieser Lage Schicksal zu spielen.

5. Objektiver und subjektiver Tatbestand

Tatbestandsmäßigkeit, Rechtswidrigkeit, Schuld – das ist nur der grobe «Aufbau» des Verbrechens und die drei Stationen, die die Prüfung im Geiste zu durchlaufen hat. Nur wenn Tatbestandsmäßigkeit und Rechtswidrigkeit gegeben sind, stellt sich die Frage nach der individuellen Schuld. Die Frage nach der Rechtswidrigkeit des Verhaltens stellt sich nur, wenn dieses Verhalten auch tatbestandsgemäß ist. So baut eines auf dem anderen auf. Dabei wirkt der Deliktsaufbau wie ein Filter. Da auf jeder Ebene einige Fälle herausfallen, bleiben immer weniger Fälle übrig. Es sind immer noch viel zu viele Fälle, die alle Filter passieren. Aber dafür, dass keine Fälle den Filter unberechtigt passieren, sorgt die Prüfung. Nicht alles, was tatbestandsmäßig ist, ist auch rechtswidrig. Nicht alles, was rechtswidrig ist, ist auch schuldhaft begangen. Erfasst wird sozusagen immer nur die Spitze des Eisberges. Zu ergänzen ist noch, dass auch nicht alles tatbestandsmäßig ist, was verboten ist. Zum Beispiel ist es verboten, ein Haus ohne Baugenehmigung zu errichten. Strafbar ist es nicht. Und man kann jede der drei Ebenen weiter aufspalten in eine subjektive Seite und eine objektive Seite. Im vorigen Kapitel sind wir bereits den sog. subjektiven Rechtfertigungselementen begegnet. Damit war die Frage angesprochen, ob der Täter, der in Notwehr handelt, etwa auch wissen muss, dass er oder ein anderer, dem er hilft, angegriffen wird oder ob es ausreicht, dass er ohne «Rettungswillen» objektiv etwas zur Ablenkung des Angriffs tut. Das war auf der Ebene der Rechtswidrigkeit. Denn Notwehr ist ein Rechtfertigungsgrund, kein Tatbestand.[8] Wir hatten gesagt, beides ist notwendig, die objektive Lage und die subjektive Vorstellung davon im Kopf des Täters. Erst dann ist der Rechtfertigungsgrund komplett.

Genauso ist es hier: Es reicht nicht allein, dass etwas, was geschehen ist, den Gesetzeswortlaut erfüllt, der Täter muss auch wissen und wollen, dass es geschieht. Sonst kann er nicht bestraft werden. Das ist der subjektive Tatbestand: Wissen und Wollen. Man nennt ihn auch «Tatbestandsvorsatz» oder schlicht «Vorsatz». Das Wort ist schon gefallen. Sogar im Zivilrecht hatten wir damit zu tun. Mit einem lateinischen Wort sagen wir dazu: «dolus». Die Engländer, die das natürlich auch kennen, sprechen dagegen von «mens rea». Das ist auch lateinisch und bedeutet so viel wie die Einstellung des Angeklagten – im Unterschied zum «actus reus», der angeklagten Tat. Die Briten können mit dem Wort «dolus» so wenig anfangen wie wir mit ihrem «mens rea», obwohl beides aus dem Lateinischen abgeleitet ist und inhaltlich dasselbe bedeutet. Früher hat man die Tatbestandsmäßigkeit rein objektiv verstanden und alles «Subjektive», «Seelische» – also auch den Vorsatz – in der Schuld geprüft. Und das leuchtet ja auch ein, wenn man sich klarmacht, dass die Schuld des Täters Grundlage für die Zumessung der Strafe ist.[9] Natürlich wiegt eine mit vollem Vorsatz begangene Tat schwerer als eine nur fahrlässig begangene. Wer vorsätzlich handelt, hat auch mehr Schuld auf sich geladen. Man nennt das den klassischen Verbrechensbegriff. Die Rechtsprechung hängt ihm noch heute an, weshalb sie manches, was eigentlich in den subjektiven Tatbestand gehört, erst unter dem Gesichtspunkt der Schuld thematisiert.

Jetzt also zu dem Problem, das die Gerichte mit dem Körperverletzungsvorsatz haben; das freilich keines ist, wie wir gleich sehen werden: Jemand schießt auf einen anderen. Rose schießt auf Harnisch. Bevor die Kugel das Herz erreicht, durchbohrt sie die Kleidung. Das hatten wir schon. Eine Sachbeschädigung. Eine logische Sekunde später tritt sie in den Körper ein. Jetzt ist es eine Körperverletzung. Würde man die Kugel anhalten, so wäre der objektive Tatbestand bereits erfüllt, kein Zweifel. Und manchmal geschieht es tatsächlich, dass die Kugel aufgehalten wird, zum Beispiel durch eine Rippe am Brustkorb. Aber war es das, was Rose wollte? Vorsatz ist Wissen und Wollen. Gewusst hat er es sicher, dass die Kugel erst den Körper verletzen würde, bevor sie ihn tötet. Aber hat er es auch gewollt? Wollte er den Körperverletzungserfolg? Das hängt davon ab, welche Anforderungen man an das «Wollen», das sog.

voluntative Element (von «voluntas», lat. Wille), stellt. Im Strafrecht unterscheidet man verschiedene Intensitäten des Vorsatzes, auch Grade genannt. Vorsatz ersten Grades, das ist die Absicht; es kommt dem Täter dabei gerade darauf an, den erwünschten Erfolg zu erreichen. Beim Vorsatz 2. Grades (dolus directus) kommt es ihm zwar nicht darauf an, dafür weiß er aber sicher, dass der Erfolg eintreten wird, wenn er dies und das tut und tut es trotzdem. So liegt es hier: Weder Rose noch St. kommt es darauf an, dass die Kugel ein Loch in den Körper des Opfers schießt (übrigens auch nicht darauf, dass sie vorher ein Loch in den Anzug macht), aber sie wissen eben genau, dass das die notwendige und sichere Folge ist, wenn sie abdrücken. Das reicht aus. Vorsatz 2. Grades. Die schillerndste Vorsatzform aber ist eine, die noch geringere Anforderungen ans Wollen stellt.

6. Der bedingte Vorsatz

Lateinisch heißt er «dolus eventualis», von Juristen wird er aber auch gern halb Deutsch und halb Lateinisch «Eventualvorsatz» genannt. Dabei soll es nach einer berühmt gewordenen Definition der Rechtsprechung für die Wollensseite ausreichen, dass der Täter den Erfolg «billigend» in Kauf nimmt. D. h. dem Täter kommt es weder darauf an, noch will er den Erfolg, aber er denkt sich, wenn's passiert, auch gut. Juristisch ist diese Form des Vorsatzes deshalb so interessant, weil sie die Schnittstelle zur Fahrlässigkeit bildet. Man kann den bedingten Vorsatz gar nicht verstehen, ohne sein Gegenstück zu kennen. Darum ein Beispiel: Rose will den Harnisch gar nicht töten, sondern spaziert mit einer geladenen und ungesicherten Waffe durch den Wald. Er spielt daran herum, zielt bald hierhin, bald dorthin, plötzlich stolpert er, und es löst sich ein Schuss. Harnisch wird tödlich getroffen. Kein Vorsatz, auch kein bedingter Vorsatz, weil er den Erfolg nicht «billigt», sondern Fahrlässigkeit. Der Vorwurf besteht nicht darin, einen Menschen getötet zu haben, sondern darin, nicht sorgfältig genug mit einer Waffe umgegangen zu sein.

Der Täter ist nicht böse, nur dumm, dass er so mit einer Waffe umgeht. Bewusst fahrlässig, wenn er die Gefahr erkannte, aber darauf vertraute, es werde schon nichts passieren. Unbewusste Fahrlässigkeit: Der Vater lässt eine Waffe im Schrank stehen, ohne daran zu denken, dass Kinder damit herumspielen könnten. Schon die Peinliche Gerichtsordnung Karls V. von 1532, die Carolina, unterscheidet zwischen Vorsatz und Fahrlässigkeit und erläutert es anhand von Beispielen: «Eyn balbirer schiert eynem den bart inn seiner stuben, als gewohnlich zu schern ist, vund würd durch eynen also gestossen oder geworffen, daß er dem so er schiert, die gurgel wider seinen Willen abschneidet.»

§ 15 StGB: *Strafbar ist nur vorsätzliches Handeln, wenn nicht das Gesetz fahrlässiges Handeln ausdrücklich mit Strafe bedroht.*

Bei der Tötung eines Menschen ist das so. Auch bei der Körperverletzung. Aber zum Beispiel nicht bei der Sachbeschädigung. Da gibt es keinen Fahrlässigkeitstatbestand. Und auch da, wo es einen gibt, ist die Strafandrohung geringer als bei der vorsätzlichen Tat:

§ 222 StGB: *Wer durch Fahrlässigkeit den Tod eines Menschen verursacht, wird mit Freiheitsstrafe bis zu fünf Jahren oder mit Geldstrafe bestraft.*

Oder mit Geldstrafe! Vielleicht ein, zwei Monatsgehälter. Von daher wird verständlich, dass man seit Urzeiten versucht, bestimmte Fälle der Fahrlässigkeit aus dem Fahrlässigkeitsbereich herauszunehmen und dem Vorsatz zuzuschlagen, wenn man das Gefühl hat, dass sie höhere Strafe verdienen. Zum Beispiel dann, wenn der Täter so wenig Mitgefühl aufbringt, dass er den Erfolg sogar billigt, ihn «billigend in Kauf nimmt». Darum Fahrlässigkeit, wenn sich der Täter sagt: «Wird schon gut gehen»; Vorsatz, wenn er sich sagt: «Na wenn schon!» So eine weitere der viel zitierten Frank'schen Formeln. Eine zuverlässige Abgrenzung ist aber bis heute nicht gelungen. Zwei Räuber würgten ihr Opfer mit einem Lederriemen, einer zog rechts, einer zog links, aber nicht, weil sie es umbringen wollten, sondern damit es keinen Lärm mehr machte. Dass das Opfer erstickte, war ihnen sogar höchst unerwünscht, weil die Polizei in solchen Fällen mit viel mehr Nachdruck nach dem Täter sucht und die Aufklärungsquote bei Kaptitalverbrechen[10] viel höher ist als etwa bei einem schlichten Raub. Deshalb wird ihr Anwalt wohl vorgetragen haben, sie hätten den Tod keineswegs «gebilligt», sondern das Gegenteil sei der Fall gewesen. Egal, sagte der Bundesgerichtshof im «Lederriemenfall».[11] «Billigen» im Rechtssinne sei es auch, wenn sich einer mit dem ernstlich für möglich gehaltenen Erfolg bloß «abfinde». So die sog. Billigungstheorie der Rechtsprechung. Manche haben die Ansicht vertreten, dass besser von «Gleichgültigkeitstheorie» die Rede gewesen wäre, weil der Täter den Erfolg ja nicht «befürwortet» oder «gut geheißen» habe. Aber «gleichgültig» stand er ihm ja, genau genommen, auch nicht gegenüber.

Das «Ernstlich-für-möglich-halten» ist übrigens auch so ein Formelkompromiss, also das Ergebnis eines Versuchs, verschiedene Ansichten in einer Formel zu vereinen, nämlich die «Ernstnahme-» und die «Möglichkeitstheorie», diesmal auf der «Wissensseite» des Vorsatzes (sog. kognitives Element). Andere sagen, er muss es für wahrscheinlich, so die «Wahrscheinlichkeitstheorie», oder sogar für «überwiegend wahrscheinlich» gehalten haben, dass es passiert.[12] Ähnliche Abstufungen wie vorher beim «Wollen». Wenn wir jetzt zusammenfassen, zeigt sich die eigentliche Brisanz des dolus eventualis: Da soll es genügen, dass es einer ernstlich für möglich hält («Wissen») und sich damit abfindet, auch wenn es ihm höchst unerwünscht ist («Wollen»). Niemand kann es heute mehr ernstlich für unmöglich halten, dass er sich mit Aids infiziert hat, sei es, dass er längst vergangene Bekanntschaften verdrängt hat, sei es, dass er im Krankenhaus mit einer verseuchten Spritze infiziert worden ist. Wenn er den Virus weitergibt, dann steht nach dem gegenwärtigen Stand der Forschung fest, dass der andere daran früher oder später stirbt. Billigung der möglichen Folgen, das ist nicht erforderlich. Man muss nicht einmal wissen, dass man infiziert ist. Darum Vorsatz, nicht Fahrlässigkeit, wenn man ungeschützt miteinander schläft. Das wollte man damit aber nun auch wieder nicht erreichen, dass so jemand einer vorsätzlichen Tötung, eines Totschlags, schuldig gesprochen werden kann.

Und dann das massenhafte Auftreten von Unfällen mit Toten im Straßenverkehr. Wer hält es da beim Überholen nicht ernstlich für möglich, dass ein Fahrzeug in der Kurve entgegenkommen könnte. Unerwünscht schon, aber findet man sich damit nicht ab? Also doch vorsätzlich. Nicht bloß fahrlässig. Lauter vorsätzliche Tötungen. Das wäre realitätsfern. Die allermeisten Verkehrssünder sind eben doch (nur) dumm und nicht (auch) böse. Darum handelt der, sagt die Rechtsprechung, der die erkannte Gefahr nicht ernst nimmt («Wissenselement») und auf das Ausbleiben des Schlimmsten vertraut («Wollenselement»), nur fahrlässig. Man achte auf den sprachlichen Unterschied, in der Sache ist beides (fast) dasselbe.

Mit diesem Rüstzeug und der Kenntnis von Vorsatz und Fahrlässigkeit, subjektivem und objektivem Tatbestand, können wir uns jetzt an die Lösung des Falles von Schliebe, Harnisch, Rose und Rosahl machen.

7. Gewinnstreben um jeden Preis

Nach Sachbeschädigung (27. Abschnitt des Strafgesetzbuches) und Körperverletzung (17. Abschnitt: Straftaten gegen die körperliche Unversehrtheit) sind nun die Tötungsdelikte zu prüfen (16. Abschnitt: Straftaten gegen das Leben), die uns ja auch nicht mehr neu sind. Beginnen können wir dabei mit einer Wiederholung der Mordmerkmale.

§ 211 Abs. 2 StGB: *Mörder ist, wer aus Mordlust, zur Befriedigung des Geschlechtstriebes, aus Habgier oder sonst aus niedrigen Beweggründen, heimtückisch oder grausam oder mit gemeingefährlichen Mitteln oder um eine andere Straftat zu ermöglichen oder zu verdecken, einen Menschen tötet.*

Grausamkeit, das wissen wir, dafür muss es schon dicke kommen, damit haben wir uns abgefunden. Wenn einer den anderen ganz «normal» tötet, dann ist das noch lange nicht grausam. Plötzlich erscheint es uns ganz selbstverständlich, worüber man sich eigentlich nur wundern kann, dass es juristisch betrachtet nicht grausam ist, einen Menschen zu erschießen. Hätte man uns das vorher erzählt, hätten wir darüber gewiss den Kopf geschüttelt. Heimtücke, das war das Ausnutzen der Arg- und Wehrlosigkeit des Opfers, so die Definition. Ging der Gymnasiast Harnisch nicht arglos durch den Wald und war er nicht wehrlos? Diese Definition bereitet also keine Probleme. Schwierig machen es erst die Stimmen in der strafrechtlichen Literatur, die zusätzlich einen besonders «verwerflichen Vertrauensbruch» fordern. Denn Rose kannte Ernst Harnisch gar nicht. Der hat sich auch nicht in irgendeinem falschen Vertrauen in einen Hinterhalt locken lassen, sondern ging ganz normal seines Weges. Dann kann von Heimtücke auch keine Rede sein. Aber Habgier, das haben wir noch nicht gehabt. Der Holzhändler Rosahl hatte dem Rose 300 Reichstaler dafür versprochen. Man ahnt schon, wo hier der Hase im Pfeffer liegt. Die Frage ist, ob es darauf ankommt, von wem der Täter etwas haben will, ob vom Opfer oder von jedem beliebigen anderen. Von dem daherkommenden Harnisch will Rose nichts. Das spielt aber auch keine Rolle. Für den Rechtskundigen ist das gar keine Frage, weil es dafür schon einen anderen Tatbestand gibt:

§ 249 Abs. 1 StGB: *Wer mit Gewalt gegen eine Person oder unter Anwendung von Drohungen mit gegenwärtiger Gefahr für Leib oder Leben eine fremde bewegliche Sache einem anderen in der Absicht wegnimmt, die Sache sich oder einem Dritten rechtswidrig zuzueignen, wird mit Freiheitsstrafe nicht unter einem Jahr bestraft.*

Da ist also erforderlich, dass der Täter von seinem Opfer etwas haben will. Aber was ist dann Habgier? Die Gerichte sagen, es sei das rücksichtslose Streben nach Gewinn «um jeden Preis». Der Preis, das ist ein Menschenleben, dass einer über Leichen geht für ein paar Taler. Das soll das wohl heißen. Wenn man aber darüber nachdenkt, dann ist das schon eine merkwürdige Formulierung, die sich die Rechtsprechung da ausgedacht hat. Jeder, der tötet, geht über Leichen, anders geht es nicht. Aber man weiß schon, was gemeint ist: Mord gegen Bezahlung. Das ist der Standardfall der Habgier. Also, es geht um Mord, nicht bloß um einen bloßen Totschlag. Deshalb müssen wir jetzt besonders genau arbeiten.

8. Errare humanum est

Wir beginnen, wie immer, mit dem objektiven Tatbestand. Objektiver Tatbestand, das bedeutet, Rose müsste einen Menschen getötet haben.[13] Der Gymnasiast Ernst Harnisch ist ein Mensch. Rose hat Harnisch getötet. Also hat Rose einen Menschen getötet. – Diesen Dreischritt nennt man einen Syllogismus, die Kunst, eine neue Erkenntnis (Schluss) aus zwei bekannten Sätzen (Prämissen) abzuleiten. Erfunden hat das Aristoteles (384–322 v. Chr.): Alle Menschen sind sterblich (Prämisse), Sokrates ist ein Mensch (Prämisse). Also ist Sokrates sterblich (Schluss). Nach diesem Prinzip gehen Juristen seit der Antike vor, um einen konkreten Sachverhalt unter das Gesetz zu bringen, zu «subsumieren».

Als Nächstes kommt der subjektive Tatbestand. Das ist der Vorsatz, mit den beiden Elementen, die wir schon kennen. Wissen und Wollen. Rose muss auch gewusst haben, dass er einen Menschen tötet, und er muss es gewollt haben. Derselbe Dreischritt: Rose wollte Schliebe töten. Der Zimmermann Schliebe ist ein Mensch. Also wollte Rose einen Menschen töten. Er wusste aber nicht, dass er den Harnisch tötete, und wollte auch gar nicht den Gymnasiasten Ernst Harnisch aus Lieskau bei Halle töten, sondern den Zimmermann Schliebe. Als er abdrückte, unterlag er einer verhängnisvollen Verwechslung. Wenn Vorstellung und Wirklichkeit auseinander fallen, so spricht man im allgemeinen Sprachgebrauch von einem Irrtum, so auch hier. Er hielt Harnisch für den Schliebe. Die Juristen haben ein Fachwort dafür, sie nennen es «error in persona». Error bedeutet Irrtum. Irrtümer sind eine große Schwierigkeit für das Strafrecht. Ein altes Sprichwort sagt, irren ist menschlich: errare humanum est. Darum soll er dafür auch nicht bestraft werden. Er soll nur für das bestraft werden, was er «sehenden Auges» getan hat. Irrtümer können auf allen Ebenen des Verbrechensaufbaus vorkommen.

Zum Beispiel das Brett des Karneades: Der schwimmende Seemann weiß nicht, dass das Brett beide tragen würde, er nimmt an, zusammen würden sie untergehen. Das ist der Irrtum über einen Entschuldigungsgrund. Dann sind wir auf der Schuldebene. Es kann auch sein, dass jemand aus einem fremden Land kommt und darum nicht weiß, dass Beischlaf unter Verwandten in Deutschland strafbar ist. Dann fehlt es möglicherweise ebenfalls an der Schuld. Denn das Bewusstsein, Unrecht zu tun, ist Teil davon. Es kann natürlich auch sein, dass ein Einheimischer einen Straftatbestand nicht kennt. Von ihm kann aber schon eher verlangt werden, dass er sein Gewissen anstrengt und sich nötigenfalls erkundigt. Tut er es nicht, dann hilft ihm auch sein Irrtum nicht:

§ 17 StGB: *Fehlt dem Täter bei Begehung der Tat die Einsicht, Unrecht zu tun, so handelt er ohne Schuld, wenn er diesen Irrtum nicht vermeiden konnte. Konnte der Täter den Irrtum vermeiden, so kann die Strafe… gemildert werden.*

Auch auf der Ebene der Rechtswidrigkeit kann der Irrtum liegen. Das ist dann der besonders umstrittene «Erlaubnistatbestandsirrtum». Einer glaubt zum Beispiel, angegriffen zu werden und verteidigt sich deshalb. Dann wäre er eigentlich durch Notwehr gerechtfertigt. Notwehr ist ein Rechtfertigungsgrund, man sagt auch Erlaubnistatbestand dazu. Wenn der andere ihm aber nur die Hand geben wollte, dann lag in Wahrheit gar kein Angriff vor. Was macht man mit so jemandem? Eines geht nicht, man kann nicht so tun, als ob, und sagen, es war Notwehr. Denn dann dürfte sich der andere nicht einmal verteidigen, wenn er plötzlich attackiert wird. Denn Notwehr gegen Notwehr gibt es nicht. Man kann so jemanden aber auch schlecht bestrafen. Irren ist menschlich! Einige Strafrechtswissenschaftler greifen deshalb auf denselben Paragrafen zurück wie oben. Die meisten wenden einen anderen Paragrafen «analog» an, nämlich:

§ 16 Abs. 1 StGB: *Wer bei Begehung der Tat einen Umstand nicht kennt, der zum gesetzlichen Tatbestand gehört, handelt nicht vorsätzlich. Die Strafbarkeit wegen fahrlässiger Begehung bleibt unberührt.*

Das ist der sog. Tatbestandsirrtum. Auf den Erlaubnistatbestand kann er nur analog (entsprechend) angewendet werden, weil er eigentlich zur Rechtswidrigkeit gehört. Damit sind wir wieder dort angelangt, wo die meisten Irrtümer liegen. Auch unser «error in persona vel objecto» gehört hierhin. Trotzdem ist seine Lösung nicht ganz unumstritten. Überlegen wir uns darum zunächst einmal den einfacheren Fall, dass Rose auf einen Baumstumpf geschossen hätte, weil er dachte, es sei der Zimmermann Schliebe. Wir können uns auch vorstellen, ein Wilderer streift nachts durch den Wald. Wilderer eignen sich besser zur Demonstration.

9. Vom Wilde im Walde

Schemenhaft erkennt er in der Dämmerung eine Gestalt, die er für den Förster hält. Er zielt und trifft einen Baumstumpf. Man kann ihn kaum dafür bestrafen, einen Menschen erschossen zu haben, denn das hat er ja nicht. Man kann ihn auch nicht dafür bestrafen, auf einen Baum geschossen zu haben, denn das wollte er ja gar nicht. Man kann ihn allerdings für den Versuch bestrafen, einen Menschen zu erschießen. Was das ist und wie er bestraft wird, haben wir bereits gesehen. Jetzt der umgekehrte Fall, der Wilderer meint, einen wunderschönen Hirsch entdeckt zu haben, es ist aber der Förster. Kein Mord, weil er gar nicht wusste, dass er einen Menschen vor sich hatte. Auch kein versuchter Mord, er wollte ja gar nicht den Förster treffen. Bleibt nur der Versuch, einen Hirsch zu erlegen. Die Frage ist, ob das strafbar ist. Eine Sachbeschädigung ist es jedenfalls nicht. Tiere gelten zwar als Sachen, wie wir aus dem ersten Kapitel wissen, aber wir wissen auch, dass wilde Tiere herrenlos sind und niemandem gehören. Daher kann es keine Sachbeschädigung sein. Der Wilderer hat von solchen Dingen keine Ahnung, er ist ja kein Jurist. Man hat ihm erzählt, das sei eine Sachbeschädigung – wieder ein Irrtum. Also versuchte Sachbeschädigung, wenn er auf einen Hirsch schießt? Könnte man denken, ist aber nicht so. Wenn etwas nach dem Gesetz nicht strafbar ist, dann wird es auch nicht dadurch strafbar, dass ich daran glaube. Wenn ich meinen eigenen Fernseher zertrümmere, dann ist das nicht strafbar. Egal ob ich das persönlich für eine Sachbeschädigung halte oder nicht. Wenn ich trotzdem glaube, damit eine Sachbeschädigung zu begehen, dann nennt man das ein «Wahndelikt». Jemand befindet sich in dem «Wahn», ein Delikt zu begehen, das es nicht gibt. Das ist straflos.

Das Komplizierte daran ist nur die Abgrenzung vom sog. untauglichen Versuch, von dem auch schon einmal kurz die Rede war. Das Wort ist ein bisschen irreführend, da jeder Versuch auf seine Weise «untauglich» ist, sonst wäre es ja kein Versuch. Es hat sich aber eingebürgert. Gemeint ist folgender Fall: Wenn ich fälschlicherweise annehme, es sei der Fernseher meiner Nachbarin, dann ist das schon strafbar. Zwar ist der eigene Fernseher als Objekt für eine Sachbeschädigung «untauglich». Aber wenn es stimmte, was ich glaube, dann wäre nach dem Gesetz schon ein Tatbestand erfüllt: Würde der Fernseher der Nachbarin gehören, so läge eine Sachbeschädigung vor. Nun gehört er ihr aber in Wahrheit nicht, daher nur Versuch.

Stellen wir uns als Nächstes vor, der Wilderer hat tatsächlich einen Hirsch vor der Flinte, er legt an, die Kugel verfehlt ihr Ziel und trifft den Förster. Der läuft vielleicht gerade in diesem Moment in die Schussbahn, vielleicht prallt die Kugel aber auch so ungünstig von einem Baum ab, dass ihn ein Querschläger erwischt. Ein Irrtum verbirgt sich dahinter nicht. Wenn der Wilderer damit rechnen musste, dass sich der Förster in der Nähe befand, dann ist es eine fahrlässige Tötung. Außerdem liegt darin wieder der Versuch, ein Wild zu erlegen. Das ist zwar nicht als versuchte Sachbeschädigung strafbar, aber als «Jagdwilderei». Der Wilderer hatte nämlich ganz Recht mit seiner Vermutung, dass das irgendwie strafbar sein müsse. Es würde den Jägern nämlich gar nicht gefallen, wenn man ihr Wild abschießen könnte, ohne sich strafbar zu machen. Nur weil wilde Tiere rechtlich niemandem gehören, soll das plötzlich straflos sein, keine Sachbeschädigung und auch kein Diebstahl? Deshalb hat man einen eigenen Tatbestand dafür geschaffen:

§ 292 Abs. 1 StGB: *Wer unter Verletzung fremden Jagdrechts oder Jagdausübungsrechts dem Wilde nachstellt, es fängt, erlegt oder sich oder einem Dritten zueignet oder eine Sache, die dem Jagdrecht unterliegt, sich oder einem Dritten zueignet, beschädigt oder zerstört, wird mit Freiheitsstrafe bis zu drei Jahren oder mit Geldstrafe bestraft.*

Da schon das «Nachstellen» strafbar ist, kommt es nicht einmal darauf an, ob er das Wild getroffen hat oder nicht oder ob er auch nur einen Schuss abgegeben hat. Die Wilderei gehört damit zu jener merkwürdigen Gruppe von Delikten, bei denen es egal ist, ob der Versuch Erfolg hat oder nicht, weil schon der Versuch der Erfolg ist. Sagen wir, den Tatbestand kennt der Wilderer nicht. Er ist gar kein Wilderer, sondern Urlauber, der geglaubt hat, es könne unmöglich strafbar sein, im Wald dem Wild nachzustellen. Wieder ein Irrtum. Diesmal nützt er ihm aber nichts. Da hätte er sich eben vorher besser informieren müssen, sagen die Juristen. Das hatten wir schon, es ist ein Fall des § 17 StGB. Aber die Dinge können noch komplizierter liegen. Dann versteht man, warum die Irrtumslehre als besonders schwierig gilt. Der «Mauswieselfall» aus dem Lehrbuch von Professor Jürgen Baumann, der an der Universität Tübingen gelehrt hat: Der Wilderer erlegt ein Mauswiesel. Das Mauswiesel ist ein jagdbares Tier nach dem Bundesjagdgesetz (öffentliches Recht!) und damit Wild im Sinne des Paragrafen über die Jagdwilderei. Er hält das Tier für eine Maus. Mäuse sind kein Wild im Sinne der Vorschrift. Der Wilderer glaubt aber, auch Mäuse jagen sei ver-

boten. Ein doppelter Irrtum. Natürlich gibt es auch den «umgekehrten Mauswieselfall»: Der Wilderer erlegt eine Maus, hält sie für
ein Mauswiesel (erster Irrtum) und meint, es sei erlaubt, Mauswiesel zu jagen (zweiter Irrtum).

10. Der «error in persona» Harnisch

Aber zurück zu unserem Fall: Rose hat nicht dem Wilde nachgestellt, sondern dem Schliebe, erwischt hat er aber den Schüler Harnisch. Dann gibt es zwei Möglichkeiten: Man könnte sagen, das sei
eine fahrlässige Tötung des Schülers Harnisch, weil er nicht besser
aufgepasst hat, wer da kommt. Das kann aber nicht sein, darüber
sind sich die Juristen auch einig. Man weiß nur nicht so recht, wie
man es begründen soll. Man muss sich nur einmal vorstellen, dass
einer aus irgendwelchen Gründen unbedingt 1000 Euro braucht
und deshalb einen Raubmord begeht. Dann hat er den Vorsatz,
einen Menschen zu töten, der mindestens 1000 Euro in der Tasche
hat. Sein Opfer hatte aber nur 200 Euro bei sich. Also kein Vorsatz.
Oder er stellt sich vor, sein Opfer sei eine Frau. Das stimmt aber
nicht. Konsequenterweise müsste man dann einen Versuch annehmen, eine Frau zu töten (in Kombination mit der fahrlässigen Tötung eines Mannes). Das kann nicht stimmen. Einige Vorstellungen
sind eben irrelevant. Welchen Geschlechts einer ist oder wie viel
Geld er mit sich herumträgt, mag vielleicht für den Täter wichtig
sein, dem Gesetz ist es egal. Schauen wir uns den in Betracht kom-
menden Gesetzesparagrafen noch einmal an:

§ 16 Abs. 1 Satz 1 StGB: *Wer bei Begehung der Tat einen Umstand nicht
kennt, der zum gesetzlichen Tatbestand gehört, handelt nicht vorsätzlich.*

«Der zum gesetzlichen Tatbestand gehört…» Der Name eines
Menschen, sein Alter und sein Beruf gehört aber nicht zum gesetzlichen Tatbestand. Man irrt sich ständig über irgendwelche Dinge,
zum Beispiel über den Wochentag oder über die Uhrzeit. Das alles
gehört aber nicht zum Tatbestand, darum spielt es keine Rolle,
wenn man sich darüber falsche Vorstellungen macht. Man kann
aber auch schlecht sagen, er hat einen Menschen getötet (nämlich
den Harnisch) und wollte auch einen Menschen töten (nämlich den
Schliebe), also hat er ihn willentlich getötet. Warum, das hat schon

Bemmann 1958 mit einem Beispiel erläutert: «Jemand, der nach Berlin reisen wollte, ist in den falschen Zug gestiegen und nach Köln gefahren. Was würde dieser Mann wohl erwidern, wenn ihm gesagt würde: Du hattest den Vorsatz, nach Berlin zu fahren, und zwar mit dem Zug. Also hattest du den Vorsatz, überhaupt mit dem Zug zu fahren. Da du auch nach Köln mit dem Zug gefahren bist, hast du die Reise nach Köln vorsätzlich unternommen?»[14]

Einige Lehrbücher behelfen sich in dieser Situation damit, dass sie einfach sagen, beim «error in persona» sei danach zu unterscheiden, ob die verwechselten Objekte rechtlich gleichwertig seien oder nicht. Sind sie gleichwertig, so ist die Verwechslung unbeachtlich und lässt den Vorsatz unberührt. Sind sie es nicht, so ist der Objektirrtum beachtlich und der Vorsatz entfällt. Im «Rose-Rosahl-Fall» sind die Objekte gleichwertig, ein Mensch (Harnisch) ist rechtlich so viel wert wie der andere (Schliebe). Daher ist der Irrtum hier unbeachtlich. Hätte Rose den Harnisch mit einem Hirsch verwechselt und erschossen, so wären die Objekte ungleichwertig und der Irrtum daher beachtlich, wie wir es ja oben schon herausgearbeitet haben. Eine etwas andere Begründung haben Böhlau, Schütze, Korn und vor allem der große Jurist Karl Binding geliefert, von dem noch zu sprechen sein wird, und die lautet so: Rose hat gar nicht den Falschen erwischt, sondern den «Richtigen». Nämlich genau den, auf den er gezielt hat. Ursprünglich hatte er sich auf die Lauer gelegt, um Schliebe aufzulauern, stimmt. Aber als Harnisch daherkam, da sagte er sich, diese Gestalt muss Schliebe sein. Die will ich töten. Man sagt, sein Vorsatz habe sich im Laufe des Plans schließlich genau auf die Person «konkretisiert», die ihm zum Opfer fiel. Jetzt wird auch der Unterschied deutlich zu einer Konstellation, für die die Strafrechtswissenschaft den Namen «aberratio ictus» erfunden hat. Eine solche ist es, wenn die Kugel «abirrt». Wie oben in dem Fall, wo die Kugel von einem Baum abprallt und dann den Förster trifft. Kann ja sein, dass Schliebe nur ein paar Schritte, für Rose unsichtbar hinter einer Kurve, hinter Harnisch hinterherging. Rose legt auf Harnisch an, den er ja immer noch für den Richtigen hält, schießt und verfehlt sein Ziel, weil er ein schlechter Schütze ist, weil der Gewehrlauf krumm ist, weil er niesen musste, oder weil ein Baum im Wege ist, egal. Daneben getroffen! In diesem Moment kommt der richtige Schliebe in Begleitung seines Gesellen um die Ecke und wird von der verirrten Kugel tödlich getroffen. «Aberratio ictus».

Natürlich kann man auch dann sagen (und einige tun es auch), dass der Täter einen Menschen erschießen wollte. Er hat auch einen Menschen erschossen. Er hat zufällig sogar den Schliebe erschossen, worauf es ihm eigentlich ankam. Also Vorsatz. Aber das ist wohl nicht richtig. Die Kugel hat ja nicht dahin getroffen, wo sie sollte. Das ist der Unterschied. Sie hätte genauso gut einen ganz anderen, zum Beispiel den Zimmermannsgesellen treffen können, der den Schliebe auf dem Heimweg begleitete, oder den Förster, einen Hirsch oder sonst wen. Verirrte Kugeln können jeden treffen. Wenn einer niesen muss oder aus einem anderen Grund danebenschießt, dann war er nicht sorgfältig genug. Also Fahrlässigkeit. Von seinem ursprünglichen Willen, diesen Menschen da zu treffen, ist nur ein Versuch geblieben. Deshalb sind «error in persona» und «aberratio ictus» durchaus unterschiedlich zu behandeln. Die Personenverwechslung, mit der wir es hier zu tun haben, ist unbeachtlich. Genau genommen liegt nicht einmal ein «Irrtum» vor. Rose hat den erschossen, den er vor sich hatte. Diese konkrete Person wollte er auch erschießen. Objektiver und subjektiver Tatbestand decken sich haargenau. Also kein Irrtum!

11. Die Ausführung am falschen und der Versuch am richtigen Objekt

Rose hat den Gymnasiasten Ernst Harnisch vorsätzlich getötet. Das war das Ergebnis unserer bisherigen Überlegungen. Wenn man es so knapp auf einen Satz bringt, klingt das schon etwas befremdlich. Immerhin wollte er ja den Zimmermann Schliebe aus Lieskau bei Halle umbringen. Das ist ihm zwar nicht gelungen, aber wir wissen ja inzwischen, dass auch der Versuch strafbar ist. Also prüfen wir den versuchten Mord an dem Zimmermann Schliebe.

§ 22 StGB: *Eine Straftat versucht, wer nach seiner Vorstellung von der Tat zur Verwirklichung des Tatbestandes unmittelbar ansetzt.*

Das scheint zu passen, nach seiner Vorstellung von der Tat hat Rose auf Schliebe angelegt und abgedrückt. Wo kann der Fehler stecken? Oder hat Rose etwa wirklich unmittelbar dazu angesetzt, den Schliebe zu töten? Erinnern wir uns noch einmal an das vorige Kapitel zurück. Da ging es um die Frage, wann genau der Versuch beginnt und das Stadium der straflosen Vorbereitung verlassen wird. Rose bekommt von Rosahl den Auftrag, Schliebe umzubringen. Vorbereitung. Rosahl besorgt ihm eine Waffe. Auch noch Vorbereitung. Rose macht sich auf den Weg. Es ist kurz vor neun Uhr abends. Noch kein Versuch. Er sucht sich eine geeignete Stelle und legt sich in den Hinterhalt. Die Minuten verstreichen. Stopp! Versuchter Mord? Die Gerichte haben in ähnlichen Fällen entschieden, ja. Das Auflauern am Tatort ist bereits der Versuch eines Tötungsdelikts. Aber das kann nicht sein. Man weiß ja noch nicht einmal, wen er versucht haben soll zu töten. Kommt Harnisch, dann versuchter Mord an ihm, kommt Schliebe, dann an ihm. Möglicherweise kommt auch gar keiner. Es ist doch egal, ob sich der Täter auf den Weg zu seinem Opfer macht, oder ob sich umgekehrt das Opfer auf den Weg zum Täter macht. Trotzdem soll das eine straflose Vorbereitung sein, das andere bereits ein strafbarer Versuch. Weshalb entscheiden die Gerichte so? Na, vielleicht steht ein Kriminalkommissar im Wäldchen auf der anderen Seite der Lichtung. Der kann ja schlecht abwarten, bis es zu spät ist. Was soll er machen? Wartet er noch zwei Minuten, dann gibt es eine Leiche, greift er jetzt zu, dann soll es noch nicht einmal strafbar sein, sagt die juristische Literatur.

Das spielt aber bei uns keine Rolle, denn es ist ja weitergegangen: Eine Person tauchte aus dem Dunkeln auf, Rose hat angelegt, gezielt und abgedrückt. Das ist jedenfalls ein Versuch, auch wenn das Opfer jetzt blitzschnell reagiert und zur Seite springt. Nur ist es nicht der Versuch, den Schliebe umzubringen, sondern die versuchte Tötung dessen, der da kommt. Und der ist ja auch getötet worden. Für einen Versuch ist dann gar kein Raum mehr. In dem Augenblick, wo der Erfolg eintritt, hat sich der Versuch erledigt. Der Versuch setzt immer voraus, dass der objektive Tatbestand noch nicht komplett ist. Wer die Beispiele in Gedanken noch einmal durchgeht, wird sehen, dass es immer so war, dass der subjektive Tatbestand (Vorsatz) komplett vorhanden ist, aber im objektiven Tatbestand noch eine Kleinigkeit fehlt. Dann sprechen wir von einem Versuch – und nur dann! Darum steckt in der Ausführung am falschen Objekt auch nicht der Versuch am richtigen Objekt. Sonst würde er ja «doppelt» bestraft. Mehr als das, wofür wir ihn schon bestraft haben, nämlich den Mord an dem Schüler Harnisch, ist nicht passiert. Darum gibt es auch nichts mehr, worin man noch einen Versuch sehen könnte, den Schliebe umzubringen. Anders wäre es nur zu beurteilen, wenn Rose seinen Fehler bemerkt und sich erneut auf die Lauer gelegt hätte. Das hat er aber nicht getan, sondern sein Gewehr eingepackt und ist auf dem schnellsten Weg nach Hause gegangen.

12. Der Fehlschlag

Unsere Überlegungen geben aber Anlass, sich einmal vorzustellen, dass Rose den Harnisch mit dem ersten Schuss tatsächlich nur verwundet hätte. Dann hätten wir nämlich einen Mordversuch. Jetzt könnte er natürlich noch einmal schießen, das tut er aber nicht, weil er die Verwechslung inzwischen bemerkt hat. Wie wir im letzten Kapitel schon gesehen haben, kann man sich Straffreiheit erkaufen, indem man die «weitere Ausführung der Tat» freiwillig aufgibt. Damit soll dem Täter eine «goldene Brücke» gebaut werden, hat Feuerbach gesagt. Der Täter soll dafür belohnt werden, dass er Schlimmeres verhindert hat. Darum wird es honoriert, wenn er freiwillig von der Tat Abstand nimmt, haben wir gelernt. Aber das funktioniert nicht immer: Ein Wilderer streift durch den Wald, um sich einen Hasen zum Abendessen zu schießen. Plötzlich regt sich sein Gewissen. Er möchte nicht auf die schiefe Bahn geraten. Eigentlich ist er ein rechtschaffener, gesetzestreuer Bürger. Also keinen Hasenbraten zum Abendessen, stattdessen gibt es Käsebrote. Rücktritt vom Versuch der Jagdwilderei? Nein: Denn unser Wilderer hat nicht *versucht*, dem Wilde nachzustellen, er *hat* dem Wilde nachgestellt! Damit ist es aus, kein Rücktritt mehr möglich. Einige wollen dennoch helfen, indem sie von «tätiger Reue» sprechen, die im Gesetz vereinzelt geregelt ist und ebenfalls zur Straffreiheit führt. Doch das geht nur, indem man dem Gesetzgeber unterstellt, er hätte es hier übersehen.

Auch von der Körperverletzung kann Rose daher nicht mehr zurücktreten. Denn die ist ebenfalls schon eingetreten, man spricht – in diesem Zusammenhang nicht sehr glücklich – von einem «qualifizierten Versuch» in dem Sinne, dass mit dem versuchten Mord noch eine Körperverletzung einhergeht, die nicht nur versucht, sondern bereits vollendet ist. Kann Rose aber wenigstens von dem versuchten Mord zurücktreten, indem er den Schüler am Leben lässt? Wir wollen gar nicht an den komplizierten (und heftig umstrittenen) Fall denken, dass er keine Munition mehr hat. Dann könnte man immer noch sagen, dass er sein Opfer vielleicht noch mit den Händen erdrosseln oder mit einem Stein erschlagen könnte. Die Frage ist dann nur, ob das noch dieselbe Tat wäre oder eine ganz andere. Wir wollen aber annehmen, dass er noch reichlich Munition hat. Aber es macht eben keinen Sinn, noch einmal auf den Falschen zu schießen. Insofern gewinnt nämlich doch der Umstand Bedeutung, dass Rose nicht diese konkrete Person, sondern eine ganz andere erschießen wollte. Nachdem er die Verwechslung bemerkt hat, kann er sein ursprüngliches Ziel gar nicht mehr erreichen. Dasselbe ist uns schon im «Lilo-Fall» begegnet, dem ja bei genauerer Betrachtung ebenfalls ein «error in persona», eine Personenverwechslung, zugrunde lag. Hier wie dort sprechen wir von einem «fehlgeschlagenen Versuch», von dem ein Rücktritt nicht möglich ist, und sagen, von «Freiwilligkeit» könne keine Rede sein, wenn einer nur das aufgibt, was er gar nicht wollte. Dass sein Nicht-Weiter-Handeln im Gegenteil höchst «unfreiwillig» sei, weil der Falsche aufgetaucht ist. Dass eine zu honorierende Umkehrleistung darin nicht stecke, wenn er den Plan nur deshalb jetzt nicht weiter verfolge. Aber ein bisschen unfair ist das doch: Erst erklären wir die Personenverwechslung für «unbeachtlich» und sagen, dass sie seinen Vorsatz (Willen) unberührt lasse, und dann erklären wir sie plötzlich für beachtlich, wenn es um die Freiwilligkeit geht. Erst sind uns das getroffene und das gewollte Objekt «gleichwertig», weil ein Mensch angeblich so viel wert ist wie der andere, dann aber ist es nicht «gleichwertig», wenn er von der Tötung des Falschen zurücktritt. Selbst das von Feuerbach in die Waagschale geworfene Argument, dass der Täter sich sonst gezwungen sehen könnte, weiterzuhandeln, weil durch die Aufgabe «nichts Großes mehr zu gewinnen und durch Vollendung der Tat nichts Bedeutendes mehr zu verlieren» habe, tritt dahinter zurück. In unserem Fall stellt sich die Frage freilich nicht, denn Rose hat den Harnisch bereits erschossen.

13. Täterschaft und Teilnahme

So lautet die Überschrift des dritten Titels vom zweiten Abschnitt im allgemeinen Teil des Strafgesetzbuches (StGB). Außerdem ist es ein beliebter Titel von juristischen Aufsätzen und Monographien, zum Beispiel von Herzberg.[15] Hier liegt auch das eigentliche Problem unseres Falles, das den «Rose-Rosahl-Fall» so berühmt gemacht hat. Alles andere war nur ein Vorgeplänkel dazu. Schließlich trägt der Fall nicht umsonst den Namen beider Hauptpersonen. Ginge es nur um die Bestrafung von Rose, so könnte er einfach «Rose-Fall» heißen. Genau wie der «Staschynskijfall» ja auch nach dem Schützen, dem russischen KGB-Agenten Staschynskij, benannt worden ist, der mit einer selbst gebastelten Giftpistole im Auftrag des Geheimdienstes in Deutschland ukrainische Exilpolitiker ermordet hat. Er trägt aber völlig zu Recht auch den Namen des Holzhändlers Rosahl zu Schliepzig bei Halle, der um das Jahr 1858 lebte. Seine Rolle in dem Ganzen ist jetzt zu untersuchen. Das Gesetz kennt zwei Arten von Täterschaft, Alleintäter und Mittäter, und zwei Formen der Teilnahme, Anstiftung und Beihilfe:

§ 25 StGB: *(1) Als Täter wird bestraft, wer die Straftat selbst oder durch einen anderen begeht. (2) Begehen mehrere die Tat gemeinschaftlich, so wird jeder als Täter bestraft (Mittäter).*

§ 26 StGB: *Als Anstifter wird gleich einem Täter bestraft, wer vorsätzlich einen anderen zu dessen vorsätzlich begangener rechtswidriger Tat bestimmt hat.*

§ 27 StGB: *(1) Als Gehilfe wird bestraft, wer vorsätzlich einem anderen zu dessen vorsätzlich begangener rechtswidriger Tat Hilfe geleistet hat. (2) Die Strafe für den Gehilfen richtet sich nach der Strafdrohung für den Täter. Sie ist nach § 49 Abs. 1 zu mildern.*

Das sind die Möglichkeiten, die es, von Feinheiten einmal abgesehen, gibt. Dazwischen gibt es eine Stufenfolge. Von oben nach unten nimmt die Intensität der Verstrickung in das Verbrechen ab. Die stärkste Form des Rechtsbruchs ist zuerst genannt, die schwächste, nämlich die Beihilfe, am Schluss. Deshalb wird der Gehilfe weniger hart bestraft als der Anstifter und der wiederum (in der Regel) milder als der Täter. Klettern wir die Stufenleiter einmal von unten nach oben herauf: Da ist zuerst die Beihilfe. Das Gesetz sagt, das ist jemand, der «Hilfe geleistet» hat. Rosahl hatte seinem Knecht die Waffe überlassen, mit der Rose geschossen hatte. Das ist ein typischer Fall von Hilfeleisten, keine Frage, das hat das Preußische Obertribunal auch so entschieden. Schwierig würde es erst dann, wenn Rose das Gewehr nicht benutzt hätte, das Rosahl ihm gegeben hat. Vielleicht weil er doch lieber die Pistole benutzt, die er zur Sicherheit auch noch mitgenommen hat. Ist das dann eine Beihilfe, wenn doch aus der Waffe gar nicht geschossen wurde? Oder der Gehilfe trägt für den Einbrecher eine Leiter, aber der braucht gar nicht durchs Fenster zu steigen, weil die Haustür unverschlossen ist. Ist das eine Beihilfe?

Die Literatur sagt nein, weil es zum Erfolg nichts beigetragen hat. Man kann auch sagen, es ist nicht «kausal» geworden. Da haben wir sie wieder, die Kausalität, über die wir uns schon den Kopf zerbrochen haben. Sie taucht, in anderem Gewand, immer wieder auf. Aber man muss sich darüber klar sein, dass es dann vom Zufall abhängt, ob einer bestraft wird oder nicht. Wer kann schon vorhersehen, dass die Türe offen steht. Normalerweise ist so etwas wenigstens ein Versuch und kann bestraft werden. Bei der Beihilfe ist der Versuch aber im Gegensatz zur Anstiftung nicht strafbar. Darum sind die Richter weniger streng mit den Voraussetzungen und sagen, jedes Hilfeleisten reicht aus, wenn es die Tat nur «gefördert» hat. Hilfeleisten sei ja sowieso nur eine Tätigkeit. Also komme es mehr auf die Handlung an als auf den Erfolg. So kann man es auch sehen. Und schließlich haben sie noch die «psychische Beihilfe» erfunden. Damit ist gemeint, dass es schon ausreicht, wenn der Täter sich nur wohler fühlt in seiner Haut, weil jemand dabei ist, der ihn in seinem Handeln bestärkt. Also auf jeden Fall Beihilfe, denn das hat Rosahl sicher getan.

Die nächste Stufe ist dann die Anstiftung. Die etwas altertümliche Formulierung – einen anderen zu dessen vorsätzlich begangener rechtswidriger Tat «bestimmen» – soll heißen, dass er den

Entschluss zur Tat in ihm geweckt hat. Das hat Rosahl auch getan. Zur Erinnerung, er hat gesagt: «Ich gäbe gleich etwas darum, wenn er weg wäre, ich gäbe dir dreihundert Reichsthaler und einen Reichsthaler die Woche, wenn du ihn wegbringst.» Anstiftung! Das reicht. Deutlicher muss er nicht werden. Aus dem Zivilrecht sind wir es gewohnt, zwischen den Zeilen zu lesen. Wir wissen, dass man auch «konkludent» sagen kann, was man will. Der Entschluss kann allerdings nur in einem geweckt werden, der nicht schon von sich aus fest zur Tat entschlossen ist. Hätte Rose sowieso schon den Plan gefasst, den Schliebe umzubringen, weil er einen Hass auf ihn hatte, dann könnte er nicht mehr angestiftet werden. So jemanden nennt man einen «omnimodo facturus». Man kann es übersetzen mit «einer, der es sowieso tun wird». Letztlich wieder eine Frage der Kausalität, weil die Ursache schon da ist. Dann bleibt nur der Versuch einer Anstiftung, der strafbar ist:

§ 30 Abs. 1 StGB: *Wer einen anderen zu bestimmen versucht, ein Verbrechen zu begehen oder zu ihm anzustiften, wird nach den Vorschriften über den Versuch des Verbrechens bestraft. ...*

«Zu bestimmen versucht anzustiften», das ist übrigens die sog. Kettenanstiftung: A stiftet B an, C zu einem Verbrechen anzustiften. Sogar das hat das Gesetz bedacht. Außerdem bleibt noch die «psychische Beihilfe», denn auch ein «omnimodo facturus» kann noch in seinem Entschluss «bestärkt» werden, die Tat zu begehen. Aber wie läge es, wenn Rose zwar fest entschlossen war, Schliebe zu erschießen (Totschlag), Rosahl ihn aber überredet, ihn lieber mit Benzin zu übergießen und anzuzünden (Mord). Das Stichwort heißt «Hochstiftung». Einer soll mehr tun, als er ursprünglich vorhatte. Hat er ihn nun in vollem Umfang angestiftet oder ist das eher nur psychische Beihilfe? Man kann es sich auch umgekehrt vorstellen: Rose ist zum Totschlag fest entschlossen und Rosahl meint, ein Schuss ins Bein (Körperverletzung) genügt als saftige Abreibung. Stichwort «Abstiftung», eigentlich gibt es an der Anstiftung zur Körperverletzung nichts herumzudeuten. Aber man muss sich doch sagen, immer noch besser ein Schuss ins Bein als tot.

Das sind die Probleme bei der Anstiftung. Es gibt noch mehr. Eines, das besonders aktuell ist, weil man damit versucht, die organisierte Kriminalität in den Griff zu bekommen, ist der polizeiliche

«Lockspitzel». Das ist ein Spitzel, der andere in eine Falle «lockt». Gemeint ist ein V-Mann[16], der die Bandenmitglieder zum Schein zu einem Rauschgift- oder Waffenhandel überredet, um sie dann auf frischer Tat festzunehmen. Man behilft sich mit einer Konstruktion, die wir uns im Hinblick auf die sog. Akzessorietät der Anstiftung merken müssen. Akzessorietät bedeutet: Es gibt keine Anstiftung ohne Haupttat, zu der angestiftet werden soll. Wer einen anderen «zu dessen vorsätzlich begangener rechtswidriger Tat» bestimmt, sagt das Gesetz. Die Anstiftung ist ein Anhängsel zur Haupttat, eben «akzessorisch». Daraus folgt, dass der Anstifter beides wollen muss, die eigene Anstiftungshandlung und dass die Haupttat ausgeführt wird (sog. Doppelvorsatz). Fehlt eines der Elemente, gibt es keine Anstiftung. Man sagt nun, der Lockspitzel will ja gar nicht, dass die Haupttat durchgeführt wird, darum liegt keine Anstiftung vor.

Fassen wir unser Ergebnis zusammen: Rosahl hat sich der Beihilfe schuldig gemacht und ist Anstifter. Ob er wegen beidem bestraft wird, ist eine andere Frage, genau genommen eine Frage der Konkurrenzen, wie wir schon wissen. Es handelt sich wieder um einen Fall der «Subsidiarität» – wie schon der Versuch zur Vollendung oder die Körperverletzung zur Tötung. Die Anstiftung ist zur Beihilfe ein Mehr, die Beihilfe ist als Minus in der Anstiftung enthalten, sagt man. Aber normalerweise prüft man es erst gar nicht so, sondern sagt gleich, einer ist Anstifter, Täter oder Gehilfe. Doch wir haben uns noch gar nicht gefragt, ob Rosahl nicht etwa Täter ist. Vielleicht hat er den Gymnasiasten Ernst Harnisch umgebracht?

14. Von Tätern, mittelbaren Tätern und Tätern hinter dem Täter

Im Grunde ist es ganz einfach: Begehe ich einen Einbruch, bin ich der (Allein-)Täter. Gibt mir einer den Tipp, wo was zu holen ist, ist er der Anstifter; macht er dabei mit, dann sind wir beide (Mit-)Täter, und wenn einer Schmiere steht, dann ist er Gehilfe. Jeder hat diese Begriffe schon einmal gehört, und die meisten können sich auch etwas darunter vorstellen. Manchmal fällt die Entscheidung aber gar nicht so leicht, ob nun einer Mittäter oder bloß Gehilfe ist. Zum Beispiel dann, wenn der, der Schmiere steht, hinterher ein Drittel der Beute bekommt. Was dann? Man wird dazu neigen, zu sagen, alle drei sind Mittäter, wenn jeder ein Drittel bekommt. Aber wie soll man es begründen? Es kann ja auch sein, dass einer den Dienst aus reiner Freundschaft tut und nichts dafür nimmt. Trotzdem ist er vielleicht derjenige, der die Haustür aufbricht und den Tresor knackt. Überhaupt arbeiten alle Hand in Hand, der eine trägt das Werkzeug, der andere benutzt es. Der Erste schlägt ein Fenster ein, der Zweite räumt den Geldschrank aus. Hat der erste eine Sachbeschädigung begangen und der zweite einen Diebstahl? Oder sind beide für beides verantwortlich zu machen?

Es gibt zwei ganz unterschiedliche Ansatzpunkte. Nur wenn man sich das überlegt hat, kann man verstehen, wie einer darauf kommen kann, Rosahl sei in Wahrheit der Täter. Entweder man betrachtet nur den Beitrag, den jeder wirklich geleistet hat. So die formal-objektive Theorie, das war der Ansatz der Rechtslehre bis etwa 1930. Seitdem ist sie in dieser Form aufgegeben. Oder man richtet sich danach, was einer davon hat, welches Interesse er an der Tat hat. Das ist die sog. subjektive Theorie, der die Rechtsprechung noch immer anhängt und die in ihrer extremen, heute nicht mehr vorkommenden Ausprägung zu Ergebnissen geführt hat, die die Dinge geradezu auf den Kopf stellten. Der «Badewannenfall», *Entscheidungen des Reichsgerichts in Strafsachen,* 74. Band, Seite 84: Uneheliche Kinder waren damals eine Schande für das ganze Dorf, darum hatte der Bauer seinen Töchtern angedroht, dass er sie aus dem Haus jagen werde, wenn das noch einmal passiere. Deshalb brachte die zweite ihr Kind heimlich zur Welt. Weil sie selbst zu schwach ist, drängt sie ihre Schwester, das Neugeborene in der Badewanne zu ertränken. Aus Mitleid mit der Mutter tut sie es. Damals stand auf Mord die Todesstrafe. Für die Mutter gab es aber damals eine Milderung («Privilegierung»):

§ 217 Abs. 1 StGB a. F.: *Eine Mutter, welche ihr nichteheliches Kind in oder gleich nach der Geburt tötet, wird mit Freiheitsstrafe nicht unter drei Jahren bestraft.*

Heute befindet sich an dieser Stelle im Gesetz eine Lücke. Die Vorschrift wurde abgeschafft, weil sie nur für die Tötung nichtehelicher Kinder galt und deshalb die nichtehelichen Kinder gegenüber den ehelichen benachteiligte. Freilich ging es weniger um die nichtehelichen Kinder, sondern um Nachsicht mit der nichtehelichen

Mutter und ihre besondere affektähnliche Situation «in oder gleich nach der Geburt». Um eine Benachteiligung zu vermeiden, hätte man auch alle Mütter in dieser Situation privilegieren können. Das wäre sinnvoller gewesen. Aber das galt nur für die Mutter, nicht für die Schwester. Um sie vor der Todesstrafe zu bewahren, wandte das Reichsgericht die «extrem-subjektive Theorie» an und sah die Mutter als Täterin und die Schwester nur als Gehilfin an. Weil sie kein eigenes Interesse an der Tat hatte. Das ist der Hintergrund, vor dem die subjektive Theorie entwickelt wurde.

Das zweite berühmte Beispiel, das man dazu kennt, war der «Staschynskijfall». Dass man jemanden mit eigener Hand töten konnte, ohne Täter zu sein, hatte ja schon das Reichsgericht entschieden. Auch der Bundesgerichtshof argumentierte nun damit, dass der russische Agent die Tat ja nicht «als eigene» gewollt habe. Er habe dabei gar keinen «Täterwillen» (animus auctoris) gehabt, das ist die sog. «Animus»-Formel, seine Einstellung zur Tat sei vielmehr die eines Gehilfen, der nicht im Eigeninteresse, sondern in fremdem Interesse handele. Obwohl er die Ukrainer mit einer raffiniert konstruierten Giftpistole eigenhändig erschossen hatte, war Staschynskij nur Gehilfe, sagte der Bundesgerichtshof, Täter war Alexander Scheljepin, der Chef des KGB, und an den kam man eh nicht dran. Das führte schließlich dazu, dass es in der Nazizeit nur noch einen Täter gab, Adolf Hitler, und sechzig Millionen Gehilfen, wie Jürgen Baumann einmal gesagt hat. Darin lag die eigentliche Bedeutung des Falles. Für die vielen Nazischergen war es der Präzedenzfall, auf den sie sich berufen konnten. Überträgt man diese Rechtsprechung auf den Rose-Rosahl Fall, dann ist gar nicht Rose der Mörder, sondern der Holzhändler Rosahl. Wir hätten ganz anders bei der strafrechtlichen Prüfung vorgehen müssen. Alles mit vertauschten Rollen. Da Rose die Tat nicht «als eigene» wollte, hatte er nur Teilnehmerwillen (animus socii). Täterschaft und Teilnahme werden dadurch fast zu beliebig austauschbaren Begriffen, ohne jede Konturen. Heute, sagt man, ist die extrem-subjektive Theorie mit dem Gesetz nicht mehr vereinbar, weil es den § 25 Abs. 1 StGB gibt, den wir schon hatten:

§ 25 Abs. 1 StGB: *Als Täter wird bestraft, wer die Straftat selbst oder durch einen anderen begeht.*

Wer die Tat selbst begeht, wer den Finger am Abzug hat, der ist Täter, daran gibt es nichts herumzudeuten, aber was bedeutet die andere Möglichkeit, «wer die Tat durch einen anderen begeht.» Könnte man nicht sagen, der Holzhändler Rosahl hat die Tat durch seinen Knecht Rose begangen? Nein, das geht nicht. Denn das setzt voraus, dass der eine nicht schon selbst Täter, sondern nur das Werkzeug des anderen ist. Zum Beispiel sagt einer zu einem Kind: «Sei so nett, krabbele durch den Zaun und bring dem Onkel den Ball». Dann begeht das Kind keinen Diebstahl, weil es nicht schuldfähig ist (und den Ball außerdem nicht für sich selbst will), es ist nur der verlängerte Arm des Täters. Das wäre so ein Fall.

Oder dieser: Zwei Wilderer, Rose und Rosahl, streifen abends durch den Wald. Rosahl hat es aber gar nicht auf den Hirsch abgesehen, sondern auf seinen Erzfeind Schliebe. Als er einen Menschen daherkommen sieht, sagt er zu Rose: «Schau, ein Hirsch! Drück ab, bevor er im Dickicht verschwindet!» In dem Glauben, es handele sich um einen Hirsch, gibt Rose den Schuss ab. Rose kann nicht der Mörder sein, denn ihm fehlt der Vorsatz dazu; er wollte ein Wild erlegen. Rosahl ist der Täter; er hat den Rose nur benutzt; man sagt, er ist mittelbarer Täter und Rose sein Tatmittel, wie eine Waffe oder ein anderes Werkzeug, das zur Tötung benutzt wird. Und zum Schluss noch ein Gedankenspiel: Rosahl weiß, dass sein Knecht Rose einem Nebenbuhler auflauert, um ihn zu töten. Dieser trifft sich nämlich jeden Abend zur selben Zeit an einer Wegeskreuzung mit seiner Geliebten. Darum bestellt Rosahl den Schliebe genau zu dieser Zeit unter einem Vorwand in den Wald und sorgt dafür, dass der Liebhaber zu Hause bleibt, damit statt seiner Schliebe in die Falle geht. So geschicht es. Mittelbare Täterschaft wäre es, wenn dem Rose aufgrund der Verwechslung der Vorsatz fehlte, den Schliebe zu töten. Wir wissen aber inzwischen, dass der «error in persona» den Tötungsvorsatz unberührt lässt. Darum gibt es schon einen Täter, den Rose, und für die mittelbare Täterschaft bleibt kein Raum. Rosahl hätte sich nicht strafbar gemacht, weil er geschickt genug war, sich nicht die Finger schmutzig zu machen. Kann das rechtens sein? Daher hat man die Figur des «Täters hinter dem Täter» erfunden.

In dem Fall, den das Preußische Obertribunal 1859 zu entscheiden hatte, hat es sich aber nicht so abgespielt. Es war ganz klar, dass Rosahl der Anstifter und sein Knecht der Täter war, die Frage war eine andere, wie wir noch sehen werden, doch zuvor noch einmal der Mordtatbestand.

15. Die gekreuzten Mordmerkmale

Hat Rosahl den Rose nun eigentlich zu einem Mord angestiftet oder nur zu einem Totschlag? Am einfachsten wäre es, den Anstifter immer wie den Täter zu bestrafen. Begeht der Täter einen Mord, haftet der Anstifter wegen Anstiftung zum Mord. Begeht er einen Totschlag, dann ist es Anstiftung zum Totschlag. Die Unterschiede sind enorm, lebenslänglich oder ein paar Jahre. Doch was kann der Anstifter dafür, ob der Täter nun einen Mord oder einen Totschlag begeht?

§ 211 Abs. 2 StGB: *Mörder ist, wer aus Mordlust, zur Befriedigung des Geschlechtstriebes, aus Habgier oder sonst aus niedrigen Beweggründen, heimtückisch oder grausam oder mit gemeingefährlichen Mitteln oder um eine andere Straftat zu ermöglichen oder zu verdecken, einen Menschen tötet.*

Einige dieser Mordmerkmale beschreiben die Tat, wie einer sein Opfer umbringt (tatbezogene Mordmerkmale), andere Merkmale kennzeichnen eher den Täter, warum er es tut und was seine Motive sind (täterbezogene Mordmerkmale). Uns interessieren hier nur letztere. Daran wird nämlich besonders deutlich, dass es ungerecht wäre, den Anstifter dafür zu bestrafen, dass der andere aus Mordlust handelt. Denn dafür kann er nichts. Das Gesetz nimmt darauf Rücksicht und bestimmt:

§ 29 StGB: *Jeder Beteiligte wird ohne Rücksicht auf die Schuld des anderen nach seiner Schuld bestraft.*

§ 28 StGB: *(1) Fehlen besondere persönliche Merkmale (…), welche die Strafbarkeit des Täters begründen, beim Teilnehmer (Anstifter oder Gehilfe), so ist dessen Strafe (…) zu mildern.*

(2) Bestimmt das Gesetz, dass besondere persönliche Merkmale die Strafe schärfen, mildern oder ausschließen, so gilt das nur für den Beteiligten (Täter oder Teilnehmer), bei dem sie vorliegen.

Nun braucht man sich nur noch zu entscheiden, ob die Mordmerkmale Schuldmerkmale sind, das sagt ein Teil des Schrifttums, ob sie besondere persönliche Merkmale sind, die die Strafe begründen, das sagt die Rechtsprechung, oder ob sie die Strafe schärfen, das sagt die Strafrechtslehre. Hier wirkt sich aus, ob Mord im Verhältnis zum Totschlag ein Delikt «eigener Art» (delictum sui generis) ist, wie die Rechtsprechung annimmt, oder nur ein verschärfter Fall des Totschlags («Qualifikation»), wie die Lehre meint. Auf den ersten Blick scheint das Ergebnis immer das gleiche zu sein, ist es aber nicht. Das liegt an den verschiedenen Formulierungen der Paragrafen. Gesetzt den Fall, der Täter erfüllt keines der Mordmerkmale, weil er wie die Bauerstochter aus Mitleid tötet, dafür handelt der Anstifter aber aus Mordlust (täterbezogenes Mordmerkmal). Obwohl ein Mordmerkmal bei ihm vorliegt, kann er nach der Rechtsprechung nur wegen Anstiftung zum Totschlag bestraft werden, weil auf Merkmale, «welche die Strafbarkeit begründen», der Absatz 1 anwendbar ist, der aber nur eine Regelung für den umgekehrten Fall enthält, dass dem Teilnehmer ein Mordmerkmal fehlt. Nach den anderen beiden Meinungen kann der Täter wegen Totschlags und der Anstifter wegen Anstiftung zum Mord bestraft werden. Jedem das Seine – «sui suum»,[17] sagten die Römer und sahen darin ein Gebot der Gerechtigkeit. Das ermöglichen die beiden anderen Meinungen.

Richtig kompliziert wird es, wenn der eine das eine Mordmerkmal erfüllt und der andere ein anderes. Das sind die «gekreuzten Mordmerkmale». Wenn man sich jetzt vorstellt, dass auch noch tatbezogene mit täterbezogenen Mordmerkmalen kombiniert auftreten können, dann muss man ziemlich tüfteln, um alle Kombinationsmöglichkeiten zu erfassen. Dann kann die Situation entstehen, dass der Anstifter ein (tatbezogenes) Mordmerkmal erfüllt, beispielsweise zu einer Tötung mittels eines Bombenanschlags anstiftet (gemeingefährliches Mittel), ohne dafür bestraft werden zu können, weil der Täter nur ein anderes (täterbezogenes) Mordmerkmal verwirklicht, das dem Anstifter nicht zugerechnet werden kann. Das kommt jedenfalls heraus, wenn man der Literatur folgt. Halt, sagt nun aber wieder die Rechtsprechung, jedem das Seine, und verweigert die eigentlich bei Anwendung von Absatz 1 vorgeschriebene Strafmilderung, Mordmerkmal ist Mordmerkmal, «sui suum».

Wir haben es da einfacher, wenn Rose nur einen Mord aus Habgier begangen hat, dann kann dem Anstifter Rosahl dieses täterbezogene Mordmerkmal nach allen drei Ansichten im Ergebnis nicht angelastet werden. Wenn man darüber hinaus einen heimtückischen Mord bejaht, was wir oben diskutiert haben, dann war es nach allen drei Ansichten eine Anstiftung zum Mord. Denn «Heimtücke» ist nach herrschender Auffassung kein täterbezogenes, wie man vielleicht meinen könnte, sondern ein tatbezogenes Mordmerkmal, für das – wiederum nach herrschender Auffassung – keiner der beiden Paragrafen gilt und das dem Teilnehmer, der davon weiß, unproblematisch zugerechnet wird.

16. Das Urteil des Preußischen Obertribunals

Anstiftung zum Mord an Harnisch? Sollte Rosahl seinen Knecht wirklich zum Mord an Harnisch angestiftet haben? Hat er nicht ausdrücklich gesagt, bring den Schliebe um: «Ich gäbe gleich etwas darum, wenn Schliebe weg wäre, dass ich nichts mehr mit ihm zu tun hätte.» – *Schliebe*, nicht Harnisch! Zum Mord an Schliebe hat er den Rose angestiftet, aber dazu ist es nicht gekommen. Man kann sich allenfalls darüber streiten, ob es eine versuchte Anstiftung ist oder eine Anstiftung zum Versuch. Das hängt davon ab, ob in der Ausführung des Falschen der Versuch des Richtigen liegt. Denn ohne den Versuch keine Anstiftung zum Versuch (Akzessorietät!). Darüber kann man sich unterhalten. Um konsequent zu sein, können wir uns hier nicht anders entscheiden als oben und kommen nur zu einer versuchten Anstiftung (die, wie wir wissen, strafbar[18] ist).

Man kann es auch anders sehen. Wenn man in der Tötung des Harnisch einen Mordversuch an Schliebe sieht, dann kommt man zu einer Anstiftung zum Versuch. Auch das gibt es: Der vollständige Tatbestand heißt dann § 211 in Verbindung mit §§ 22, 23 in Verbindung mit § 26 StGB. So kann man es auch machen. Man sagt also, jedem Mord geht ein Mordversuch voraus, also ist in der Anstiftung zum Mord auch die Anstiftung zum Mordversuch enthal-

ten. In beiden Fällen ist die Strafe aber sehr viel geringer als bei Anstiftung zum Mord, weil beide Male gemildert wird. Lesen wir die
Vorschrift einmal, auf die nun schon mehrfach verwiesen wurde:

§ 49 Abs. 1 Nr. 1 StGB: *Ist eine Milderung nach dieser Vorschrift vorgeschrieben oder zugelassen, so gilt für die Milderung folgendes: An die Stelle
von lebenslanger Freiheitsstrafe tritt Freiheitsstrafe nicht unter drei Jahren (...).*

Das Preußische Obertribunal hat Anstiftung zum Mord angenommen und damit eine heftige, über 130 Jahre währende Diskussion ausgelöst. Es geht um die diffizile Frage, wie sich die
Personenverwechslung des Vordermannes auf den Anstifter, den
Hintermann, auswirkt. An sich klingen die Erwägungen des Obertribunals ja ganz einleuchtend. Wenn der «error in persona» für den
Täter unbeachtlich ist, ist nicht einzusehen, warum er den Anstifter
entlasten soll. In gewisser Weise ist er schließlich der Hauptverant-
wortliche. Darum sagt das Gesetz auch, er solle «gleich einem Täter», also wie ein Täter bestraft werden. Vor allem erscheint es aber
auch gerecht so, wenn man bedenkt, dass dem Rosahl der gleiche
Fehler unterlaufen wäre, wenn er an der Stelle des Rose gewesen
wäre. Warum sollte er einen Vorteil davon haben, dass er sich eines
anderen bediente, statt sich selbst die Finger schmutzig zu machen,
oder, wie Berner es 1861 in den *Grundsätzen des Preußischen Strafrechts* ausdrückte, dass er nicht «der eigenen Hand und des eigenen
Auges, sondern der Hand und des Auges eines anderen sich bedient»? Deshalb kam das Gericht zu der Überzeugung, der «error
in persona» müsse beim Vordermann genauso «unbeachtlich» sein
wie beim Hintermann.

Um die Jahrhundertwende sah man das auch noch als eine notwendige Folge der Unselbständigkeit der Anstiftung, also ihrer ak-
zessorischen Natur, an. Damals war für die Juristen klar, dass es
keinen Einfluss auf die Anstiftung haben konnte, wenn es keinen
Einfluss auf die Haupttat hatte. Noch 1909 vermochte es Coenders
nicht zu begreifen, wieso man den Irrtum beim Anstifter «überhaupt noch einer eigenen Untersuchung, nach selbständigen Grundsätzen» unterzieht. Damals verstand man die «Akzessorietät der
Teilnahme» aber auch ganz anders als heute. Heute bedeutet sie
nicht mehr und nicht weniger, als dass die Anstiftung eine «vorsätz-

lich begangene rechtswidrige Tat» voraussetzt. Das ist aber kein Grund dafür, beide über einen Kamm zu scheren. Die Auffassung des Gerichts wäre nur dann richtig, wenn es sich auch beim Anstifter um einen «error in persona» handelte. Dann wäre die Personenverwechslung nach den Grundsätzen, die wir uns oben erarbeitet haben, in der Tat ohne Bedeutung. Schaut man aber genau hin, dann ergibt sich, dass es bei ihm gar kein «error in persona» ist. Ein «error in persona» wäre es, wenn Rosahl dabei gewesen wäre, wenn er hinter Rose gestanden hätte und ihm zugeflüstert hätte: «Schieß' los, dort kommt der Schurke!» So verbildlicht es Geyer in *Holtzendorffs Handbuch* von 1871. Ein «error in persona» wäre es auch gewesen, wenn Rosahl seinem Knecht befohlen hätte, erschieß den, der um Punkt 9 Uhr von Schliepzig nach Lieskau auf dem Weg entlanggeht. Dann würde der Umstand, dass das nicht der Schliebe war, sondern der Harnisch, seine Strafbarkeit unzweifelhaft nicht weiter beeinflussen.

Ein solcher Fall findet sich übrigens in Schillers Gedicht «Der Gang nach dem Eisenhammer». Als der Graf von Savern seinen Leuten befahl: «Den ersten den ich sende her, den werft mir in die Hölle dort», und dabei glaubte, den Befehl zur Ermordung des Fridolin gegeben zu haben, während er in Wahrheit befahl, den Robert zu ermorden, da befand er sich in einem «error in persona».

Aber dann wäre es auch keine Überschreitung des Tatplans gewesen, wenn er nur das getan hätte, was ihm aufgetragen war. Das Fachwort dafür, dass einer mehr tut als verabredet war, ist «Exzess» (von «excedere»,[19] lat. über etwas hinausgehen, hervorstehen, herausragen): A, B und C begehen gemeinsam einen Einbruchsdiebstahl (Mittäter); A bricht die Haustür auf, und B klaut die Bilder von der Wand. Jedem wird jetzt das zugerechnet, was der andere getan hat. Ohne dass A ein Bild auch nur angerührt hätte, wird er für den Kunstdiebstahl und B für die Sachbeschädigung mitverantwortlich gemacht. Das ist das Wesen der Mittäterschaft. Wenn C aber das Dienstmädchen vergewaltigt, nachdem er sie verabredungsgemäß gefesselt hat, dann werden A und B für diesen «Mittäterexzess» nicht zur Rechenschaft gezogen.

Die Frage ist nur, ob es auch ein Exzess ist, wenn er den Plan aus Versehen überschreitet. Dazu ein Beispielsfall, der seinerzeit, genau hundert Jahre nach der Entscheidung des Preußischen Obertribunals, also im Jahre 1958, viel Aufsehen erregt hat: A, B und C nehmen sich vor, im Falle der Entdeckung rücksichtslos auf Verfolger zu schießen. Sie werden entdeckt und flüchten. Dabei schießt A auf eine Person, die hinter ihm herläuft und die er für einen Verfolger hält. Das war aber kein Verfolger, sondern B, sein Komplize. Der Bundesgerichtshof hat A wegen versuchten Mordes («error in persona») und B als Mittäter wegen versuchten Mordes an sich selbst verurteilt.[20] Ein überraschendes Ergebnis, wenn man bedenkt, dass es nicht strafbar ist, sich selbst zu töten.

17. Der Selbstmord

Dazu muss man wissen, dass (versuchte) Selbstmorde immer wieder Anlass zu Diskussionen bieten. Strafrechtliche Probleme entstehen immer dann, wenn mehrere beteiligt sind. Da gibt es zum Beispiel den «einseitig fehlgeschlagenen Doppelselbstmord». So was kommt öfter vor, als man denkt; meistens sind es Liebespaare, die in ihrem Leben keinen Sinn mehr sehen und deshalb gemeinsam aus dem Leben scheiden wollen. Das Reichsgericht hatte 1921 so einen Fall zu entscheiden: Der junge Mann hatte Türen und Fenster verschlossen und alle Gashähne geöffnet; das Mädchen hatte Tür- und Fensterritzen mit feuchten Tüchern verstopft. Bei ihrer Entdeckung konnte nur noch der Mann gerettet werden. Dafür wurde er für die Tötung seiner Freundin bestraft, allerdings nicht wegen Mordes oder Totschlags, sondern aufgrund eines anderen Straftatbestandes, der durch den Arzt Julius Hackethal in die Diskussion geraten ist:

§ 216 Abs. 1 StGB: *Ist jemand durch das ausdrückliche und ernstliche Verlangen des Getöteten zur Tötung bestimmt worden, so ist auf Freiheitsstrafe von sechs Monaten bis zu fünf Jahren zu erkennen.*

Im neunzehnten Band seiner Entscheidungen in Strafsachen musste sich der Bundesgerichtshof mit einem ähnlichen Fall befassen: Diesmal hatten beide sich bei laufendem Motor in ein Auto gesetzt, in das sie die Abgase eingeleitet hatten. Das Mädchen starb an einer Kohlenmonoxydvergiftung. Ihr Freund wurde gerettet, als er schon bewusstlos war. Bis dahin hatte er aber im Leerlauf das

Gaspedal heruntergetreten. Deshalb verurteilte ihn der Bundesgerichtshof. Die Rechtsfrage ist dann immer die, ob das die (strafbare) Tötung eines anderen oder nur eine (straflose) Beihilfe zu dessen Selbstmord ist. Das tragischste daran ist wohl, dass der Täter mit dem Tod seiner Freundin bereits genug gestraft ist, als dass es noch der Strafgerichte bedürfte. Wenn er vorher schon seinem Leben ein Ende machen wollte, dann hat er nun noch einen Grund mehr.

Die ganze Unsicherheit im Umgang mit dem Selbstmord offenbart folgender, so oder so ähnlich immer wieder vorkommender, heftig diskutierter Fall: Eine unheilbar an Krebs erkrankte Frau bittet ihren Mann, der sie innig liebt, ihr eine Überdosis Schlaftabletten zu besorgen. Bis hierhin ist es eine Beihilfe zum Selbstmord. Dieser wird vom Deliktstatbestand des Totschlags (oder des Mordes) nicht erfasst, obwohl genau genommen dort nicht davon die Rede ist, dass ein «anderer Mensch» das Opfer sein muss.[21] Ist aber der Selbstmord nicht strafbar, so ist es die Beihilfe auch nicht, weil es an der rechtswidrigen Haupttat fehlt (Akzessorietät!). Nun nimmt sie die Tabletten in Gegenwart ihres Mannes ein, der nicht die Kraft hat, sie daran zu hindern. Immer noch nicht strafbar! Nach den Regeln des Strafrechts zwar eigentlich eine Tötung durch Unterlassen, aber der Bundesgerichtshof hat sich nach langem Schwanken dazu durchgerungen, Freunden und Verwandten zuzugestehen, dass sie den «freiverantworteten» Selbstmordentschluss des Angehörigen respektieren. Jetzt vergehen aber einige Stunden zwischen dem Eintritt der Bewusstlosigkeit und dem Tod, in denen der Ehemann geduldig bei seiner Frau ausharrt. Nun hat er sich nach der Rechtsprechung des Bundesgerichtshofes strafbar gemacht! Warum? Weil ein «freiverantworteter Selbstmord» nicht mehr vorliegt. Weil die Frau das Bewusstsein verloren hat und ihr Tod nicht mehr von ihr selbst, sondern nur noch von ihrem Ehemann abhängt, der für ihren Schutz verantwortlich ist. Die Kritiker haben es überspitzt so formuliert: Man darf dem Selbstmörder den Strick reichen, an dem er sich aufhängt, man muss ihn aber losschneiden, sobald er sich daran aufgehängt hat.

Das ist also der Hintergrund, vor dem die Entscheidung zu sehen ist, in der der eigene Mittäter auf den Kumpanen schoss. Uns interessiert aber die Frage, ob es sich dabei um eine Überschreitung des Tatplans handelte. Denn schließlich sollte ja nur auf Verfolger geschossen werden, nicht auf die eigenen Leute. Wir erinnern uns, für einen «Exzess» müssen die anderen nicht einstehen, das ist allein die Sache dessen, der über den gemeinsamen Tatplan hinausgeht. Nein, sagten die Richter damals, der, der da geschossen hatte, hat ja den Plan gar nicht wirklich überschritten. Er wollte sich ja bloß genauso verhalten, wie es verabredet war. Viele sind da anderer Meinung, man könne dem B kaum unterstellen, dass er den Plan hatte, notfalls auch auf sich selbst zu schießen. Also gehört es auch nicht zum Plan, wenn A es tut. Die falsche Annahme, sich innerhalb des gemeinsamen Tatplans zu halten, könne nichts daran ändern, dass er es objektiv nicht getan hat.

So lag es auch im Rose-Rosahl-Fall: Rose wollte sich zwar an den Plan halten. Objektiv hat er es aber nicht getan. Denn Rose sollte nicht auf Gymnasiasten schießen. Aus Sicht des Rose lag ein unbeachtlicher «error in persona» und damit ein vollendeter Mord vor. Doch aus Sicht des Anstifters Rosahl lag ein «Exzess» vor, eine Tatplanüberschreitung. Rose hatte etwas anderes getan als er tun sollte. Wenn sich der Täter in einem «error in persona» befindet, dann wirkt sich das beim Hintermann nicht als «error in persona» aus – das hatten wir uns schon oben anhand von Schillers Gedicht klar gemacht –, sondern als eine «aberratio ictus», steht in den Lehrbüchern. Wir müssen uns daran erinnern, was das noch war. Man kann es sich mit dem Stichwort merken: «Daneben getroffen!» Beim «error in persona» trifft der Täter das anvisierte Ziel, bloß stellt sich hinterher heraus, dass es das falsche ist. Bei der «aberratio» trifft er dagegen nicht das anvisierte Zielobjekt, sondern ein anderes, nicht anvisiertes Objekt. Das sind die beiden Fälle, die es auseinander zu halten gilt. Wenn Rosahl nun seinen Knecht auf den Weg schickt, den Schliebe zu töten, und der lässt die Leiche des Harnisch zurück, dann ist das wie ein Pfeil, der, einmal abgeschossen, sein Ziel verfehlt und einen anderen getötet hat. Statt eines Pfeils hat hier ein menschliches Werkzeug sein Ziel verfehlt.

Die «aberratio ictus» ist aber anders zu behandeln als der «error in persona», nämlich als eine Kombination von Versuch und Fahrlässigkeit: Versuch hinsichtlich des nicht getroffenen und Fahrlässigkeit hinsichtlich des getroffenen Objekts. Also Versuch bezüglich des Schliebe und Fahrlässigkeit bezüglich der Person des Gymnasiasten Harnisch. – Unter diesem Aspekt kommt es darauf an, ob Rosahl nur vage, auf beide passende Beschreibungen gegeben hat und damit rechnen musste, dass auch Harnisch an besagtem Abend den Weg entlangkommen würde oder nicht. Wenn ja, dann hat er sich einer fahrlässigen Tötung schuldig gemacht:

§ 222 StGB: *Wer durch Fahrlässigkeit den Tod eines Menschen verursacht, wird mit Freiheitsstrafe bis zu fünf Jahren oder mit Geldstrafe bestraft.*

Im Fall des Bundesgerichtshofes von 1990, dem «neuen» Rose-Rosahl-Fall, hatte der Angeklagte den «St.» genaustens über die Gewohnheiten und das Aussehen seines Sohnes unterrichtet und ihm sogar ein Lichtbild vorgelegt, um jede Verwechslung auszuschließen. Sorgfältiger kann man nicht vorgehen. Fahrlässigkeit schied daher aus. In einem solchen Fall bliebe tatsächlich nur die versuchte Anstiftung, beziehungsweise die Anstiftung zum Versuch. So hat das Landgericht Bielefeld entschieden. Der Bundesgerichtshof änderte den Schuldspruch jedoch um in eine Anstiftung zum Mord und bezog sich dafür ausdrücklich auf die Entscheidung des Preußischen Obertribunals aus dem Jahre 1859. Viele Lehrbücher sind daraufhin umgeschrieben worden. Denn was der Bundesgerichtshof sagt, hat Gewicht. Dass dies dennoch nicht richtig sein kann, das hat Binding, einer der größten Juristen seiner Zeit, schon 1918, zwei Jahre bevor er im Alter von 79 Jahren in Freiburg gestorben ist, anhand eines Gedankenexperiments nachgewiesen. Man muss sich dazu vorstellen, dass Rose seinen Fehler bemerkt, nachdem er den Harnisch erschossen hat und sich erneut auf die Lauer legt, um die 300 Reichstaler doch noch zu verdienen. Jetzt erschießt er auch noch den Zimmermann. Dazu hat ihn Rosahl zweifellos angestiftet. Also Anstiftung zum Doppelmord. Anstiftung zu zwei Morden! Da würde sich Rosahl aber wundern, wenn ihm der Richter das sagte. Die Tötung eines Opfers ja gut, aber zwei?

Man kann es auch noch auf die Spitze treiben und annehmen, dass zunächst ein weiterer Gymnasiast daherkommt und Rose erneut einen Schüler erschießt, und noch einen und noch einen, ein Dutzend Male, bis endlich die ganze Klasse ausgelöscht ist – immer in dem Glauben, nunmehr den Richtigen vor sich zu haben. Dass das im wirklichen Leben kaum vorkommen wird, steht auf einem anderen Blatt, es ist jedenfalls denkbar. Eine Lösung, die aber nicht jedem denkbaren Fall gerecht wird, kann nicht richtig sein. Oder sollte Rosahl wirklich, um es in den Worten Karl Bindings zu sagen, für das gesamte «Gemetzel» verantwortlich gemacht werden? Nein, das wäre wohl falsch. Das würde auch der Bundesgerichtshof nicht machen, das hat er schon angekündigt. Aber dann stimmt etwas mit seiner Lösung nicht. Man hat das das Bindingsche «Blutbadargument» genannt. Also bleibt es dabei: Keine Anstiftung zum Mord, sondern bloß versuchte Anstiftung.

Das war ein harter Brocken, den wir uns da vorgenommen haben, das gesamte Strafrecht in nur zwei Kapiteln. Wir haben uns eine Atempause verdient. Darum bleiben wir noch beim Strafrecht, betrachten es aber im folgenden Kapitel einmal von einer anderen, der prozessualen Seite. Es geht um den Strafprozess.

Kapitel 5

Strafprozessrecht:
Die Früchte des vergifteten
Baumes

«On May 21, at 12:30 a.m. Patrolman Donavan, while on foot
patrol in the bus terminal Jamaica, Queens», so beginnt unsere
nächste Geschichte im Original. Denn es handelt sich um einen
U. S.-amerikanischen Fall, entschieden vom Supreme Court am
22. November 1967.[1] Aber wir wollen sie ins Deutsche übersetzen:
Am 21. Mai 1966 also, kurz nach Mitternacht, befand sich der
New Yorker Polizeibeamte Donavan auf Fußstreife im Busbahnhof Jamaica, Queens, als er eine Person sah, die sich rasch von einer
anderen Person entfernte, die mit einem tödlichen Messerstich im
Bauch zu Boden stürzte. Donavan verfolgte den Flüchtigen, einen
Mann namens Michael Gabbidon, und stellte ihn etwa siebzig Meter entfernt außerhalb des Bahnhofs, wo die Busse abfahren. Dieses
Gebiet liegt am Merrick Boulevard, gegenüber von einem öffentlichen Briefkasten. Gabbidon wurde in Begleitung des Polizei
beamten Donavan aufs Revier gebracht. Etwa zehn Minuten später
machte ein Zeuge die eingetroffenen Polizisten auf eine weitere
Person aufmerksam, die an der Messerstecherei beteiligt gewesen
war und die nun auf der anderen Straßenseite in nördlicher Richtung den Merrick Boulevard hinaufging. Es handelte sich um Fernando Soto. Nach ihm ist der Fall «The People of the State of New
York v. Fernando Soto», das Volk des Staates New York gegen[2]
Fernando Soto, benannt.

1. Der Briefkasten der U. S. Mail

Um zu der rechtlichen Problematik vorzustoßen, müssen wir die Geschichte weitererzählen. Patrolman Donavan hatte nämlich den Falschen gefasst. Es war nicht Gabbidon, sondern Soto, der den Toten vom Busbahnhof auf dem Gewissen hatte. Woher wir das wissen? Weder Donavan noch der unbekannte Augenzeuge hatten gesehen, wer zugestochen hat. Dafür kamen beide in Frage, vielleicht auch ein Dritter. Nun, wir wissen es, weil Soto gestanden hat. Das ist das eine. Das andere ist das Messer, die Tatwaffe. Darauf befinden sich seine Fingerabdrücke. Allerdings war das Messer verschwunden. Die Polizeibeamten haben es nicht bei der Leiche gefunden. Auch Soto hatte es nicht mehr bei sich, als er festgenommen wurde. Natürlich war ein «hot pursuit» – eine «heiße» Suche – nach der Mordwaffe im Gange, unter der Leitung eines stellvertretenden Staatsanwaltes. Aber auch sie hat das Messer nicht zu Tage befördert. Soto selbst hat der Polizei verraten, wo er es versteckt hat. Während Donavan den verdächtigten Gabbidon verfolgte, war Soto aus dem Bahnhofsgebäude ins Freie geflüchtet. Das Messer hatte er noch bei sich. Als die Polizei eintraf, musste er die blutverschmierte Tatwaffe natürlich schnell verschwinden lassen. Da wusste er sich nicht anders zu helfen, als das Messer in den Briefkasten am Merrick Boulevard zu werfen. Um 2:15 Uhr wird jener Briefkasten auf Ersuchen der Polizei durch die Post geöffnet. Darin befindet sich das Messer. Die Suche kann in Anwesenheit des stellvertretenden Bezirksstaatsanwalts abgebrochen werden. An dem Messer befinden sich, wie gesagt, die Fingerabdrücke von Soto. Außerdem klebt daran noch das Blut des Ermordeten.

Soto wird vor einem Gericht des Staates New York angeklagt. Er hat einen Menschen getötet. Das kann strafrechtlich Mord sein («murder») oder ein Totschlag («manslaughter»). Ja, auch das angloamerikanische Recht kennt diese Unterscheidung! Und die Bestrafung? In einigen Staaten der USA noch immer die Todesstrafe. In England seit dem «Murder (Abolition of Death Penalty) Act» von 1965 die lebenslange Freiheitsstrafe, wie bei uns. Außerdem liegt eine Körperverletzung vor (Durchgangsstadium), sogar eine gefährliche[3] (Messer) und eine Sachbeschädigung (Kleidung); all das haben wir in den vorangegangenen Kapiteln bereits gesehen. Auf diesem Gebiet liegt unser Problem nicht. Die Frage ist nicht, ob Fernando Soto sich strafbar gemacht hat und nach welchen Vorschriften, sondern ob er dafür auch verurteilt werden kann. Das ist eine ganz andere – prozessrechtliche – Frage. Sie betrifft das Strafprozessrecht. District Attorney Thomas J. Mackell und Assistant District Attorney of Queens County Arnold Taub vertreten die Anklage. Mord ist ein schweres Delikt, ein Kapitalverbrechen. Darum braucht Fernando Soto erst einmal einen Verteidiger. Das wäre bei uns nicht anders:

§ 140 Abs. 1 StPO: *Die Mitwirkung eines Verteidigers ist notwendig, wenn 1. die Hauptverhandlung im ersten Rechtszug vor dem Oberlandesgericht oder dem Landgericht stattfindet; 2. dem Beschuldigten ein Verbrechen zur Last gelegt wird (...).*

Man unterscheidet Pflichtverteidiger und Wahlverteidiger. Wenn er sich nicht selbst einen Anwalt nimmt (Wahlverteidiger), dann wird ihm ein Anwalt gestellt (Pflichtverteidiger). Das ist in Amerika übrigens genauso: In schweren Fällen soll der Bürger nicht allein gelassen sein; in weniger schwerwiegenden Fällen, vor dem Amtsgericht, kann sich der Angeklagte selbst verteidigen, wenn er will. Dort ist kein Anwalt vorgeschrieben. Die Verteidigung wird von Ortiz & Suarez, Brooklyn übernommen, dem Namen nach zu urteilen ebenfalls Amerikaner hispanischer Herkunft, von denen es viele in New York gibt.

§ 137 Abs. 1 StPO: *Der Beschuldigte kann sich in jeder Lage des Verfahrens des Beistandes eines Verteidigers bedienen. Die Zahl der gewählten Verteidiger darf drei nicht übersteigen.*

«In jeder Lage des Verfahrens», heißt es in der deutschen Strafprozessordnung (abgekürzt: StPO), die bis auf das Jahr 1877 zurückgeht, ausdrücklich. Im anglo-amerikanischen Recht ist das nicht viel anders, wenn auch dort vieles «Case-Law», zu deutsch «Fall-Recht», ist. Anders als bei uns ergibt sich das Recht dort nicht aus dem Gesetz, das irgendwo aufgeschrieben – niedergelegt, eben «gesetzt» – ist, sondern aus den Fällen selbst, die irgendwann entschieden wurden. Daran sind die Gerichte gebunden. Bei uns sind sie nur an das Gesetz gebunden, nicht an die vorhandene Rechtsprechung. Das ist prinzipiell ein großer Unterschied. Erstaunlich ist immer wieder, dass häufig bis ins Detail trotzdem dasselbe herauskommt.

2. Die Miranda-Rule

Die Verteidiger meinten, Fernando Soto könne für seine Tat nicht verurteilt werden. Das strafprozessrechtliche Problem lag nämlich darin, dass Fernando Soto, bevor er gegenüber der Polizei ein Geständnis ablegte, nicht über sein Schweigerecht belehrt worden war. In der berühmten Miranda-Entscheidung (Miranda v. Arizona, 1966) hatte der Supreme Court der Vereinigten Staaten kurz zuvor festgestellt, dass es das Recht jeder beschuldigten Person sei, «zu Beginn einer jeglichen Befragung» über seine verfassungsmäßigen Rechte belehrt zu werden. Diese Rechte sind das 6. und 14. Amendment (Zusatz) der US-Verfassung. Das 6. Amendment garantiert dem Beschuldigten das Recht, sich der Hilfe eines Verteidigers zu bedienen («the right (...) to have the assistance of counsel for his defence»). Daraus schloss das Gericht, dass die Person darüber aufgeklärt werden muss, «dass sie das Recht hat zu schweigen, dass jegliche Aussage, die sie macht, gegen sie verwendet werden kann und dass die Person das Recht hat, die Anwesenheit eines Anwalts, gleich ob Pflicht- oder Wahlverteidiger, zu verlangen» – übrigens auch, dass ihr ein Anwalt gestellt werden muss, wenn sie sich keinen leisten kann, was bei uns etwas anders ist. Das sind die sog. Miranda-Rules, die dort alle Polizisten auswendig lernen. Unterbleibt das Vorlesen der Beschuldigtenrechte, so kann dessen Aussage nämlich später im Prozess nicht gegen ihn verwendet werden. Darum die bekannte Szene aus amerikanischen Krimis, in der dem Beschuldigten seine Rechte schon über das Wagendach (des Autos, hinter dem er sich verschanzt hat) hinweg zugerufen werden, während die Schießerei noch im schönsten Gange ist.

Genützt hat es dem damaligen Beschuldigten, Miranda, übrigens nichts. Er wurde trotzdem verurteilt, saß seine Strafe ab und wurde kurz nach seiner Haftentlassung in einer Bar mit einem Messer erstochen. Die Ironie des Schicksals dabei war: Sein Mörder wurde anschließend nach den Miranda-Regeln belehrt, die ihm von einer kleinen viereckigen Karte vorgelesen wurden, schwieg und konnte deshalb nicht verurteilt werden. Bei uns gibt es dafür, wie für fast alles, einen Paragrafen:

§ 136 Abs. 1 StPO: *Bei Beginn der ersten Vernehmung ist dem Beschuldigten zu eröffnen, welche Tat ihm zur Last gelegt wird und welche Strafvorschriften in Betracht kommen. Er ist darauf hinzuweisen, dass es ihm nach dem Gesetz freistehe, sich zu der Beschuldigung zu äußern oder nicht zur Sache auszusagen und jederzeit, auch schon vor seiner Vernehmung, einen von ihm zu wählenden Verteidiger zu befragen (...).*

Das also ist die Belehrungspflicht. Sie gilt für den Richter in der Verhandlung,[4] den Staatsanwalt und die Polizei.[5] Das ist natürlich sehr hinderlich, wenn es darum geht, die Wahrheit herauszufinden. Der Wahrheitsfindung würde es viel besser bekommen, wenn der Beschuldigte redete. Aber die Erforschung der Wahrheit ist nur das eine. Sie ist schon wichtig, hat der Bundesgerichtshof gesagt, aber nicht «um jeden Preis». Das andere ist ein faires Verfahren – ein «fair trial», wie es die Engländer nennen, von denen wir das Wort übernommen haben. Das Schweigerecht ist eine große Errungenschaft des Rechtsstaates. Zeugen müssen, von einigen, aber sehr bedeutsamen Ausnahmen abgesehen, in denen Zeugnisverweigerungsrechte bestehen,[6] aussagen. Der Angeklagte darf dagegen schweigen. Dies folgt daraus, dass niemand Zeuge in eigener Sache sein muss, lateinisch: «nemo tenetur se ipsum accusare». Niemand muss sich selbst belasten. Das ergibt sich sogar aus der Verfassung, die sagt, dass die Bundesrepublik ein Rechtsstaat ist. Und auch die amerikanische Verfassung kennt dieses Recht. Totalitäre Staaten sind da nicht so penibel.

3. Von der Ordnungsvorschrift zum Beweisverbot

Nun war die Belehrung des Beschuldigten aber vergessen worden. Was dann? In Amerika liegt der Fall klar: Ohne Belehrung keine Aussage. Sogar wenn feststeht, dass der Beschuldigte seine Rechte kannte, können solche vor der Polizei gemachten Aussagen später im Prozess nicht gegen ihn verwendet werden. Auch das hat der Gerichtshof im Miranda-Urteil gesagt.[7] Der Bundesgerichtshof hat geschwankt. Zunächst war er der Auffassung, dass der Paragraf eine «bloße Ordnungsvorschrift» sei. Das soll heißen, man muss ihn befolgen, Ordnung muss sein, das schon, aber wenn nicht, auch nicht so schlimm. Die Lehre war da schon immer anderer Meinung. Schließlich ist der Bundesgerichtshof umgeschwenkt, und nun haben auch wir ein «Beweisverwertungsverbot» dafür. So heißt es nämlich, wenn etwas nicht als Beweis vor Gericht benutzt werden darf, obwohl es hervorragend dazu geeignet wäre.

Zum Beispiel im «Tagebuchfall»: Eine Junglehrerin war wegen Meineides angeklagt, sie hatte im Verfahren gegen ihren früheren Rektor falsch ausgesagt, der daraufhin freigesprochen wurde. Sie hatte nämlich abgestritten, intime Beziehungen zu ihrem damaligen Vorgesetzten zu haben. In Wahrheit hatten sie eine sehr innige Affäre. Das hat sie nämlich ihrem Tagebuch in allen Einzelheiten und mit viel Liebe anvertraut.[8] Sie hatte also gelogen. Wir können viel aus diesem Fall lernen, zum Beispiel, dass man als Vorgesetzter mit seinen Untergebenen nicht intim werden darf, solange sie noch nicht achtzehn Jahre alt sind. Das steht in § 174 des Strafgesetzbuches (sexueller Missbrauch von Schutzbefohlenen).[9] Außerdem, dass man vor Gericht nicht lügen darf. Auch das steht im Strafgesetzbuch, in den §§ 153 und 154 StGB (falsche uneidliche Aussage und Meineid) – zwei Tatbestände, die zwar im Strafgesetzbuch stehen, aber eigentlich den Strafprozess, also das Prozessrecht, betreffen. Sie sollen nämlich dem Gericht seine Aufgabe erleichtern, die Wahrheit herauszufinden. Strafprozess ist Wahrheitsforschung, und wenn Zeugen lügen, dann behindern sie die Arbeit des Gerichts. Das ist der eigentliche Strafgrund und nicht etwa, weil es verboten wäre zu lügen. Überall sonst ist das erlaubt. Wer seinen Ehepartner belügt, der handelt vielleicht unmoralisch, aber macht sich nicht strafbar. Nur das Gericht darf man nicht belügen.

Genützt hat es wenig: Es wird gelogen, dass sich die Balken biegen. Man schätzt, dass etwa die Hälfte aller Aussagen falsch sind. Die Hälfte davon gehen auf falsche Beobachtungen zurück. Der Zeuge hat zwar ein bestimmtes Erlebnis gehabt, aber er hat falsch beobachtet, oder er erinnert sich falsch. Die andere Hälfte sind Phantasiegeschichten. Der Zeuge hat das berichtete Erlebnis gar nicht gehabt. Möglicherweise glaubt er nur, dass er es erlebt habe. Das kommt öfter vor, als man denkt. Zum Beispiel: der «Knallzeuge». Das ist einer, der bisher die Schaufensterauslage betrachtet hat und erst aufmerksam geworden ist, als er es knallen hörte. Er sieht die Fahrzeuge gerade noch auf der Kreuzung ausrollen. Da sieht er einen roten Porsche. Jetzt meint er schon zu wissen: Aha, zu schnell gefahren. Im anderen Auto sitzt eine Frau. Klar, denkt er sich, Frau am Steuer. Wenn dieser Zeuge vor Gericht aussagt, dann ist er überzeugt, dass er den Unfall von Anfang an verfolgt hat, und dass er sich gleich gedacht hat, dass das nicht gut gehen könne. Etwa in der Hälfte der Fälle dieser Gruppe ist das so. Oder er weiß, dass er lügt. Der Rest, also immerhin 12% aller Aussagen, sind vorsätzliche Lügen!

So lag es hier. Der Richter hat der Lehrerin geglaubt und den Rektor freigesprochen. Das war ein Fehlurteil, wie sich jetzt herausstellt, und nun steht die Junglehrerin selbst vor Gericht. Dass sie damals im Prozess die Unwahrheit gesagt hat, steht fest. Es steht im Tagebuch. Trotzdem kann sie nicht verurteilt werden, haben die Richter des Bundesgerichtshofes in der «Tagebuchentscheidung» gesagt. Noch ein Fehlurteil? Denn sie hat das Gericht doch belogen. Also Meineid! Trotzdem ist die Entscheidung richtig. Wir stehen nämlich auf dem Standpunkt, dass jeder Mensch ein Recht auf sein Intimleben hat, in dem niemand herumschnüffeln darf. Gemeint ist nicht die Beziehung zum Rektor – die darf und muss der Staatsanwalt bei dem Verdacht einer strafbaren Handlung ausforschen –, sondern das Tagebuch, dem sie ihr Innerstes offenbart hat. Darin darf der Staatsanwalt nicht so einfach herumlesen, weil es zum Lesen nicht bestimmt ist. Das hat der Staat zu akzeptieren. Aber wenn der Staatsanwalt das Tagebuch gar nicht selbst beschlagnahmt, sondern es ihm von dritter Seite heimlich zugesteckt wird? Auch dann ist das Tagebuch tabu. Und wenn man jemanden als Zeuge befragte, der das Tagebuch gelesen hat, zum Beispiel die Mutter, was denn darin steht? Auch das geht nicht. Das Tagebuch bleibt unverwertbar! Wir wissen, dass die Junglehrerin gelogen hat, das Tagebuch beweist es. Aber wir müssen so tun, als wüssten wir es nicht. Denn im Rechtssinne «beweist» das Tagebuch gar nichts. Es kann nichts beweisen. Denn als Beweis scheidet es aus. Der Richter hat so zu entscheiden, als ob es das Tagebuch nicht gäbe und er nicht genau wüsste, was darin steht. Ohne Beweis muss er freisprechen. Das ist der berühmte Satz «in dubio pro reo». Auf deutsch heißt er: Im Zweifel für den Angeklagten!

Das hat mit der «Beweislast» zu tun. Wer die Beweislast trägt, zu dessen Ungunsten wirken sich Zweifel aus. Im Zivilrecht wird sie sorgfältig auf die beiden Parteien verteilt. Im Prinzip gilt: Jeder muss das beweisen, was für ihn günstig ist. Der Wirt muss zum Beispiel beweisen, dass der Bewirtungsvertrag geschlossen wurde, aus dem er seinen Zahlungsanspruch herleitet, wenn er an sein Geld kommen will. Um von der Zahlungspflicht loszukommen, muss der Ingenieur beweisen, dass das Menü mangelhaft war. So geht es immer hin und her. Wie bei einem Ping-Pong-Spiel. Man spielt sich den Ball hin und her. Wie in dem Scherz von dem zerbrochenen Krug: Levi leiht sich von seinem Schwager einen Krug. Der Krug zerbricht. Der Schwager will von Levi seinen Krug bezahlt haben. Levi antwortet: Erstens habe er den Krug nie erhalten; zweitens habe der Krug bereits einen Sprung gehabt, als er ihn bekommen habe; und drittens habe er den Krug wieder heil zurückgegeben. Welch ein juristischer Scharfsinn! Das ist Zivilprozess! Was nicht bestritten wird, gilt als zugestanden.

§ 138 ZPO: *(1) Die Parteien haben ihre Erklärungen über tatsächliche Umstände vollständig und der Wahrheit gemäß abzugeben. (2) Jede Partei hat sich über die von dem Gegner behaupteten Tatsachen zu erklären. (3) Tatsachen, die nicht ausdrücklich bestritten werden, sind als zugestanden anzusehen, wenn nicht die Absicht, sie bestreiten zu wollen, aus den übrigen Erklärungen der Partei hervorgeht.*

Im Strafrecht ist das anders. Dort trägt der Staat die Beweislast. Er hat den lückenlosen Nachweis zu erbringen, dass sich der Angeklagte strafbar gemacht hat. Daraus folgt, dass der Angeklagte freigesprochen werden muss, wenn ihm seine Schuld nicht nachgewiesen werden kann. Darum ist es einmal an der Stelle, mit einem – unter Laien – weit verbreiteten Irrglauben aufzuräumen: Es schadet dem Angeklagten überhaupt nicht, wenn er kein «Alibi» hat! «Alibi» ist lateinisch und bedeutet übersetzt «anderswo». Ich muss aber nicht beweisen, dass ich «anderswo» war, sondern der Staat muss beweisen, dass ich dort war. Das ist eigentlich selbstverständlich. Das Schweigerecht des Angeklagten hätte sonst ja gar keinen Sinn: Ich dürfte zwar schweigen, aber dann würde ich verurteilt, weil ich die Anklage nicht widerlegt hätte. Das wäre nicht viel wert. Der Angeklagte muss aber überhaupt nichts beweisen, schon gar nicht seine Unschuld, sie wird vermutet. Und das ist auch gut so: Nehmen wir an, genau vor einem Monat sei ein Mord geschehen. Das Gericht fragt mich, was ich an jenem Tag alles gemacht habe. Der Leser überprüfe selbst, ob er sich noch erinnert. Da wäre es schon ein glücklicher Zufall, wenn ich noch genau wüsste, was ich an jenem Tag alles mit wem getan habe und wer mich dabei gesehen hat. Und wenn ich allein zu Hause war, was dann?

Das ist die Unschuldsvermutung, die eng mit dem Zweifelssatz zusammenhängt, aber darüber noch hinausgeht. Denn die Unschuldsvermutung gilt schon lange, bevor das Urteil gesprochen wird. Die Unschuld wird von Anfang an vorausgesetzt. Der Prozess ist dazu da, sie auszuräumen. Der Prozess dient also genau genommen nicht dazu, die vermutete Schuld zu beweisen, sondern dazu, die Unschuldsvermutung auszuräumen. Das wird häufig verwechselt, selbst von Richtern. Der Richter hat also gar keine andere Wahl: Er muss die Lehrerin freisprechen, wenn es keine anderen Beweise als das Tagebuch dafür gibt, dass sie gelogen hat. Obwohl er genau weiß, dass sie schuldig ist. Das ist ein harter Brocken, der keinem so recht schmeckt, auch nicht einem Richter. Der Richter muss wider besseres Wissen einen Schuldigen laufen lassen. Von ihm erwarten wir, dass er zwischen dem trennen kann, was er weiß, und dem, was gerichtlich bewiesen ist. Dazu muss man schon Jurist sein! Und selbst dann fällt es nicht leicht. Wie viel schwerer muss es dann erst den Geschworenen fallen, ihr Wissen auszublenden? Aus diesem und einigen anderen Gründen hat man bei uns die Geschworenenbank in den zwanziger Jahren wieder abgeschafft.[10] Geblieben ist nur der Name: «Schwurgericht».[11] In Amerika löst man das Problem anders: Der Richter entscheidet darüber, welche Beweise den Geschworenen vorgelegt werden dürfen. Auf diese Weise erfahren sie nur das, was sie von Rechts wegen wissen dürfen.

Dass der Verstoß gegen die Belehrungspflicht ein Beweisverwertungsverbot nach sich zieht, ist auch bei uns inzwischen geklärt. Trotzdem ist man in Deutschland noch immer weniger streng damit als in Amerika, und zwar gleich in zweifacher Hinsicht: Einmal haben sich pfiffige Juristen etwas einfallen lassen, das nur dazu dient, die leidige Belehrung zu umgehen. Denn das Dilemma für den Polizisten ist Folgendes: Sagt er, worum es geht, bekommt er nichts heraus. Sagt er nicht, worum es geht, bekommt er zwar vielleicht etwas heraus, kann es aber nachher nicht verwenden. Also, was tun? Ja, hat man gesagt, die Belehrungspflicht gilt ja nach der Strafprozessordnung nur für den «Beschuldigten». Wenn aber der Schutzmann dem Rose aus dem letzten Kapitel von hinten auf die Schulter getippt hätte, gerade als dieser aus dem Hinterhalt auf den Gymnasiasten Harnisch anlegte, um ihn zu fragen, was er denn vorhätte, dann wäre Rose doch wohl in diesem Moment noch kein Beschuldigter. Der Wachtmeister weiß ja noch gar nicht, was geplant ist: Das will er gerade erst herausbekommen. Kein Beschuldigter, keine Belehrung! Der Bundesgerichtshof hat das akzeptiert. Man nennt es eine «informatorische Befragung»: Nach einem Mord stattet der ermittelnde Beamte dem Erben der verstorbenen Tante einen Besuch ab. Eine Vernehmung? Was für ein schlimmes Wort! Keine richtige Vernehmung, nur ein harmloses Gespräch, man spricht über dies und das, unterhält sich über das Wetter, aber wehe, wenn etwas dabei herauskommt. Auch keine – von der Strafprozessordnung übrigens ausdrücklich verbotene[12] – «Täuschung», sondern allenfalls eine auch unter ihr zulässige kriminalistische «List».

Man stelle sich vor, es fällt ein Schuss, auf dem Asphalt liegt ein Toter, wie in der Busstation. Um ihn herum steht eine Menschenmenge. Ein Polizist kommt hinzu: «Wer war das?», fragt er in die Menge, und einer antwortet: «Ich». Soll etwa diese Aussage vor Gericht nicht verwendet werden können, weil der Täter nicht belehrt wurde? Was hätte der Polizeibeamte tun sollen, etwa der Menge zurufen «Sie alle haben das Recht, die Aussage zu verweigern; sie haben das Recht, sich einen Anwalt zu nehmen; wenn Sie sich keinen Anwalt leisten können, haben Sie das Recht» und so fort? Das, müssen auch die Kritiker zugeben, geht nicht. Dafür braucht man die «informatorische Befragung». Bedenklich wird es nur, wenn sie dazu missbraucht wird, einen im Ungewissen zu lassen und einem Informationen zu entlocken, die man sonst nicht preisgegeben hätte. Die Polizei neigt verständlicherweise dazu, die neue Methode auszuschöpfen und die Belehrung erst dann zu erteilen, wenn sie sowieso schon alles herausbekommen hat. Das geht natürlich nicht. Deshalb streitet man über den «Beschuldigtenbegriff». Es geht darum, wie jemand zum Beschuldigten wird. Die Polizei steht auf dem Standpunkt, zum Beschuldigten werde man erst, wenn die Polizei es sagt.

Der Angeklagte reiste mit dem Auto von den Niederlanden nach Deutschland ein. Weil er auffallend nervös war, fragte ihn der Grenzbeamte nach mitgeführten Betäubungsmitteln und Waffen. Soweit noch keine Vernehmung, sondern nur eine informatorische Befragung, die noch keine Belehrungspflicht auslöst. Daraufhin händigte der Angeklagte dem Zollbeamten zunächst zwei Tütchen Marihuana aus der Ablage der Fahrertür aus. Auf nochmalige Aufforderung gab er ihm drei weitere Päckchen, die er im Handschuhfach bzw. in seiner im Kofferraum befindlichen Jacke aufbewahrte. Im Anschluss an diese Vorgänge soll er endlich vernommen werden. Er wird belehrt und erklärt, nicht aussagen zu wollen. Konnten wenigstens die Rauschgiftportionen im Prozess wegen der unerlaubten Einfuhr von Betäubungsmitteln als Beweismittel verwertet werten? Das Gericht sagte: Nein. Spätestens nach der Herausgabe der ersten Päckchen war der Angeklagte auch unabhängig davon zum «Beschuldigten» geworden, ob die Behörde ihn so bezeichnete oder nicht. Also waren die übrigen Portionen unverwertbar und konnte der Angeklagte nur wegen der Einfuhr einer geringeren Menge verurteilt werden.[13]

4. Der verbotene Baum

Das Geständnis von Soto konnte also nicht verwertet werden. Das war vollkommen klar. Der Richter tut so, als ob Soto den Mord gegenüber der Polizei nicht gestanden hätte, und den Geschworenen sagt man es erst gar nicht. Aber da ist ja noch das Messer mit den Fingerabdrücken. Das würde als Beweismittel ausreichen. Ohne das Messer wird sich aber keine «Jury», so heißt die Geschworenenbank dort, finden, die ihn schuldig spricht. Deshalb wird die Staatsanwaltschaft beantragt haben, mit Hilfe des Messers zu beweisen, dass Soto der Täter war, und aus demselben Grunde werden die Anwälte von Ortiz & Suarez aus Brooklyn beantragt haben, auch das Messer als Beweismittel auszuschließen. Über diesen Antrag entscheidet bei uns, wie in Amerika, der Richter:

§ 244 Abs. 3 StPO: *Ein Beweisantrag ist abzulehnen, wenn die Erhebung des Beweises unzulässig ist. Im übrigen darf ein Beweisantrag nur abgelehnt werden, wenn eine Beweiserhebung wegen Offenkundigkeit überflüssig ist, wenn die Tatsache, die bewiesen werden soll, für die Entscheidung ohne Bedeutung oder schon erwiesen ist, wenn das Beweismittel völlig ungeeignet oder wenn es unerreichbar ist, wenn der Antrag zum Zwecke der Prozessverschleppung gestellt ist oder wenn eine erhebliche Behauptung, die zur Entlastung des Angeklagten bewiesen werden soll, so behandelt werden kann, als wäre die behauptete Tatsache wahr.*

Ursprünglich ist dieser Katalog von Ablehnungsgründen übrigens einmal vom Reichsgericht aus einigen dem Beweisrecht zugrundeliegenden Prinzipien heraus entwickelt worden – man spricht dabei von «Rechtsfortbildung» –, bevor er dann später vom eigentlich dafür zuständigen Gesetzgeber nachträglich in Gesetzesform gegossen wurde. Noch heute wird daran herumgebastelt, so ist zwei Absätze weiter ein Satz hinzugekommen, wonach ein Beweisantrag auf Vernehmung eines Zeugen im Ausland ohne einen besonderen Ablehnungsgrund einfach nach dem «pflichtgemäßen Ermessen» abgelehnt werden kann, weil einige gewiefte Verteidiger in den achtziger und neunziger Jahren herausgefunden hatten, dass sie nur den Antrag auf Vernehmung eines gewissen «Ki.» oder «Ke.» aus Istanbul beantragen mussten, um das Gericht wochenlang zu beschäftigen. Träger dieses Vornamens, «Kazim», gibt es dort viele. Zu diesem Zwecke besaßen manche Kanzleien ein Telefonbuch von Ankara. Es wurden aber auch Zeugen benannt, die jetzt angeblich in polizcilich kaum erfassten Blechhüttenvorstädten von Millionenmetropolen, etwa dem «campo di nomadi» 20 km nördlich oder südlich von Rom, lebten, in Gebirgssiedlungen des anatolischen Hochlandes, in Dörfern des thailändischen Urwaldes oder in Lehmhütten eines umherziehenden afrikanischen Stammes.

Auch die Angeklagten sind erfinderisch: Zum Beweise seiner Behauptungen wollte einmal ein Angeklagter mehrere Abschnitte aus der Bibel vorlesen.[14] Das dauert. Man stelle sich vor, das Gericht beginnt mit dem Alten Testament im Januar. Bis wir beim Matthäus-Evangelium angelangt sind, ist das Jahr vorüber und wir haben immer noch nicht Paulus' Brief an die Epheser gehabt, auf den die Verteidigung besonderen Wert legt. Dostojewskijs Roman «Schuld und Sühne», ein Wälzer von mehreren hundert Seiten, müsste ebenfalls Wort für Wort verlesen werden, wenn die Verteidigung darauf besteht, dass es für das Verständnis der Tat entscheidend sei.[15] Ein Strafverteidiger soll in einem Diebstahlsprozess einmal beantragt haben, das dreibändige Hauptwerk von Karl Marx «Das Kapital» zu verlesen. Was nützt es dem Angeklagten? Manchmal spielt die Zeit für den Angeklagten. Zeugen erinnern sich nicht mehr so genau oder versterben. Vielleicht verschlechtert sich sein eigener Gesundheitszustand und macht eine Weiterverhandlung unmöglich. Vor allem fällt er damit allen Beteiligten auf die Nerven. Wenn es so weit ist, dann hat er sein Ziel erreicht, dann ist die Zeit reif für einen «Deal» mit dem Staatsanwalt. Nach dem Motto: «Was gebt ihr mir dafür, wenn ich damit aufhöre?»

Der Bundesgerichtshof entschied, dass die Bibel nicht verlesen werden müsse. Ein mehrere tausend Jahre altes Buch könne nicht dazu dienen, die Absichten heute lebender Menschen zu beweisen. Insofern war die Bibel als Beweismittel «völlig ungeeignet».[16] In unserem Fall könnte die Erhebung des Beweises «unzulässig» sein. Aber schauen wir uns erst einmal der Reihe nach an, wie eine Strafverhandlung in Deutschland überhaupt abläuft:

§ 243 Abs. 1 StPO: *Die Hauptverhandlung beginnt mit dem Aufruf der Sache. Der Vorsitzende stellt fest, ob der Angeklagte und der Verteidiger anwesend und die Beweismittel herbeigeschafft, insbesondere die geladenen Zeugen und Sachverständigen erschienen sind.*

Die Szene, die wir aus amerikanischen Krimis kennen, dass nämlich plötzlich eine Tür aufgestoßen wird, während der Staatsanwalt redet, dass dem Verteidiger von seinen Gehilfen ein Zettel zugesteckt wird, dass der einzige Entlastungszeuge endlich eingetroffen ist, dass eine hübsche Frau atemlos den Sitzungssaal durchmisst, während ein Raunen durch die Zuschauerbänke geht, um buchstäblich in letzter Sekunde vor dem verdutzten Staatsanwalt und dem überraschten Richter auszusagen, während sich der Angeklagte schon in sein Schicksal ergeben hat und nur noch darauf wartete, verurteilt zu werden, weil alle Indizien gegen ihn sprachen und niemand, außer dem Anwalt, mehr an seine Unschuld glaubte, diese Szene sollte bei uns nicht vorkommen. Kein Überraschungszeuge in letzter Sekunde, alle Zeugen sind schon da. Jedenfalls soll es so sein. Weiter im Text, die Vorschrift ist immer noch dieselbe, die Zentralnorm über die Gerichtsverhandlung:

§ 243 Abs. 2 StPO: *Die Zeugen verlassen den Sitzungssaal. (…) Der Vorsitzende vernimmt den Angeklagten über seine persönlichen Verhältnisse.*

Name, Alter, Beruf, Wohnsitz, Familienstand. Fürs Protokoll. Eine Formalie, der Richter weiß ohnehin schon aus den Akten, wen er vor sich hat. Dennoch muss der Richter ihn fragen, und der Angeklagte muss antworten. Ein Schweigerecht existiert insofern nicht.

§ 243 Abs. 3 StPO: *Darauf verliest der Staatsanwalt den Anklagesatz…*

Den «Anklagesatz» – frühere Generationen haben das wörtlich genommen und gemeint, es dürfe sich dabei wirklich nur um einen «Satz» handeln. Sie haben versucht, alles Notwendige in einem Satz zu sagen, was zumindest schwierig, manchmal fast unmöglich ist, weil das eine ganze Menge ist:

§ 200 Abs. 1 Satz 1 StPO: *Die Anklageschrift hat den Angeschuldigten, die Tat, die ihm zur Last gelegt wird, Zeit und Ort ihrer Begehung, die gesetzlichen Merkmale der Straftat und die anzuwendenden Strafvorschriften zu bezeichnen (Anklagesatz).*

Heutzutage ist man in den meisten Bundesländern großzügiger und erlaubt, dass der Staatsanwalt mehrere Sätze bildet, die aber selbstverständlich all diese Informationen enthalten müssen. Die Bezeichnung dient mehreren Zwecken. Zum Beispiel darf man wegen derselben Tat nicht mehrfach verfolgt und verurteilt werden, lateinisch: «ne bis in idem» – nicht zweimal in derselben Sache.[17] Deshalb muss man natürlich erst einmal wissen, welche Sache schon einmal angeklagt war. Dazu dienen die Angaben von Tatort und Tatzeit (und trotzdem bleiben noch genügend Zweifelsfälle). Das nennt man die «Umgrenzungsfunktion». Zum anderen soll der Angeklagte aus der Anklageschrift erfahren, was ihm vorgeworfen wird, damit er und sein Verteidiger sich darauf vorbereiten können. Das nennt man die «Informationsfunktion».[18] Aus dem gleichen Grunde bestimmt das Gesetz auch:

§ 265 Abs. 1 StPO: *Der Angeklagte darf nicht auf Grund eines anderen als des in der gerichtlich zugelassenen Anklage angeführten Strafgesetzes verurteilt werden, ohne dass er zuvor auf die Veränderung des rechtlichen Gesichtspunktes besonders hingewiesen und ihm Gelegenheit zur Verteidigung gegeben worden ist.*

Das ist Teil der «Fürsorgepflicht», die Gericht und Staatsanwaltschaft gegenüber dem Angeklagten haben. Anklagebehörde ist die Staatsanwaltschaft. In Amerika ist sie Partei, wie im Zivilprozess bei uns der Kläger und der Beklagte, die auch Parteien genannt werden. Sie übernimmt die Rolle des Klägers. Bei uns ist das ein bisschen anders. Hier ist der Staatsanwalt nicht «Partei», sagt man. Denn Partei, das bedeutet «parteiisch», und das soll der Staatsanwalt nicht sein. Nach unserer Vorstellung ist die Staatsanwaltschaft objektiv, nach einem berühmten Wort eines Berliner Staatsanwaltes ist sie sogar «die objektivste Behörde der Welt». Sie darf nicht nur die Beweise gegen den Angeklagten zusammentragen, sondern muss auch berücksichtigen, was für den Angeklagten spricht.[19] In Amerika ist das anders. Darum kann die Staatsanwaltschaft dort auch unproblematisch «Verträge» mit dem Angeklagten oder der Verteidigung schließen, wie im Zivilrecht. Bei uns dürfte es einen solchen Handel mit der Gerechtigkeit eigentlich gar nicht geben, und manche lehnen ihn daher auch als mit den Prinzipien des Strafprozessrechts unvereinbar ab. Er hat sich aber als ungemein praktisch erwiesen, um dem Gericht Arbeitszeit zu ersparen und das Verfahren im Interesse aller abzukürzen. Darum hat ihn der Gesetzgeber nach langer Diskussion in die StPO aufgenommen, obwohl der «Deal» nach unserem Verständnis vom Strafprozess ein Fremdkörper ist[20].

§ 243 Abs. 5 StPO: *Sodann wird der Angeklagte darauf hingewiesen, dass es ihm freistehe, sich zu der Anklage zu äußern oder nicht zur Sache auszusagen. Ist der Angeklagte zur Äußerung bereit, so wird er nach Maßgabe des § 136 Abs. 2*[21] *zur Sache vernommen (…).*

§ 244 StPO: *(1) Nach der Vernehmung des Angeklagten folgt die Beweisaufnahme. (2) Das Gericht hat zur Erforschung der Wahrheit die Beweisaufnahme von Amts wegen auf alle Tatsachen und Beweismittel zu erstrecken, die für die Entscheidung von Bedeutung sind.*

Auf alle Tatsachen! Man nennt das Aufklärungspflicht. Das ist ein entscheidender Unterschied zum Zivilprozess. Dort beschränkt sich das Gericht darauf, anzuhören, was die Parteien vortragen.

Man geht davon aus, dass jeder schon die Dinge vorbringen wird, die gut für ihn sind. Wie wir es oben durchgespielt haben. Wenn einer etwas vergisst, das gut für ihn wäre, dann hat er eben Pech gehabt. Das Gericht kümmert sich darum nicht. Und dann die Beweismittel: Beweismittel sind, wie im Zivilprozess, Zeugen, Sachverständige, Urkunden und Augenschein. Urkunden sind alle Schriftstücke, also z. B. ein Vertrag, aber auch Führerscheine, Reisepässe usw. – Augenscheinsobjekte, das ist alles was man angucken kann, ohne es zu lesen. Zum Beispiel die Perle. Oder die Schnecke. Oder eben das Messer. Man kann es in Augenschein nehmen, «den Augenschein einnehmen», wie sich die StPO ausdrückt.[22] Das Messer beweist, dass Soto der Täter war. Genau genommen beweisen das die Fingerabdrücke auf dem Messer. Aber Fingerabdrücke kann man nicht sehen. Dazu braucht man einen Sachverständigen. Die Gerichtsmediziner können genau sagen, wohin und wie oft zugestochen wurde und dass es dieses Messer gewesen ist, mit dem zugestochen wurde. Sie analysieren die Blutspuren auf dem Messer und vergleichen es mit dem Blut des Angeklagten. Spezialisten der Polizei stellen fest, dass es die Fingerabdrücke von Soto sind, die sich auf der Tatwaffe befinden. So könnte Soto doch noch überführt werden, wenn das Messer nicht ebenfalls einem Beweisverwertungsverbot unterliegt. Das ist nämlich hier die Frage: Ohne das Geständnis hätte die Polizei nicht gewusst, wo sie suchen sollte. Soto hat es ihnen gesagt. Aber was er gesagt hat, darf nicht gegen ihn verwendet werden. Nehmen wir das Schulbeispiel eines mutmaßlichen Frauenmörders, wie wir ihn alle aus Spielfilmen kennen und für den niemand viel Sympathie empfindet: In der Untersuchungshaft[23] wird er so lange malträtiert, bis er die Morde gesteht, aber nicht nur das, außerdem sagt er noch, wo er die Leichen versteckt hat. Die Polizei macht sich also mit Schaufeln und Spaten auf den Weg und findet die Leichen. Folter ist bei uns heute ausdrücklich verboten.

§ 136 a Abs. 1 Satz 1 StPO: *Die Freiheit der Willensentschließung und der Willensbetätigung des Beschuldigten darf nicht beeinträchtigt werden durch Misshandlung, durch Ermüdung, durch körperlichen Eingriff, durch Verabreichung von Mitteln, durch Quälerei, durch Täuschung oder durch Hypnose.*

Übrigens war dies nicht immer so. Lange Zeit war sie im Strafprozess gang und gäbe. Die «Peinliche Gerichtsordnung» von Kaiser Karl V., die Constitutio Criminalis Carolina, eines der bedeutendsten Gesetzgebungswerke des Heiligen Römischen Reiches Deutscher Nation von 1532, sah die «Peinliche Befragung» – von der ursprünglichen Bedeutung «Pein» (= Schmerz, Folter) abgeleitet – ausdrücklich vor. Abgeschafft wurde sie erst später, in Preußen 1740 durch Friedrich den Großen. Natürlich ist ein Geständnis unter der Folter nicht viel wert. Sieht man sich die Daumenschrauben, Streckbänke, Eisernen Jungfrauen und was dergleichen Folterinstrumente mehr sind, einmal an, die in manchen Städten zum schauerlichen Grusel der Besucher aufbewahrt werden, so kann man sich leicht vorstellen, dass damit jedes Geständnis zu haben war – einschließlich der unsinnigsten Behauptungen, wie zum Beispiel auf einem Besen durch die Luft geritten zu sein. Das musste auch damals allen klar sein, die denken konnten. Deshalb sollten auch immer noch weitere Beweise hinzutreten, wie z. B. die Leiche in unserem Fall, oder eben das Messer von Fernando Soto. Man kann unter diesen Umständen kaum sagen, dass die Folter der Wahrheitsfindung hinderlich gewesen wäre. Im Gegenteil, es gibt kein besseres Mittel, jemandem die Wahrheit zu entlocken. Deshalb wird sie ja in vielen Staaten auch heute noch – mehr oder weniger offen – angewandt. Der Grund, warum wir darauf verzichten, ist ein anderer, es ist derselbe wie oben: Es darf in einem Rechtsstaat keine Wahrheitsfindung um jeden Preis geben. Der Beschuldigte darf nicht nur Objekt des Strafverfahrens sein. So betrachtet ist Strafprozessrecht eher Behinderung der Wahrheitsforschung. Ginge es nur um die Wahrheit, so müsste man sie zulassen.

Die erfolterten Aussagen des Frauenmörders sind also nichts wert! Aber die Spuren an den Leichen? Sind wenigstens sie vor Gericht verwertbar? Man kann der Polizei das Foltern verbieten, aber man kann ihr doch schlecht verbieten zu graben. Natürlich muss die Polizei nach der Leiche suchen. Dazu ist sie da. Sie soll Verbrechen aufklären.[24] Aber die Polizei ist schließlich nicht zufällig auf die Leichen gestoßen.[25] Vielmehr hat sie erst das – unter Folter gewonnene – Geständnis an den Fundort geführt. Die Leiche ist damit ein Produkt der Folter. Sie ist, bildlich gesprochen, die Frucht des giftigen Baumes («fruit of the poisonous tree»). Wenn der Stamm vergiftet war, dann sind es seine Früchte auch, sagt ein amerikanischer Lehrsatz, und haben aus dem Strafverfahren auszuscheiden. Das schöne Bild findet sich schon im Neuen Testament.[26] In die Rechtsgeschichte eingeführt hat es Justice Frankfurter, der dem Grundsatz – der Doktrin – in der Entscheidung «Nardone v. United States» (1939) den Namen gegeben hat. Hierzulande hat man sich einen weniger bildhaften Fachterminus einfallen lassen: Man spricht von den «Fernwirkungen» von Beweisverwertungsverboten.

Auf das deutsche Recht sei der Grundsatz nicht übertragbar, meint der Bundesgerichtshof. In Amerika hat die «Fruit of the Poisonous Tree doctrine» den Sinn, über ihre Stränge schlagende Polizei im Zaume zu halten und mit Hilfe von Beweisverwertungsverboten zur Gesetzestreue zu erziehen. Die Polizei und die Staatsanwaltschaft, der im US-amerikanischen Strafprozess die Rolle einer «Partei» zukommt, sollen keinen Vorteil davon haben, auch nicht den kleinsten, dass sie gegen die Rechte der Verfassung verstößt. Sie soll auch die Früchte dieses Verstoßes nicht ernten dürfen. Bei uns sollen Beweisverbote dagegen nur die Rechtsstaatlichkeit des Verfahrens sichern, nicht die Polizei bestrafen. Von Sarstedt, einem Richter am Bundesgerichtshof, stammt die sarkastische Bemerkung, der Gesetzgeber habe mit dem Folterparagrafen daher nur den Anreiz geschaffen, bei dessen Verletzung besonders gründlich vorzugehen und die verpönten Methoden noch energischer als bisher anzuwenden: «Es genügt nicht mehr, den Beschuldigten so lange zu peinigen bis er gesteht; diejenigen Vernehmungsbeamten, für die die ganze Vorschrift überhaupt nur gedacht sein kann, müssen ihn jetzt vielmehr weiter peinigen, bis er Augenzeugen nennt, das Versteck der Beute offenbart, kurz, bis er außer der unverwertbaren Aussage verwertbare Beweismittel bekannt gibt.»

Das jedenfalls ist die Begründung, die man dazu nachlesen kann. In Wahrheit steckt aber noch etwas anderes dahinter: das Unbehagen darüber, einen Schuldigen davonkommen zu lassen. Den Unschuldigen zu schützen, das ist die hehre Berufung der Gerichte, und wenn dazu in Zweifelsfällen auf die Bestrafung des wahren Schuldigen verzichtet werden muss, dann kann man das hinnehmen. Es gilt: Lieber zehn Schuldige laufen lassen als einen Unschuldigen zu Unrecht verurteilen! Aber in allen genannten Fällen bestehen an der Schuld des Angeklagten keine Zweifel. Er, Soto, war es, das steht fest! Wozu da noch auf Prinzipien beharren? Im anderen Fall, gut, da ist einer gefoltert worden. Das lässt sich nicht mehr ungeschehen machen. Aber wirklich wohl ist niemandem bei der Vorstellung, deshalb einen Frauenmörder laufen zu lassen. Auch Juristen nicht, davon war schon die Rede. Je schwerwiegender der Vorwurf, desto unwohler ist einem bei dem Gedanken. Das «Tagebuchurteil» hat deshalb eine Fortsetzung bekommen: Mit der romantisch verliebten Junglehrerin Nachsicht zu haben fiel ja nicht schwer. In der «2. Tagebuchentscheidung»[27] stand ein Lustmord zur Anklage, und diesmal wurden die Aufzeichnungen als Beweismittel zugelassen! Wenn es um Mord gehe, verdiene die Persönlichkeitssphäre des Täters weniger Schutz, meinte der Bundesgerichtshof, und das Bundesverfassungsgericht – wenn auch in einer sehr knappen Entscheidung – hat dies gebilligt[28]. Vier Richter stimmten dafür, vier dagegen – in solchen Fällen kann ein Verstoß gegen das Grundgesetz «nicht festgestellt» werden.[29] Also: keine «Fernwirkung» im deutschen Strafprozess. Die Frucht des «verbotenen» Baumes ist so vergiftet auch wieder nicht, dass man sie nicht ernten und «verwerten» dürfte.

5. Der saubere Weg zum Ziel

Trotz dieses Unterschiedes zwischen dem deutschen und dem amerikanischen Recht kam der amerikanische Richter, Justice Edward Thompson, zu demselben Ergebnis und ließ das Messer als Beweismittel zu. Er machte nämlich eine Ausnahme von dem Grundsatz, dass die Früchte des verbotenen Baumes nicht verwertet dürfen. Um zu verstehen warum, müssen wir uns einen Polizisten denken, der bereits den halben Garten umgegraben hat. Gerade hebt er wieder eine Grube aus. Noch ein Spatenstich tiefer, und er wäre auf die Leiche gestoßen. Aber da erreicht ihn die Nachricht, dass der Täter gestanden und den Ort verraten hat, an dem er die Leichen vergraben hat. Wie sich später herausstellt, ist dem Kollegen bei der Vernehmung jedoch dummerweise ein Fehler unterlaufen. Das ist schneller geschehen als man denkt. Zum Beispiel darf die Freiheit der Willensentschließung nach dem Gesetz auch nicht durch Ermüdung beeinträchtigt werden, oder durch Täuschung, das ist bereits gesagt worden.[30] Der Polizeibeamte darf beim Verhör nicht sagen, Fernando Soto sei am Tatort gesehen worden, wenn es nicht stimmt. Er darf auch nicht sagen, es gebe ein Messer mit seinen Fingerabdrücken drauf, wenn es das nicht gibt. Oder dass Michael Gabbidon bereits gestanden hat, wenn der leugnet und nichts verrät. Das wäre ja am besten, man verhört beide in getrennten Zimmern und sagt jedem, der andere habe bereits «ausgepackt». Man sieht das im Fernsehen öfter, nach der Strafprozessordnung ist es verboten. Als Täuschung fiele es unter den «Folterparagrafen». Aber ganz ohne geht es andererseits auch nicht. Ein bisschen «kriminalistische List» gehört schon dazu. Wenn der Polizist immer mit offenen Karten spielen und alles preisgeben müsste, was er schon herausgefunden hat und was noch nicht, dann käme die Strafrechtspflege in Deutschland bald zum Erliegen. Das geht auch nicht. Ein wenig List ist schon erlaubt, die aber keine «Hinterlist» sein darf. Geht der Beamte zu «listig» vor, dann war das Graben des Kollegen umsonst.

Am Weihnachtsabend 1968 verschwand die zehnjährige Pamela Powers aus einem YMCA in Des Moines, Iowa. Die Polizei verdächtigte (zu Recht) einen Bewohner des YMCA mit Namen Williams, der erst kurz zuvor aus einer geschlossenen Anstalt für Geisteskranke entkommen war. Sein Auto fand man am nächsten Tag in Davenport, ca. 160 Meilen östlich von Des Moines. Kleidungsstücke des Mädchens wurden an einer Autobahnraststätte gefunden, die zwischen beiden Orten liegt. Man verhaftete Williams und begann entlang der Autobahn mit der Suche, an der zweihundert Freiwillige beteiligt waren, die jeden Stein umdrehten. Zwei Beamte sollten Williams von Davenport nach Des Moines zurück begleiten. Seinem Anwalt war zugesichert worden, dass sie ihn nicht ohne seinen Anwalt befragen würden. Dennoch verwickelte einer der Polizisten ihn auf der Fahrt in ein Gespräch und bemerkte dabei dessen etwas eigenwilligen religiösen Auffassungen. Er lenkte nun das Gespräch auf die Religion und äußerte die Befürchtung, dass die Leiche angesichts der bevorstehenden Schneefälle nur schwer zu finden sein würde und das Mädchen daher möglicherweise keine christliche Beerdigung («Christian burial») bekommen würde. Das beeindruckte den Verdächtigen so stark, dass er die Beamten zu der Stelle entlang der Autobahn führte, wo sie die Leiche fanden. Der Supreme Court sah in der «Christian burial speech» einen Verstoß gegen das 6. und 14. Amendment der Verfassung und gegen die Miranda-Rechte. Daher hielten die Richter die Aussage selbst für unverwertbar. Da die Leiche der kleinen Pamela erst aufgrund der Aussagen des Beschuldigten gefunden worden war, hätte eigentlich auch sie als Beweismittel ausfallen müssen. Jedoch war ihre Entdeckung «unvermeidlich», das Gebiet war bereits in Planquadrate aufgeteilt worden. Es war also nur eine Frage der Zeit, bis die Suchtrupps den Fundort erreicht hätten, und, so wie es aussah, hätten sie die Leiche auch sofort entdeckt, weil sie weithin sichtbar (an einem Brückenpfeiler festgefroren) war. Darum ließ das Gericht den Leichnam als Beweis zu.[31]

Für diese Fälle der «unvermeidlichen Entdeckung» gibt es in Amerika eine Ausnahme von der «Fruit of the Poisonous Tree doctrine».[32] Sie heißt «inevitable discovery exception» – «exception» ist «Ausnahme» und «inevitable» lässt sich mit «unausweichlich» übersetzen. Einen Schuldigen davonkommen zu lassen, bereitet eben auch amerikanischen Richtern Bauchschmerzen. Nachdem sich die Richter des Supreme Court in den 50er und 60er Jahren eher einem rechtsstaatlich-liberalen Kurs verpflichtet gefühlt hatten, betonten sie in den 70er Jahren häufiger, dass der Preis zu hoch und der Rechtsschutz des Beschuldigten zu teuer erkauft sei, wenn die Bürger nicht vor gefährlichen Rechtsbrechern geschützt und offensichtlich Schuldige freigesprochen würden. In Deutschland hat der Bundesgerichtshof gelegentlich darauf abgestellt, dass ein Verfahrensfehler nicht zum «Lahmlegen» des gesamten Strafverfahrens führen dürfe. Dass eine «funktionstüchtige Strafrechtspflege» auch von Verfassungs wegen gewährleistet sein muss, hat sogar das Bundesverfassungsgericht gesagt, und auch die U.S.-amerikanische Verfassung kennt dies, einen Anspruch auf den «due process of law», wie es dort heißt. Darauf hat Justice Thompson ausdrücklich hingewiesen, es gelte nicht nur die Beschuldigtenrechte zu wahren, sondern auch das Volk habe einen Anspruch: «The people of the State are also entitled to due process of law».

Richter E. Thompson entschied, dass das Messer nach dem gesunden Menschenverstand («application of common sense») als Beweismittel zugelassen werden müsse. Erinnern wir uns: Die Polizei hat um 2:15 Uhr den Briefkasten an der Ecke 90ste Straße und Merrick Boulevard öffnen lassen. Die amerikanische Post hatte ihn zuletzt am Abend des 20. Mai, so gegen 20:00 Uhr, geleert. Die nächste Leerung wäre am 21. Mai um 7:59 Uhr gewesen. Der Postbote hätte den Briefkasten geöffnet und das Messer wäre ihm in die Hände gefallen. Er hätte sich natürlich wundern und es angeekelt wegwerfen können. Das hätte er aber nicht getan. Denn er hat natürlich seine Vorschriften, die besagen, dass jedes fremde Objekt, das in Briefkästen der U.S. Mail gefunden wird, beschlagnahmt, an die vorgesetzte Postbehörde weitergeleitet und, insbesondere dann, wenn es sich um ein blutiges Messer handelt, der Polizei zur weiteren Ermittlung übergeben wird. Die Polizei hätte das Messer mit Sotos Fingerabdrücken darauf also mit absoluter Sicherheit ein paar Stunden später ohnehin auf dem Schreibtisch gehabt. Das ist zwar eine «hypothetische» Erwägung, weil man es nicht hat abwarten können und den Briefkasten sogleich geöffnet hat, aber die Entdeckung des Messers war «unausweichlich».

Die Polizei wäre auf rechtmäßige Weise auch an das Messer gelangt. Der Grundsatz, der darin zum Ausdruck kommt, nennt man die «Hypothetical clear pass doctrine», wobei sich «clear pass» als «sauberer Weg» übersetzen lässt. Die Polizei hat durch ihr unrechtmäßiges Vorgehen letztlich keinen Vorteil erlangt. Das Messer wäre auch auf legalem Weg («auf sauberem Weg») erlangt worden. Und so kommen letztlich alle zum selben Ergebnis. Das Messer muss als Beweismittel zugelassen werden. In Amerika folgt dies aus der «inevitable discovery exception». In Deutschland ergibt sich dies daraus, dass die Beweisverbote keine «Fernwirkung» haben. Doch ist nicht ausgeschlossen, dass der Bundesgerichtshof auch in diesem Punkt seine Meinung noch ändert. Immerhin hat er in besonderen Ausnahmefällen einem Beweisverwertungsverbot auch schon «Fernwirkungen» zuerkannt. Aber selbst dann würde man sicher auch bei uns so etwas wie die «Hypothetical clear pass doctrine» einführen. Allerdings wird man, da in diesen Fällen die Verurteilung des Beschuldigten mit der Heranziehung des Beweismittels steht oder fällt, an die Möglichkeit der rechtmäßigen Beweiserlangung strenge Anforderungen stellen müssen. Welche Messlatte im Einzelfall anzulegen ist, insbesondere ob hier ebenfalls der Grundsatz «in dubio pro reo» gelten soll, darüber wird im Moment auch in der deutschen Strafrechtswissenschaft heftig diskutiert. Schließlich kann es niemals ausgeschlossen werden, dass ein Zeuge auch ohne die Aussage des Beschuldigten noch aufgetaucht wäre, der Beschuldigte auch bei ordnungsgemäßer Belehrung ausgesagt oder sich sonst irgendwie verraten hätte, aber eben auch nicht, dass das Messer nicht doch unentdeckt aus dem Postsack gefallen oder die Leiche einfach übersehen worden wäre.

Im Falle von Fernando Soto hielt es der Richter in seinem «Memorandum» (so ist in Amerika der Teil überschrieben, der der Begründung der Entscheidung dient) für klar, dass das Messer nach menschlichem Ermessen auch ohne den Verstoß gegen die Belehrungspflicht gefunden worden wäre. Der Urteilsspruch selbst – wir sagen «Tenor» dazu – bestand aus ganzen fünf Worten und lautete: «Motion denied in all respects.» Der Antrag mit dem Ziel, das Messer aus dem Verfahren auszuschließen, wird abgelehnt. Pech für Soto und seinen Spezi Gabbidon, der sich der Beschwerde angeschlossen hatte. Was aus ihnen geworden ist, weiß man nicht. Sie werden wohl verurteilt worden sein, wie sie auch bei uns verurteilt worden wären. Gabbidon vielleicht als Mittäter oder als Gehilfe. Welche Rolle er letztlich gespielt hat und in welcher Verbindung er mit dem Messer stand, hat der Richter, der nur über das Messer zu entscheiden hatte, offen gelassen. Vielleicht hören sie von ihrer Zelle aus die Kirchenglocken, aber das ist schon die nächste Geschichte.

Kapitel 6

Öffentliches Recht:
Wem die Stunde schlägt

Glocken gelten als die ältesten Musikinstrumente der Menschheit, doch schon Wilhelm Busch (1832–1908) wusste: «Musik wird oft nicht schön gefunden, weil sie stets mit Geräusch verbunden.»[1] Ein Arzt, ein technischer Kaufmann, ein Lehramtsreferendar, sie alle hatten das gleiche Problem und haben geklagt. Der Herr Referendar bewohnte eine Mietwohnung. Man darf annehmen, dass sie ihm gefallen hat, bis auf eine Kleinigkeit: Sie befand sich in unmittelbarer Nähe einer evangelischen Stadtkirche, deren Glockenturm nur etwa 40 Meter von seinem Schlafzimmer entfernt war. Dem Arzt ging es nicht viel besser, sein Eigenheim lag 200 m Luftlinie von der Pfarrkirche des Örtchens entfernt. Nach der Läuteordnung wird deren Angelus-Glocke[2] an Wochentagen um sieben Uhr morgens eine Minute lang geläutet, während der Sommerzeit sogar um sechs. Auch der dritte, der Kaufmann, hatte keine rechte Freude an seinem Heim in der bayerischen Gemeinde Hobbach unweit der Dorfkirche. Das Geläute der dortigen Kirche besteht aus drei Glocken, die automatisch bedient werden und zu verschiedenen Tagesstunden, beginnend um sechs Uhr morgens und endend um sechs Uhr abends, an einzelnen Tagen (Dienstag und Freitag) auch zwischen 19:00 und 20:00 Uhr sowie an Sonn- und Feiertagen und zu besonderen Anlässen geläutet werden. Und davon gibt es bekanntlich viele von der Wiege bis zur Bahre.[3] «Denn mit der Freude Feierklange/Begrüßt sie das geliebte Kind/Auf seines Lebens erstem Gange.» Und: «Von dem Dome/Schwer und bang/Tönt die

Glocke/Grabgesang./Ernst begleiten ihre Trauerschläge/Einen Wanderer auf dem letzten Wege».[4] Glocken gelten als das Sinnbild der Harmonie. Wenn sich ihre Klänge ausbreiten, hat das Böse keinen Platz, so der Glaube der Menschen. Auch schreibt man ihnen die Fähigkeit zu, durch ihr Geläut Himmel und Erde miteinander zu verbinden. Alexander Solschenizyn hat die Bedeutung der Glocken in der Erzählung «Am Oka-Fluss entlang» so beschrieben: «Schon immer waren die Menschen selbstsüchtig und oft wenig gut: Aber das Abendläuten erklang, schwebte über den Feldern, über dem Wald. Es mahnte die unbedeutenden, irdischen Dinge abzulegen, Zeit und Gedanken der Ewigkeit zu widmen. Dieses Läuten bewahrte die Menschen davor, zu vierbeinigen Kreaturen zu werden.»[5]

Die Gemeinde Hobbach hat 770 Einwohner, von denen 95% der römisch-katholischen Konfession angehören. Über das Bekenntnis des Kaufmanns ist nichts bekannt, nach erfolglosem Protest beim zuständigen katholischen Pfarramt Sommerau wandte er sich jedoch an das Verwaltungsgericht Würzburg mit dem Antrag, der «Kirche Hobbach» sofort zu verbieten, «täglich und regelmäßig… minutenlang andauernd schon zu nachtschlafender Stunde mit einer den Schlaf raubenden Lautstärke» zu läuten. Durch das mehrfache Geläute um sechs Uhr früh werde dem «von langer Arbeit Ausruhenden der verdiente Schlaf» verwehrt. Ohrenbetäubender Glockenlärm könne die davon betroffenen Menschen gesundheitlich ruinieren. Nach knapp zehn Jahren wurde der Fall vom Bundesverwaltungsgericht, damals noch in Berlin, heute mit Sitz in Leipzig, letztinstanzlich entschieden. Begonnen hat er mit einem eiligen Antrag, einem sog. Eilantrag, auf einstweiligen Rechtsschutz.

1. Der Eilantrag

§ 123 Abs. 1 VwGO: *Auf Antrag kann das Gericht, auch schon vor Klageerhebung, eine einstweilige Anordnung in Bezug auf den Streitgegenstand treffen, wenn die Gefahr besteht, dass durch eine Veränderung des bestehenden Zustands die Verwirklichung eines Rechts des Antragstellers vereitelt oder wesentlich erschwert werden könnte. Einstweilige Anordnungen sind auch zur Regelung eines vorläufigen Zustands in Bezug auf ein strei-*

tiges Rechtsverhältnis zulässig, wenn diese Regelung, vor allem bei dauernden Rechtsverhältnissen, um wesentliche Nachteile abzuwenden oder drohende Gewalt zu verhindern oder aus anderen Gründen nötig erscheint.

Einstweilige Anordnungen kommen auch in anderen Gesetzen vor, in der Zivilprozessordung, selbst in der VwGO, also in der «Verwaltungsgerichtsordnung», gibt es noch zwei Vorschriften, die etwas Ähnliches regeln. Sogar das Bundesverfassungsgericht kann einstweilige Anordnungen treffen.[6] Auf diese Weise erregen einstweilige Anordnungen jedes Mal großes Aufsehen – und Zweifel darüber, ob Nachrichtensprecher, Kommentatoren und vor allem die beteiligten Politiker selbst durchschaut haben, was das eigentlich bedeutet. Ein Gerichtsverfahren soll einen entstandenen Streit beilegen. Aber das kann dauern. Manchmal ist es dann schon zu spät. Ich kann nämlich nicht warten, bis das Gericht entschieden hat, dass die Mauer auf meinem Grundstück steht, wenn der Nachbar gerade im Begriff ist, sie abzureißen, weil es dann nämlich keine Mauer mehr gibt. In so einem Fall kann das Gericht dem Nachbarn vorläufig untersagen, die Mauer weiter abzureißen, bis geklärt ist, wem die Mauer gehört. Das eine hat mit dem anderen nichts zu tun. Dass die Steine dort bleiben müssen, bedeutet nicht, dass die Mauer mir gehört. Das muss erst noch geklärt werden und ist eine ganz andere Frage. Im Juristendeutsch ist das die «Hauptsache». Die ist noch völlig offen. Politiker können oder wollen das nicht verstehen: Sie behaupten regelmäßig, schon Recht bekommen zu haben, wenn sie eine einstweilige Verfügung durchgesetzt haben.

Das Gericht entscheidet im einstweiligen Rechtsschutz aber nur darüber, was vorläufig, bis zum endgültigen Urteil, zu geschehen hat. Das geschieht immer nach dem gleichen Muster: Der Richter hat abzuwägen zwischen den Folgen, die eintreten würden, wenn er nichts unternähme und sich hinterher herausstellte, dass der Kläger Recht hatte, auf der einen Seite und den möglichen Folgen, die es hat, wenn er jetzt etwas anordnet, aber sich nachher ergibt, dass der Kläger doch im Unrecht war. Je nachdem, welche Folgen schlimmer sind, erlässt er eine einstweilige (vorläufige) Anordnung oder nicht. Übertragen auf die Mauer: Welcher Schaden ist größer? Dass die Mauer vorläufig stehen bleibt, obwohl sie kein hübscher Anblick ist. Oder dass sie eingerissen wird, obwohl ich später Recht bekomme. Letzteres ist schlimmer. Denn dann ist sie weg und es ist fraglich, ob sie wieder genau so aufgebaut werden könnte. Dass sie einstweilen stehen bleibt, ist dagegen nicht so schlimm. Schließlich haben die Nachbarn ihren Anblick auch bisher ertragen. Dann können sie ihn gewiss auch noch eine Weile länger ertragen. Das Gericht muss dem Antrag auf einstweilige Verfügung also stattgeben, unabhängig davon, was sich hinterher herausstellt, wem die Mauer gehört.

Bei den Kirchenglocken ist das nicht so eindeutig: Was ist schlimmer? Dass die Glocken vorläufig schweigen, obwohl sich später herausstellt, dass sie hätten geläutet werden dürfen. Oder dass der Kaufmann sich geduldet, bis entschieden ist. Man wird ihm zumuten können, noch ein paar Monate länger auszuhalten. Dass er beim nächsten Glockenton tot umfällt, ist schließlich äußerst unwahrscheinlich, fand wohl auch das Verwaltungsgericht Würzburg.

Verkompliziert wird die Abwägung der möglichen Nachteile allerdings dadurch, dass der Richter auch berücksichtigt, wie der Prozess voraussichtlich ausgehen wird. Aber das leuchtet ebenfalls ein: Wenn abzusehen ist, dass ich verlieren werde, weil ich mit der Mauer nichts, aber auch gar nichts, zu schaffen habe, dann ist der mögliche Schaden für den Eigentümer selbst dann größer, wenn die Mauer problemlos stehen bleiben könnte. Denn warum sollte sich der Eigentümer an ihrem Anblick dann noch länger stören müssen? Und so hat es auch das Verwaltungsgericht Würzburg gemacht: Die Klage hätte voraussichtlich sowieso keinen Erfolg, weil sie unzulässig und unbegründet war. Darum könne auch der Antrag auf vorläufigen Rechtsschutz keinen Erfolg haben. Schauen wir uns an, was damit gemeint war, die Klage sei voraussichtlich unzulässig und unbegründet.[7]

2. Die Zulässigkeit

So lernen die Studenten bereits im ersten oder zweiten Semester, eine Klage im öffentlichen Recht zu prüfen: Zwei Stationen, Zulässigkeit und Begründetheit. Zuerst einmal muss die Klage «zulässig» sein, dann wird geprüft, ob sie auch begründet ist. Ob die Klage begründet ist, richtet sich, wie im Bürgerlichen Recht, danach, ob einer einen «Anspruch» hat, zum Beispiel auf Herausgabe der Perle, Bezahlung des Essens oder Unterlassen des Läutens etc. Bisher haben wir uns auf die Begründetheit beschränkt. Im öffentlichen Recht geht das nicht. Man kann nicht damit beginnen zu prüfen, ob ein Anspruch auf Nachtruhe besteht. Das wäre eine Frage der Begründetheit. Die Begründetheit prüft das Gericht aber gar nicht erst, wenn die Klage schon unzulässig ist. Es kann sie gar nicht prüfen, wenn es keine Klage dafür gibt. Das Gericht darf sich dann damit nicht befassen. Im Prinzip ist das im Zivilrecht ebenso, aber dort scheitert es fast nie an der Zulässigkeit der Klage. Im öffentlichen Recht ist das ganz anders. Warum?

Um das Bürgerliche Recht streiten Bürger miteinander. Der Staat stellt mit den Gerichten nur das «Forum»[8] zur Verfügung, auf dem gestritten wird. Im öffentlichen Recht stehen sich aber Staat und Bürger gegenüber. Wenn der Staat verliert, dann geht das alle an. Was im Staate geschieht, bestimmt der Bürger in einer Demokratie durch Wahlen, aber nicht durch Gerichte! Die Gerichte können im Prinzip alles rechtlich überprüfen, was ein Bürger dem anderen tut. Aber sie sind nicht dazu da, alles zu prüfen, was der Staat macht. Darum gibt es keine Allzuständigkeit in diesem Bereich. Nicht alles, was der Staat tut, kann mit einer Klage angegriffen werden. Und wenn ich tausendmal der Meinung bin, der Staat dürfe sich nicht weiter verschulden und das auch stimmt, vor Gericht kann ich dagegen nicht klagen. Egal, ob Deutschland einem Nachbarland den Krieg erklären darf oder nicht; gleichgültig, ob die Bundeswehr im Rahmen der UNO außerhalb des NATO-Gebietes eingesetzt werden darf, entsprechende Klagen sind unzulässig. Aber natürlich ist der Bürger dem Staat, der Obrigkeit, nicht schutzlos ausgeliefert.

3. Der Rechtsweg

§ 90 Abs. 1 BVerfGG: *Jedermann kann mit der Behauptung, durch die öffentliche Gewalt in einem seiner Grundrechte oder in einem seiner in Artikel 20 Abs. 4, Artikel 33, 38, 101, und 104 des Grundgesetzes enthaltenen Rechte verletzt zu sein, die Verfassungsbeschwerde zum Bundesverfassungsgericht erheben.*

Sogar im Grundgesetz, wie sich unsere Verfassung nennt, ist die «Verfassungsbeschwerde» ausdrücklich erwähnt, hinten im Kapitel IX über «Die Rechtsprechung». Danach entscheidet das Bundesverfassungsgericht «über Verfassungsbeschwerden, die von jedermann mit der Behauptung erhoben werden können, durch die öffentliche Gewalt in einem seiner Grundrechte» usw. verletzt zu sein.[9] Das eigentlich Entscheidende steht aber im «Bundesverfassungsgerichtsgesetz» (BVerfGG):

§ 90 Abs. 2 Satz 1 BVerfGG: *Ist gegen die Verletzung der Rechtsweg zulässig, so kann die Verfassungsbeschwerde erst nach der Erschöpfung des Rechtsweges erhoben werden.*

Die «Rechtswegerschöpfung» soll verhindern, dass das Bundesverfassungsgericht wegen jeder Rechtsverletzung angerufen wird, bei der auch die «einfachen» Gerichte helfen könnten. Es gibt zwar Ausnahmen, aber die sind hier nicht einschlägig. Der Referendar wandte sich daher zunächst an das Landgericht Gießen. Das war 1981. Seine Klage war erfolglos. Das ist an sich nichts Schlimmes, einen Prozess zu verlieren. Man kann es ja in aller Regel noch einmal versuchen, in der Berufung. Das nennt man einen Instanzenzug: Im Zivilrecht ist die erste Instanz normalerweise das Amtsgericht, danach kommt das Landgericht und schließlich das Oberlandesgericht. Nur wenn der Prozess im Landgericht losgeht, kommt man unter Umständen auch noch zum Bundesgerichtshof. Am 24. Januar 1985, vier Jahre später, verkündete das Oberlandesgericht Frankfurt sein letztinstanzliches Urteil: Es sei unzuständig! Falscher Rechtsweg! Da wird sich der Referendar nicht schlecht gewundert haben. Er war die ganze Zeit auf dem Holzweg! Er hätte den Verwaltungsrechtsweg beschreiten müssen:

§ 40 Abs. 1 Satz 1 VwGO: *Der Verwaltungsrechtsweg ist in allen öffentlich-rechtlichen Streitigkeiten nichtverfassungsrechtlicher Art gegeben, soweit die Streitigkeiten nicht durch Bundesgesetz einem anderen Gericht ausdrücklich zugewiesen sind.*

So jedenfalls hat es das Oberlandesgericht (ein Zivilgericht, als zweite Instanz) gesehen. Auch das Verwaltungsgericht Würzburg (ein Verwaltungsgericht, als erste Instanz) in dem anderen Fall. Anders aber der Bayerische Verwaltungsgerichtshof (ein Verwaltungsgericht, als zweite Instanz) im damaligen und das Amtsgericht (ein Zivilgericht, als erste Instanz) im hiesigen Fall. Auch in den Fachzeitschriften ist die Frage umstritten. Von den vielen juristischen Aufsätzen zu dieser und den anderen mit dem Glockengeläut zusammenhängenden Fragen seien – ohne Anspruch auf Vollständigkeit – nur erwähnt: Wiethaup, «Ruhestörender Lärm durch Kirchenglocken», *Blätter für Grundstücks-, Bau- und Wohnungsrecht* 1957, Seite 53; Boerner, «Die ruhestörenden Glocken», KdL 1964, Seite 61; Baldus[10], «Gottesdienstliche Handlungen als Störungen der Sonntagsruhe», *Die öffentliche Verwaltung* (DÖV) 1971, Seite 338; Freiherr v. Campenhausen, «Rechtsprobleme des kirchlichen Glockengeläuts», *Deutsches Verwaltungsblatt* 1972, Seite 316; Müssig, «Kirchliches Glockengeläute und öffentlicher Rechtsweg», ebenfalls *Deutsches Verwaltungsblatt* 1985, Seite 837 und Laubinger, «Nachbarschutz gegen kirchliches Glockengeläut», *Verwaltungsarchiv* 1992, Seite 623.

Es gibt drei Meinungen: Der Zivilrechtsweg sei der richtige, der Verwaltungsrechtsweg sei der richtige, es sei überhaupt kein Rechtsweg gegeben. Die letztgenannte Ansicht hat das ehrwürdige Reichsgericht vertreten, das seinen Sitz bis 1945 in Leipzig hatte und der Vorgänger des Bundesgerichtshofes in Karlsruhe war. Allerdings gab es damals, im Jahre 1903, auch noch keine richtige Verwaltungsgerichtsbarkeit. Die Zivilgerichtsbarkeit ist zweitausend Jahre alt und kommt von den Römern, das Strafrecht hat sich erst im Mittelalter selbständig gemacht, gehört aber weiterhin derselben Gerichtsbarkeit, der «ordentlichen Gerichtsbarkeit», an. Darin sind Zivil- und Strafgerichte zusammengefasst. Eine Verwaltungsgerichtsbarkeit hat sich erst am Ende des 19. Jahrhunderts entwickelt. Das erste Reichsverwaltungsgericht wurde erst 1941 geschaffen und hatte auch nur eine sehr begrenzte Zuständigkeit. Eine funktionierende, der «ordentlichen» gleichwertige Verwaltungsgerichtsbarkeit gibt es in Deutschland erst seit dem Zweiten Weltkrieg. Die Verwaltungsgerichtsordnung (VwGO) wird erst fünfzig Jahre alt. Sie ist am 1. April 1960 in Kraft getreten. Nach alledem muss man es dem Reichsgericht nachsehen, wenn es damals sagte: Wir sind gewiss nicht zuständig, die anderen sind noch nicht so weit, also läuten die Glocken außerhalb jeder weltlichen Gerichtsbarkeit. Heute stünde dem das Grundgesetz entgegen, die Rechtsweggarantie:

Art. 19 Abs. 4 GG: *Wird jemand durch die öffentliche Gewalt in seinen Rechten verletzt, so steht ihm der Rechtsweg offen. Soweit eine andere Zuständigkeit nicht begründet ist, ist der ordentliche Rechtsweg gegeben.*

Im Prinzip sind Kirchen Nachbarn wie andere auch. Wenn «normale» Nachbarn sich streiten – und sie streiten sich häufig und ausgiebig –, dann steht ihnen der Weg zu den Zivilgerichten offen. Solche «Nachbarstreitigkeiten» lassen tief in die menschliche Seele blicken.[11] Aus einem Urteil des Amtsgerichts Gießen: «Während die Klägerin am 23. Mai 1989 in ihrem Garten lustwandelte, kam sie auch in die Nähe ihrer Gartenmauer, die die beiden Grundstücke voneinander trennt. Als ihr Blick auf die Mauer fiel, bot sich ein ungewöhnliches Bild, da dort menschlicher Kot lag. Um zu klären, was es hiermit für eine Bewandtnis hatte, begab sich die Klägerin zu ihrer Nachbarin, der Beklagten. Auf den Vorfall angesprochen, erklärte die Beklagte: Solange die Scheiße von Ihren Bäumen auf unser Grundstück fällt, so lange kommt meine Scheiße auf Ihre Mauer. Ob die Beklagte ihre ungewöhnliche Tätigkeit zwischenzeitlich wiederholt hatte, oder ob die Klägerin einfach den richtigen Riecher hatte, als sie sich am frühen Morgen des 30. Juni 1989 mit ihrem Mieter und einer Videokamera auf die Lauer legte, ist streitig. Jedenfalls wurde die Beklagte dabei gefilmt, als sie um 5:40 Uhr die Mauer mit Kot bedeckte. Fotos von der Beklagten bei dieser Tätigkeit befinden sich in der Beiakte. Die Beklagte hatte den Kot in einem Eimer mitgebracht.»

In dem als Hamburger «Zwergenkrieg» bekannt gewordenen Fall ging es um den deutschen Gartenzwerg bzw. die -zwerge (Mehrzahl!), an deren Anblick sich Frau Elsbeth G., Mitarbeiterin des Hamburger Amtes für Katastrophenschutz, störte. Aus dem Urteil des Oberlandesgerichts: «Wie die bei den Akten befindlichen Fotos zeigen, fallen die Gartenzwerge trotz ihrer geringen Abmessungen durch ihre leuchtend roten Zipfelmützen im sie umgebenden Grün des Gartens auf und können auch von der an der Grenze verlaufenden Straße her eingesehen werden. Mag all dies noch Raum für Zweifel an der Überschreitung des zulässigen Gebrauchs lassen, so muss letztlich den Ausschlag geben, dass die

Aufstellung von Gartenzwergen – anders als etwa die von ähnlichen kleinen Objekten wie Vogeltränken oder einer kleinen Tierplastik – allgemein durchaus gegensätzlicher Beurteilung insbesondere im ästhetischen Bereich unterliegt.» Das Oberlandesgericht urteilte daher, dass die Zwerge entfernt werden müssten. Die Gartenzwergindustrie reagierte prompt auf dieses Urteil. Neben dem gewöhnlichen Arbeitsmodell mit Schubkarre und Schaufel und den nicht ganz so beliebten Freizeit- und Kulturtypen, die entweder faul herumliegen oder musizieren, entstand das Modell «Nachbarschreck»: ein Zwerg, der den Mantel aufreißt, um sein Gemächt sehen zu lassen,[12] sein Hinterteil in Richtung des Nachbarn entblößt, mit allen erdenklichen Protestschildern ausgestattet ist oder überfahren oder blutüberströmt mit einem Messer im Rücken am Boden liegt.[13]

Ein Nachbar ließ im Garten, dicht an der Grundstücksgrenze, einen Galgen errichten und daran eine Strohpuppe hängen. Diese trug um den Hals ein Schild mit der Aufschrift: «Ich war ein Drecksack». Das Landgericht Lüneburg ließ offen, ob die Puppe «zum Zwecke der Drohung» oder «als Anspielung auf einen vorausgegangenen Vorfall» aufgestellt worden war, jedenfalls musste auch sie entfernt werden. Ein Dortmunder Universitätsprofessor hatte sein Haus mit sechs Reihen Stacheldraht, einem Zwei-Meter-Palisadenzaun und Warntafeln auf Selbstschussanlagen gesichert. Der Grundstücksnachbar, ein Kieferchirurg, fühlte sich bedroht und setzte vor Gericht die Beseitigung durch. Daraufhin ließ der Professor an der Grundstücksgrenze eine Armee von Blechvogelscheuchen aufmarschieren, was zu einem zweiten Prozess führte. Wohlgemerkt, für diese Nachbarkriege sind die Zivilgerichte zuständig. In Italien soll ein Zivilgericht vor kurzem der Klägerin rund 60.000 Euro «für zu laute Kirchenglocken» zugesprochen haben,[14] die Richter sahen es als erwiesen an, dass das «markerschütternde Gebimmel das Leben der pensionierten Richterin in den vergangenen dreiundzwanzig Jahren ruiniert» habe – zahlen soll der örtliche Pfarrer. Wieso sollten die Kirchen nicht wie normale Nachbarn zu behandeln sein? Was unterscheidet das Läuten von Kirchenglocken etwa von dem Läuten von Kuhglocken? Denn darüber, über das schlafstörende Kuhglockengeläute, hatte 1976 wiederum ein Zivilgericht, das Landgericht Freiburg i. Br., auf die

Klage eines Rechtsanwalts und eines Architekten hin, zu entscheiden. Wieso ist das Geläute von Kirchenglocken anders zu beurteilen? Das kommt so:

4. Die Reichsverfassung

In der Schule haben wir gelernt, dass das Deutsche Reich 1945 untergegangen ist – stimmt nicht! Am 21. Dezember 1972 schloss die Bundesrepublik Deutschland mit der Deutschen Demokratischen Republik (DDR) einen Vertrag über die Grundlagen der Beziehungen beider Staaten, den sog. «Grundlagenvertrag». Vorausgegangen war ein heftiger Streit zwischen der sozial-liberalen Regierung und der konservativen Opposition; die SPD verfolgte in der Deutschlandpolitik das Ziel «Wandel durch Annäherung», weg vom Kurs der Konfrontation, hin zu «gutnachbarlichen Beziehungen». Die CSU-geführte Bayerische Staatsregierung hielt den Grundlagenvertrag für mit dem Grundgesetz nicht vereinbar, dem Bayern übrigens als einziges Bundesland selbst nicht zugestimmt hatte, und reichte Klage dagegen beim Bundesverfassungsgericht ein. Am 31. Juli 1973 verkündete das Bundesverfassungsgericht sein Urteil. Es wies die Klage Bayerns ab und erklärte den Grundlagenvertrag für verfassungsgemäß. Aber es tat noch mehr. Ohne dass jemand die Richter danach ausdrücklich gefragt hätte, schrieb es Folgendes: «Das Grundgesetz – nicht nur eine These der Völkerrechtslehre und der Staatsrechtslehre! – geht davon aus, dass das Deutsche Reich den Zusammenbruch von 1945 überdauert hat und weder mit der Kapitulation noch durch Ausübung fremder Staatsgewalt in Deutschland durch die alliierten Okkupationsmächte noch später untergegangen ist.» Nachzulesen im 36. Bande der Bundesverfassungsgerichtsentscheide, Seite 15! Das ist die sog. «Dachtheorie», weil die beiden deutschen Staaten danach unter einem – demselben – Dach standen. Bis zur Wende 1989 gab es also auf deutschem Boden drei Staaten: die DDR, die Bundesrepublik Deutschland und das fortbestehende Deutsche Reich! Fraglich ist allerdings, wie es weiterging. Denn bei der Wiedervereinigung hätte nach dieser Theorie eigentlich das Deutsche Reich wiederauferstehen müssen. Da das aber wohl nicht geschehen ist, kann die Dachtheorie doch nicht ganz richtig gewesen sein. Einige Juristen hatten das schon immer geargwöhnt, aber nicht offen ausgesprochen. Denn was das Bundesverfassungsgericht sagt, ist bindend:

§ 31 Abs. 1 BVerfGG: *Die Entscheidungen des Bundesverfassungsgerichts binden die Verfassungsorgane des Bundes und der Länder sowie alle Gerichte und Behörden.*

Nach der Rechtsprechung des Bundesverfassungsgerichts gilt das nicht nur für den «Tenor», also den eigentlichen Urteilsspruch, wie sonst, sondern auch für die die Entscheidung tragenden Gründe, also für jedes Komma und jeden Strich der Ausführungen! Aber das «Deutsche Reich» ist nicht das einzige, was nach 1945 fortbestand, auch die Weimarer Reichsverfassung (WRV) galt fort und gilt in Teilen noch heute; das steht nun aber wirklich im Grundgesetz, und zwar klipp und klar:

Art. 140 GG: *Die Bestimmungen der Artikel 136, 137, 138, 139 und 141 der deutschen Verfassung vom 11. August 1919 sind Bestandteil dieses Grundgesetzes.*

Darin ist das sog. Staatskirchenrecht geregelt. Das war ein Kompromiss, weil alle Vorschläge zur Neuregelung des Verhältnisses von Staat und Kirche im Parlamentarischen Rat keine Mehrheit gefunden haben. Also ließ man insoweit die alte Reichsverfassung einfach fortgelten, man sagt, die fraglichen Artikel wurden «inkorporiert», einverleibt. Der entscheidende Satz über die Kirchen steht in der Weimarer Reichsverfassung relativ weit hinten:

Art. 137 Abs. 5 Satz 1 WRV: *Die Religionsgesellschaften bleiben Körperschaften des öffentlichen Rechtes (...).*

Das ist nun für die einen ein starkes Argument dafür, dass Kirchenglocken öffentlichrechtlich läuten und nicht privatrechtlich. Andererseits haben wir gesehen, dass man sich nicht einmal im Parlamentarischen Rat auf die Festlegung des Verhältnisses von Staat und Kirche einigen konnte. Die Übernahme der Weimarer Artikel war da nur eine Notlösung. Und die Weimarer Rechtslage war in dieser Hinsicht auch nicht gerade eindeutig. Wenn Kirche und Staat eins wären, dann wäre alles klar. Aber so ist das nicht. Auch das steht in dem Artikel:

Art. 137 Abs. 1 WRV: *Es besteht keine Staatskirche.*

Das war 1919. Vorausgegangen war eine heftige Auseinandersetzung zwischen Staat und Kirche, die sich in den siebziger Jahren des 19. Jahrhunderts in Deutschland, und besonders in Preußen, zum sog. Kulturkampf steigerte, den sich Bismarck mit Papst Pius IX. lieferte und bei dem die Rechte der Kirche beschnitten wurden: 1871 der sog. Kanzelparagraf, 1872 das Jesuitengesetz, 1873 in Preußen die sog. Maigesetze. Nach dem Tod Pius' IX. konnte mit dessen Nachfolger Leo XIII. eine Verständigung erzielt werden. Das führte 1918 und 1919 zur Trennung von Staat und Kirche, nach der es weder eine Staatskirche noch einen Kirchenstaat gibt.

Den Theologen geht es übrigens nicht besser als den Juristen: Auch in der Bibel finden sich über das Verhältnis von Kirche – der Begriff leitet sich vom griechischen Wort «Kyriake» her und heißt so viel wie «dem Herrn gehörig» – und Staat entgegengesetzte Aussagen: «Jedermann sei Untertan der Obrigkeit», heißt es in Römer, 13,1 und «Man muss Gott mehr gehorchen denn den Menschen» in der Apostelgeschichte, 5. Je nachdem, welche Bibelstelle man mehr betont, geht der Staat der Kirche vor oder umgekehrt. Im Mittelalter folgte man, gestützt auf Lukas 22,38, der «Lehre von den zwei Schwertern», dem geistlichen und dem weltlichen, die Gott zur Verteidigung der Christenheit an Papst und Kaiser verliehen hatte. Jedoch kam bald natürlich Streit darüber auf, ob Papst und Kaiser ihre Schwerter beide unmittelbar von Gott erhalten hatten (so die Auffassung der deutschen Kaiser), oder ob der Papst beide Schwerter mit dem Recht empfangen hatte, das eine an den Kaiser weiterzuverleihen (so der Papst). Daran entbrannte der sog. Investiturstreit über die Frage der Einsetzung geistlicher Würdenträger, die Investitur, in dessen Verlauf Gregor VII. für den Papst das Recht beanspruchte, den Kaiser abzusetzen. Kaiser Heinrich IV. unterlag und demonstrierte mit seinem berühmten Gang nach Canossa (1077) seine politische Niederlage. Im Investiturstreit wurde mit dem Wormser Konkordat (1122) ein Kompromiss geschlossen. Danach ging es weiter hin und her, letzlich hat der Staat doch die Oberhand gewonnen. So sind Staat und Kirche im säkularisierten Staat getrennt, wobei die Trennung nach dem vielzitierten Wort freilich nur eine «hinkende Trennung» ist. «Hinkend», weil die beiden großen Religionsgesellschaften – anders als etwa in den USA –

ihrer Rechtsform nach eben doch noch «Körperschaften des öffentlichen Rechts» sind und keine privatrechtlichen Vereine wie manche Sekten. Warum? Warum keine saubere Trennung von Staat und Kirche? Der Grund ist das liebe Geld. Ihre eigentümliche Zwitterstellung erlaubt es den Kirchen nämlich, wie der Staat vom Bürger Geld einzuziehen:

Art. 137 Abs. 6 WRV: *Die Religionsgesellschaften, welche Körperschaften des öffentlichen Rechtes sind, sind berechtigt, auf Grund der bürgerlichen Steuerlisten nach Maßgabe der landesrechtlichen Bestimmungen Steuern zu erheben.*

Das Kirchensteuerrecht: viele – auch innerhalb der Kirche – wollen es abschaffen, und es ist in unserem religiös neutralen Staat wirklich nicht mehr zeitgemäß. Deshalb haben die Befürworter des Privatrechtsweges gesagt, die öffentlich-rechtliche Stellung der Kirchen in Deutschland sei ja nur eine verbale Lösung. Eben der Kirchensteuer wegen. Ansonsten seien Kirchen zu behandeln wie andere privatrechtliche Vereine auch, wenn sie Lärm machen. Sie haben sich mit der Argumentation nicht durchgesetzt. Ihre Gegner haben eine starke Waffe ins Feld geführt:

5. Die heilige Sache

Wenn die Kirchen Lärm machen, dann benutzen sie dazu nämlich «heilige Sachen», lateinisch: «res sacrae». – Wir haben im ersten Kapitel das Dritte Buch des Bürgerlichen Gesetzbuches, das Sachenrecht, kennengelernt. Die Perle, die Auster, die Schnecke im Salat, das waren Sachen im Sinne des Bürgerlichen Gesetzbuches. Für sie gilt das Sachenrecht. Kirchenglocken sind an sich auch Sachen, nämlich körperliche Gegenstände, für sie gelten aber Sonderregelungen. Es sind nämlich «öffentliche Sachen». Öffentliche Sachen sind zum Beispiel die öffentlichen Straßen und Plätze, Brücken und Tunnel usw., und wiederum ein Unterfall der öffentlichen Sachen sind die «res sacrae». Für sie gilt das öffentliche Sachenrecht, das Rechtsprechung und Verwaltungslehre entwickelt haben und das nirgends festgeschrieben steht.

Was das bedeutet, mag folgender, vor gar nicht langer Zeit entschiedener Fall veranschaulichen, der Hamburger «Stadtsiegelfall»:

Die Freie und Hansestadt Hamburg besaß im 14. Jahrhundert Handstempel zum Siegeln von Urkunden (Siegeltypar). Bei dem Siegeltypar, um den es geht, handelt es sich um das Original des IV. Hamburger Stadtsiegels, das nachweislich bereits 1306 zum Siegeln von Urkunden benutzt wurde. Es wurde 1810 außer Gebrauch gesetzt, jedoch in der Kämmerei unter Verschluss gehalten, später in das Stadtarchiv übernommen und dort inventarisiert. Soweit erforderlich, wurde es zur Überprüfung der Echtheit von Urkunden herangezogen. 1944 wurde das Archivgut in einen Salzstock ausgelagert. Nach dem Rücktransport unter britischer Bewachung wurde festgestellt, dass die Kiste, in der das Siegel aufbewahrt wurde, aufgebrochen und das Siegel nebst Aufbewahrungsbeutel entwendet worden war. Sowohl Auslagerung als auch Verlust des Siegels sind aktenmäßig dokumentiert. Im Inhaltsverzeichnis der Archivalien ist neben Kiste 104 handschriftlich vermerkt «auf dem Transport erbrochen» sowie neben Nr. 2 der Liste «fehlt». Außerdem existiert ein Schreiben an den zuständigen britischen Offizier, in dem der Verlust des Siegels, dem ältesten noch vorhandenen Stadtsiegel aus dem 14. Jahrhundert, als unersetzlich bezeichnet wird.

1987 tauchten Siegeltypar und Aufbewahrungsbeutel wieder auf, Besitzerin war eine Antiquitätenhändlerin in Köln, die beide 1986 auf einer Auktion eines Kunsthauses erworben hatte. Im Auktionskatalog ist das Siegel wie folgt beschrieben: «2402 Stadtsiegel von Hamburg, Bronze, vergoldet. Runde Plakette mit dem Wappen der Stadt und mit umlaufendem Schriftband. Rückseitig kleine Öse. Dazu original gestickte Tasche. D. 9 cm (83 086). Hamburg. 18. Jahrh. Abb. Tafel 527: 1800 DM.» Auftraggeber war ein Ehepaar, welches das Siegel einige Jahre zuvor auf einem Trödelmarkt in Braunschweig erworben hatte. Die Stadt Hamburg wurde auf den Verbleib ihres Stadtsiegels durch eine Kunstmesse aufmerksam, bei der ihr das Siegeltypar zum Rückkauf angeboten wurde. Zurückkaufen wollte Hamburg den Siegelstempel aber nicht; stattdessen klagte die Stadt vor den Zivilgerichten auf Herausgabe des Stadtsiegels nebst purpurfarbenem Aufbewahrungsbeutel, und zwar zunächst vor dem Landgericht Köln, ohne Erfolg, dann vor dem Oberlandesgericht Köln, wieder erfolglos, und schließlich vor dem höchsten deutschen Zivilgericht, dem Bundesgerichtshof in Karlsruhe – in allen drei Instanzen erfolglos.

Denn nach dem Zivilrecht ist es so: Grundsätzlich erwirbt der Dieb kein Eigentum an gestohlenen Sachen, daher kann er auch durch den Weiterverkauf niemandem das Eigentum daran verschaffen. «Nemo plus ius transferre podest quam sui habet», nannten das die Römer: Niemand kann mehr Recht übertragen, als er selber hat. Das deutsche Recht kennt zwar auch einen gutgläubigen Erwerb, aber das gilt halt nicht für gestohlene Sachen.[15] Also aufpassen beim Kauf von Gebrauchtwagen! Wer ein gestohlenes Auto kauft, hat Pech gehabt und muss es dem Eigentümer zurückgeben, wenn herauskommt, dass es sich so verhält. Es spielt keine Rolle, wie oft die Sache gutgläubig verkauft und gutgläubig gekauft wurde. Die ganze Kette von Weiterübertragungen ist unwirksam, wenn die Sache irgendwann einmal gestohlen worden ist, wie hier der Stempel. So weit, so gut. Bis hierhin ist die Stadt noch Eigentümerin und könnte das Siegel zurückverlangen. Aber: Das alles gilt nicht, wenn die Sache zwischendurch einmal öffentlich versteigert worden ist[16] – wie der Stempel. Derjenige, der sie ersteigert, wird Eigentümer.

Das hat der BGH am 5. Oktober 1989 entschieden. Also versuchte es die Stadt auf dem Verwaltungsrechtsweg. Am 20. März 1991 lag das Urteil des kleinen Verwaltungsgerichts Köln vor, das den fünf Richtern in Karlsruhe widersprach: Der Stempel sei nämlich eine öffentliche Sache. Das gab es zwar damals, 1306, noch nicht, weil die Verwaltungswissenschaft noch nicht so weit war; aber jedenfalls sei der Stempel ja zum öffentlichen Gebrauch in Dienst gestellt worden. Nun wurde das Siegeltypar aber 1810 im Zuge der Einverleibung der Stadt in das Französische Reich wieder außer Dienst gestellt. Macht nichts, denn es wurde ja gelegentlich noch zur Überprüfung der Echtheit von Urkunden benutzt. Also war es immer noch eine «öffentliche Sache». Und für öffentliche Sachen gilt die Theorie vom «modifizierten Privateigentum», d. h. es kann schon sein, dass die Kölner Antiquitätenhändlerin zivilrechtlich Eigentümerin geworden ist, aber ihr Eigentum wird von so einer Art öffentlich-rechtlichem Eigentum «überlagert», wie man sagt. Im Klartext: Es ist nichts wert; sie muss das Siegel wieder hergeben.

Die Kirchenglocken sind nicht nur «öffentliche Sachen» – es sind sogar «heilige» Sachen: In Dienst gestellt für die heilige Sache – zu liturgischen Zwecken –, Verwaltungsrechtler sagen, «gewidmet». Dazu war vom OLG Frankfurt eigens ein Gutachten des Beratungsausschusses für das deutsche Glockenwesen, Darmstadt, eingeholt worden. Und wenn eine öffentliche Sache bestimmungsgemäß («widmungsgemäß») benutzt wird, dann muss diese Benutzung auch öffentlich-rechtlich sein, argumentierte der große Staats- und Verfassungsrechtler Isensee ebenfalls in einem Gutachten. Wie der Stempel: Wenn damit gestempelt wird, dann ist das öffentlich-rechtliches Stempeln. Wenn die Glocken läuten, dann ist das öffentlich-rechtliches Läuten. Jedenfalls wenn sie zum Gebetsaufruf geläutet werden (liturgisches Geläute) – nicht, wenn aus weltlichen Anlässen geläutet wird, z. B. bei Feuer und gemeiner Gefahr (sog. Polizeigeläute), anlässlich des Gedenktages für deutsche Kriegsgefangene in Rheinland-Pfalz oder zur Zeitangabe – Letzteres ist freilich umstritten, denn der Stundenschlag ist, weil an die Zeitlichkeit des Seins erinnernd, in den Worten des Oberverwaltungsgerichts des Saarlandes letztlich ebenfalls eine traditionelle Äußerung kirchlichen Gemeindelebens.[17]

6. Die Klageart

Ist der richtige Rechtsweg gefunden, so muss auch noch die Klageart stimmen. Es muss eine passende Klage gefunden werden. Prototyp der verwaltungsrechtlichen Klage ist die «Anfechtungsklage»:

§ 42 Abs. 1 VwGO: *Durch Klage kann die Aufhebung eines Verwaltungsakts (Anfechtungsklage)(...) begehrt werden.*

Wie vieles im öffentlichen Recht kommt auch der «Verwaltungsakt» aus Frankreich. Dort heißt er «acte administratif». Was ein Verwaltungsakt ist, dafür gibt es seit 1976 eine Definition. Man sagt, eine «Legaldefinition», weil sie im Gesetz steht – und zwar im Verwaltungsverfahrensgesetz (VwVfG):

§ 35 Satz 1 VwVfG: *Verwaltungsakt ist jede Verfügung, Entscheidung oder andere hoheitliche Maßnahme, die eine Behörde zur Regelung eines Einzelfalls auf dem Gebiet des öffentlichen Rechts trifft und die auf unmittelbare Rechtswirkung nach außen gerichtet ist.*

Das beste Beispiel dafür ist der Steuerbescheid. Aber auch die Baugenehmigung, der Einberufungsbescheid – ganz allgemein jedes Verbot oder Gebot, das die Behörde an jemanden richtet. Wenn der sich dagegen wehren will, dann kann er aber nicht gleich klagen, sondern muss zunächst ein «Vorverfahren», auch «Widerspruchsverfahren» genannt, durchführen:

§ 68 Abs. 1 Satz 1 VwGO: *Vor Erhebung der Anfechtungsklage sind Rechtmäßigkeit und Zweckmäßigkeit des Verwaltungsakts in einem Vorverfahren nachzuprüfen.*

§ 69 VwGO: *Das Vorverfahren beginnt mit der Erhebung des Widerspruchs.*

§ 70 Abs. 1 Satz 1 VwGO: *Der Widerspruch ist innerhalb eines Monats, nachdem der Verwaltungsakt dem Beschwerten bekannt gegeben worden ist, schriftlich oder zur Niederschrift bei der Behörde zu erheben, die den Verwaltungsakt erlassen hat.*

Wenn das geschehen ist und wenn die Behörde daraufhin immer noch nicht freiwillig «Abhilfe» geleistet hat – so nennt es das Gesetz –, dann ergeht ein «Widerspruchsbescheid», und dann, erst dann, kann man innerhalb eines Monats Klage vor dem Verwaltungsgericht erheben:

§ 113 Abs. 1 Satz 1 VwGO: *Soweit der Verwaltungsakt rechtswidrig und der Kläger dadurch in seinen Rechten verletzt ist, hebt das Gericht den Verwaltungsakt (…) auf.*

Dann wären die Anwohner an ihrem Ziel. Aber das Glockenläuten, ist das ein Verwaltungsakt? Nein! Aus mehreren Gründen: Einmal ist es keine hoheitliche Maßnahme einer Behörde. Zwar ist die Kirche im Sinne des Paragrafen eine Behörde, aber sie handelt nicht hoheitlich. Zweitens wird damit kein Einzelfall geregelt, es wird überhaupt nichts dadurch geregelt, es macht nur Lärm. Und drittens ist es auch schon vorbei. In der Sprache der Juristen: Es hat sich erledigt. Typisches Beispiel dafür ist der Schlag eines Polizisten mit dem Schlagstock: Der «regelt» auch nichts, denn damit ist nur eine rechtliche Regelung gemeint. Außerdem hat er sich «erledigt». Er ist vorüber. Aus und vorbei. Außer freilich der Platzwunde am Kopf! Und dagegen soll man sich nicht wehren können? – Zuerst hat man gesagt, der Schlag, das sei doch eine Regelung: Darin stecke nämlich eine «Duldungsverfügung», also die rechtliche Anordnung, den Schlag zu dulden. So hat man in den Anfängen des Verwaltungsrechts in allem versucht, einen versteckten Verwaltungsakt («VA») zu sehen. Denn ohne «VA» keine Klage und ohne Klage kein Richter. – Heute braucht man solche fadenscheinigen Konstruktionen nicht mehr.

Immer dann, wenn ein Rechtsgebiet sich neu entwickelt, spielen Klagen eine große Rolle. Am Anfang gibt es naturgemäß immer nur einige wenige Streitigkeiten, mit denen sich die Gerichte befassen. Für jeden dieser Fälle gibt es eine Klage. Für andere Fälle steht keine Klageart zur Verfügung. Sie werden auf andere Weise geregelt oder bleiben ungeregelt. Erst allmählich werden für alle Fälle die passenden Klagearten entwickelt, dann spielt das Prozessrecht keine so große Rolle mehr. Es kommt dann mehr auf das «sachliche» Recht an, also wie in der Sache zu entscheiden ist. So ist es auch im Zivilrecht gewesen. Am Anfang, bei den Römern, standen noch die Klagen im Vordergrund. Sie hießen «actio». Jede war anders, und jede hatte einen bestimmten Wortlaut, den Kläger und Beklagter vor dem Praetor aufsagen mussten. Wer sich im geringsten irrte, hatte den Prozess verloren. Die Spruchformeln kannten nur die Pontifices, bei denen man Auskunft einholen musste.

Ihre Namen leben bis heute fort, z. B. die «actio negatoria» für den zivilrechtlichen Unterlassungsanspruch. Wenn sachliches Recht («materielles Recht») und Prozessrecht («formelles Recht») derart eng miteinander verwoben sind, dass es ein Recht nur da gibt, wo es auch eine Klage gibt, dann nennt man das «aktionenrechtliches Denken». Im Zivilrecht brauchte man es nicht mehr und hat es aufgegeben, das Verwaltungsrecht ist noch immer mitten in dieser Entwicklung. Aber man hat schon Fortschritte gemacht: Einen Verwaltungsakt braucht man nun nicht mehr unbedingt für eine Klage, es genügt ein «Realakt» – wie der Schlag mit dem Knüppel zum Beispiel. Die Vorschriften finden dann analoge (entsprechende) Anwendung. Und dass er sich erledigt hat, spielt auch keine Rolle mehr, die Vorschriften werden dann «doppelt analog» angewendet. Die Vorschrift, mit der das bewerkstelligt wird, ist:

§ 113 Abs. 1 Satz 4 VwGO: *Hat sich der Verwaltungsakt vorher durch Zurücknahme oder anders erledigt, so spricht das Gericht auf Antrag durch*

Urteil aus, dass der Verwaltungsakt rechtswidrig gewesen ist, wenn der Klä-
ger ein berechtigtes Interesse an dieser Feststellung hat.

Man nennt das ein «Fortsetzungsfeststellungsinteresse», die Klage heißt «Fortsetzungsfeststellungsklage» im Juristendeutsch. Weil sie als Anfechtungsklage begonnen hat und als Feststellungsklage fortgesetzt wird. Der Name, den man für sie gefunden hat, drückt angemessen die Schwierigkeiten aus, die man bei ihrer Erfindung gehabt hat. Jetzt gehört sie zum Gemeingut des Verwaltungsverfahrensrechts, und sie ist die passende Klage für den Niedergeknüppelten. Aber wie steht es mit den Kirchenglocken? Wir sind so weit, dass damit überprüft werden könnte, ob das Läuten der Glocken rechtswidrig war. Aber das hilft uns nicht weiter: Dann war es zwar rechtswidrig, sie zu läuten, zum Schweigen bringen könnten wir sie damit aber nicht. Mit anderen Worten: Dem Arzt ist nicht damit gedient, dass das Verwaltungsgericht die Rechtswidrigkeit feststellt; er will der Kirche verbieten lassen, die Glocken künftig in aller Herrgottsfrühe zu läuten. Dafür brauchen wir eine andere Klage.

Es gibt sie, aber sie steht ebenfalls nicht im Gesetz. Auch sie musste erst erfunden werden. Man kann sagen, dass die letzten Lücken im verwaltungsrechtlichen Klagesystem damit geschlossen wurden. Es ist die «Allgemeine Leistungsklage», die in zwei Formen vorkommt, nämlich in Form der Vornahmeklage und in Form der Unterlassungsklage. Pate gestanden hat dafür die «actio negatoria» aus dem römischen Recht, die wir schon kennen. Sie ist die Mutter aller Unterlassungsansprüche, die es heute gibt. Das BGB drückt es so aus:

§ 1004 Abs. 1 BGB: *Wird das Eigentum in anderer Weise als durch Entziehung oder Vorenthaltung des Besitzes beeinträchtigt, so kann der Eigentümer von dem Störer die Beseitigung der Beeinträchtigung verlangen. Sind weitere Beeinträchtigungen zu besorgen, so kann der Eigentümer auf Unterlassung klagen.*

7. Die Beschwer

Nun gibt es noch eine letzte Hürde zu überwinden, mit der ausgeschlossen werden soll, dass der «quivis ex populo» klagen kann, der «Jedermann». Wörtlich übersetzt: irgendwer aus dem Volk. Was wäre daran so schlimm, wenn jeder klagen könnte, du und ich? Man muss sich in Erinnerung rufen, was das öffentliche Recht vom Privatrecht unterscheidet. Es geht um den Staat. Was der macht, ist zwar nicht immer richtig. Aber es geht auch nicht an, dass jeder Bürger bei allen Staatsgeschäften mitreden kann. Dafür gibt es Wahlen. Darum gilt:

§ 42 Abs. 2 VwGO: *Soweit gesetzlich nichts anderes bestimmt ist, ist die Klage nur zulässig, wenn der Kläger geltend macht, durch den Verwaltungsakt oder seine Ablehnung oder Unterlassung in seinen Rechten verletzt zu sein.*

Dieser Grundsatz ist so wichtig, dass er nicht nur bei Verwaltungsakten, sondern ganz allgemein, immer und überall im öffentlichen Recht gilt. Auch für die Unterlassungsklage, die selbst nicht im Gesetz steht, gilt insoweit das Gesetz. Ein Beispiel: Ein Kläger will gegen den Bau eines Hauses vorgehen, das er für hässlich hält. Wenn er nicht ein Nachbar ist, der das scheußliche Bauwerk jeden Tag ansehen muss, dann geht das nicht. Anders, wenn er in der Nachbarschaft wohnt. Dann kann er geltend machen, durch die Baugenehmigung in seinen Rechten verletzt zu sein. Die Baugenehmigung ist ein Verwaltungsakt. Er ist zwar nicht an ihn ergangen, trotzdem greift er möglicherweise in seine Rechte ein, belastet ihn, «beschwert» ihn. Nur wer beschwert ist, darf sich beschweren! Deshalb kann der Nachbar dagegen vorgehen, dass ihm ein unansehnliches Haus vor die Nase gesetzt wird. Oder dass das Nachbarhaus zu nahe an die Grundstücksgrenze gebaut wird und ihm die Sonne wegnimmt. Aber nicht, dass es zu nahe an die Straße gebaut wird. Das ist zwar auch verboten, aber es verletzt den Kläger nicht in seinen Rechten. Solche Bauvorschriften dienen nämlich nur der allgemeinen Ordnung und verleihen den Nachbarn keine Rechte. Seine Klage wäre unzulässig, obwohl die Baugenehmigung rechtswidrig ist. Die Vorschriften über den Seitenabstand zu den anderen Häusern, den sog. «Bauwich», sind aber gerade zum Schutz dieser

Nachbarn da, daher können sie klagen. Dem Bauherrn wird das nicht sonderlich gefallen, an ihn ist der Verwaltungsakt zwar gerichtet. Er belastet ihn aber nicht, sondern begünstigt ihn, weil er ihm die Erlaubnis gibt zu bauen. Das ist der Sonderfall eines «Verwaltungsaktes mit Doppelwirkung», also eines Verwaltungsaktes, der zugleich belastet und begünstigt. Damit haben wir es hier aber nicht zu tun. Normalerweise belastet der Verwaltungsakt den, an den er gerichtet ist, und der kann dagegen auch klagen. Wie unser Arzt oder der technische Kaufmann oder der Referendar. Sie sind zwar nicht die Adressaten eines Verwaltungsaktes geworden, aber sie sind Nachbarn und können als solche geltend machen, in ihren Rechten verletzt zu sein.

8. Die Begründetheit

Ob sie wirklich in ihren Rechten verletzt sind, ist eine andere Frage. Dazu kommen wir jetzt. Die Klage ist zulässig, nun kann das Gericht prüfen, ob sie auch begründet ist, also ob sie Erfolg hat. Dann muss die Kirche das Geläute in Zukunft unterlassen. Das Recht, in dem die Nachbarn verletzt sein könnten, ist kein normales Recht – es ist sogar ein ganz besonders wichtiges Recht, ein Grundrecht, das deshalb ganz vorn in der Verfassung steht.

Art. 2 Abs. 2 Satz 1 GG: *Jeder hat das Recht auf Leben und körperliche Unversehrtheit.*

Die Grundrechte, das sind die Artikel 1 bis 18 des Grundgesetzes (GG). Sie stehen absichtlich ganz am Anfang unserer Verfassung, die sich bescheiden «Grundgesetz» nennt. Damit sollte ihr provisorischer Charakter bis zu einer neuen Verfassung für das wiedervereinigte Deutschland betont werden, na ja. In Weimar war das anders: da standen sie versteckt, irgendwo in der Mitte, in den Artikeln 109 bis 165, und hießen auch nicht Grundrechte, sondern «Grundrechte und Grundpflichten aller Deutschen». Man hat gesehen, wohin das geführt hat. Davon wollten sich die Väter unserer Verfassung in Herrenchiemsee auch äußerlich absetzen, indem sie sie der Verfassung voranstellten – das Wichtigste, die Menschenwürde, das sog. Muttergrundrecht, dem alle anderen entspringen, zuerst. Der erste Artikel lautet daher:

Art. 1 GG: *Die Würde des Menschen ist unantastbar. Sie zu achten und zu schützen ist Verpflichtung aller staatlichen Gewalt. Das Deutsche Volk bekennt sich darum zu unverletzlichen und unveräußerlichen Menschenrechten als Grundlage jeder menschlichen Gemeinschaft, des Friedens und der Gerechtigkeit in der Welt. Die nachfolgenden Grundrechte binden Gesetzgebung, vollziehende Gewalt und Rechtsprechung als unmittelbar geltendes Recht.*

Dann folgen die anderen Grundrechte: das Recht zur freien Entfaltung der Persönlichkeit, die Gleichheit vor dem Gesetz, die Glaubensfreiheit, die Meinungsfreiheit, Presse-, Kunst- und Wissenschaftsfreiheit, die Berufsfreiheit, Versammlungsfreiheit, Ehe und Familie, das Brief-, Post- und Fernmeldegeheimnis, die Unverletzlichkeit der Wohnung und die Eigentumsgarantie – das sind nur die wichtigsten. Ein Grundrecht gibt es, das sogar nur Ausländern, nicht Deutschen, zusteht: das Asylrecht.[18] Sie sind mit «Ewigkeitsgarantie» ausgestattet:

Art. 79 Abs. 3 GG: *Eine Änderung dieses Grundgesetzes, durch welche die Gliederung des Bundes in Länder, die grundsätzliche Mitwirkung der Länder bei der Gesetzgebung oder die in den Artikeln 1 und 20 niedergelegten Grundsätze berührt werden, ist unzulässig.*

Da steht zwar «und», zu lesen ist es aber wie «bis zwanzig», sagen die Verfassungsjuristen. Aber auch sonst ist einiges unklar an der Vorschrift: Es ist kaum eine Gesetzesänderung, zumal des Grundgesetzes, um das es ja geht, denkbar, die nicht die in Artikel 20 niedergelegten Grundsätze – das Bundesstaatsprinzip, das Sozialstaatsprinzip, Demokratieprinzip, Rechtsstaatsprinzip und vieles mehr, was dort nicht ausdrücklich steht, aber hineingelesen wird – wenigstens «berührt». Und was würde eigentlich geschehen, wenn man mit der für Verfassungsänderungen ansonsten vorgeschriebenen Zweidrittelmehrheit (also zwei Drittel der Mitglieder des Bundestages und zwei Drittel der Mitglieder des Bundesrates) ein Gesetz erließe mit dem Inhalt: «Art. 79 ist aufgehoben»?

Die Frage ähnelt der, ob ein allmächtiger Gott einen Stein erschaffen könnte, der so schwer ist, dass selbst er ihn nicht heben könnte – ein logisches Problem, das dem Büchlein des Herrn Smullyan entnommen sein könnte: Kann er ihn erschaffen, ist er nicht allmächtig, denn er kann ihn nicht heben. Kann er ihn heben, ist er nicht allmächtig, denn er kann keinen solchen Stein erschaffen. Aber vielleicht kommt es gar nicht darauf an, ob der Gesetzgeber ein solches Gesetz machen könnte. Die Väter und Mütter des Grundgesetzes wollten jedenfalls nicht die Fehler von Weimar wiederholen. Formell war die Weimarer Verfassung von den Nationalsozialisten niemals außer Kraft gesetzt worden. Aus diesen Erfahrungen wollte man eine Lehre ziehen. Die Demokratie sollte nicht die Voraussetzungen für ihre eigene Beseitigung schaffen. Und darum auch:

Art. 20 Abs. 4 GG: *Gegen jeden, der es unternimmt, diese Ordnung zu beseitigen, haben alle Deutschen das Recht zum Widerstand, wenn andere Abhilfe nicht möglich ist.*

Freilich hat auch das Widerstandsrecht mehr symbolischen Charakter. Es hat nämlich einen Pferdefuß, den viele übersehen, die sich darauf berufen. Es gilt nur, «wenn andere Abhilfe nicht möglich ist». Abhilfe ist aber möglich, solange es Gerichte gibt, und wenn es keine Gerichte mehr gibt, dann gibt es auch kein Forum mehr, vor dem man sich darauf berufen kann. Im Übrigen wird sich eine Regierung, gegen die ein Widerstand überhaupt nur in Betracht kommt, kaum an diese Vorschrift gebunden fühlen, so wenig wie an die «Ewigkeitsgarantie».

Verletzt das heilige Bimbam nun das Grundrecht des Arztes, der es eigentlich wissen muss, des angehenden Lehrers und des technischen Kaufmannes auf körperliche Unversehrtheit? Eine knifflige Frage. Sicher ist nur, dass täglich sich wiederholende Geräusche von einer bestimmten Phonstärke an im Laufe der Zeit Wohlbefinden und körperliche Gesundheit in Mitleidenschaft ziehen können. Einer vom erzbischöflichen Glockeninspektor durchgeführten Lautstärkemessung zufolge bringt es die Angelus-Glocke tagsüber auf einen Geräuschpegel von maximal 52 dB, aber da mag der erzbischöfliche Vertreter geschummelt haben. Wiethaup, Autor von «Lärmbekämpfung in der Bundesrepublik Deutschland», berichtet von unabhängigen Messungen, wonach der Geräuschwert eines vollen Glockengeläuts in unmittelbarer Nähe der Kirche bei geöffneten Fenstern 70 DIN-Phon ergab. Bei geschlossenen Fenstern sanken die Werte allerdings auf unter 30 DIN-Phon, und in einem Umkreis von 1 km waren es gar nur noch 6 DIN-Phon.

Für den, der sich mit diesen Dingen nicht von selbst auskennt, sei gesagt: Als Lärmstufe I, bei der Belästigungen und psychische Wirkungen ausgelöst werden können, wird eine solche von 30 bis 60 DIN-Phon bezeichnet. Der Motor eines Personenwagens erzeugt bereits etwa 80–90 DIN-Phon. Der normale Verkehrslärm einer Hauptstraße dringt noch mit 55–75 Phon in geschlossene Räume. Weshalb manche Autoren die Vermutung geäußert haben, es könne sich bei den Klägern nur um hypersensible Nachbarn handeln. Die meisten Menschen empfänden das Glockenläuten im Gegenteil als «durchaus melodisch und zu einem Feiertag gehörig», so der Amtsgerichtsrat Baldus aus Neuss. Wenn es doch einmal Beschwerden gebe, dann müsse es daran liegen, dass das Geläut nicht fachgerecht zusammengestellt oder das Turmbauwerk mangelhaft sei. Freiherr von Campenhausen, Professor aus München, berichtet denn auch von unvollkommenen Glockenstuben und falsch aufgehängten Glocken. Eine andere Erklärung hat Laubinger. Er vermutet, die Belastung des Menschen durch Lärm hänge nicht nur von «objektiven» Faktoren (wie Stärke und Dauer des Geräuschs), sondern auch von individuellen, «subjektiven», Faktoren, wie zum Beispiel seinem Alter, aber vor allem auch seiner Einstellung zum Geräuscherzeuger ab: Je sympathischer die Geräuschquelle, umso weniger belästigend werde der von ihr hervorgerufene Lärm empfunden. Der Lärm, den die eigenen Kinder verursachen, wird in der Tat zumeist als weniger störend empfunden als die Lärmentfaltung fremder Kinder, womöglich derjenigen des verhassten Nachbarn. Schon das ehrwürdige Reichsgericht hatte in seiner Entscheidung erklärt, dass zwar «gegen einen etwa mit dem Geläute der Glocken getriebenen Missbrauch» vorgegangen werden könne. Abgesehen von einzelnen Störfällen wegen technischer Defekte des Läutwerks, seien Gesundheitsgefahren aber nicht zu befürchten. Wer sich einmal zwischen Lübeck und Passau in einer Gasse neben einer Kirche befunden hat, als es einen Glockenschlag tat, der wird die Richtigkeit solcher Ausführungen bezweifeln – aber darauf kommt es gar nicht an. Entscheidend ist, dass auch die Kirchen ein Recht haben zu läuten, und zwar ebenfalls ein Grundrecht!

9. Die Konfusion

Die Kirchen? Ein Grundrecht? Ein «Menschenrecht»? Spätestens hier muss man stutzig werden: Kann denn eine Kirche, ein Verein, ein Gebilde, Grundrechte haben? Sind es nicht nur Menschen, die Träger «unveräußerlicher Menschenrechte» («unalienable rights», wie es in der amerikanischen Unabhängigkeitserklärung, der «Declaration of Independence»,[19] heißt) sein können? Die Herren von Herrenchiemsee, wo der erste Verfassungsentwurf erstellt wurde, der vom Parlamentarischen Rat später angenommen und schließlich von den Landtagen gebilligt wurde, haben es aber eindeutig in den Verfassungstext geschrieben:

Art. 19 Abs. 3 GG: *Die Grundrechte gelten auch für inländische juristische Personen, soweit sie ihrem Wesen nach auf diese anwendbar sind.*

Kirchen sind nämlich juristische Personen. Natürliche Personen, das sind Menschen, also du und ich. Juristische Personen sind dagegen Vereine, der Sportverein oder der Hühnerzüchterverein, aber auch Gewerkschaften, zum Beispiel die IG Metall – und Gesellschaften, wie die Aktiengesellschaft (AG) oder die Gesellschaft mit beschränkter Haftung (GmbH). Banken und Versicherungen, das sind meistens Aktiengesellschaften, also juristische Personen. Sie können folglich Grundrechte haben, zum Beispiel das Grundrecht auf Eigentum (Art. 14 GG), aber sie können nicht heiraten (Art. 6), auch das Grundrecht auf freie Entfaltung der Persönlichkeit, auf Leben und körperliche Unversehrtheit steht ihnen nicht zu. Das ist damit gemeint, dass sie «ihrem Wesen nach» anwendbar sein müssen.

Doch das ist nicht das einzige Problem, das die Gelehrten zweifeln lässt, ob die Grundrechte auf «Körperschaften des öffentlichen Rechts» wohl anwendbar sind. Die Grundrechte sind Anfang des 18. Jahrhunderts als Abwehrrechte der freien Bürger gegen den absolutistischen Staat entstanden. Grundrechte sind «staatsgerichtet», sie stehen gegen den Staat. Der Staat muss Grundrechte beachten, hat aber selbst keine. Er ist an sie gebunden, wird aber durch sie nicht berechtigt. Sonst stünde der Staat ja gegen sich selbst. Das wäre eine «Vertauschung» von Berechtigung und Verpflichtung, ein «Durcheinander», eine «Verwirrung», kurz: eine «Konfusion» (lat.

für Verwirrung, Vermischung, Durcheinander). Berechtigter und Verpflichteter würden «konfundiert».

Die Kirchen sind öffentlich-rechtliche Körperschaften. Damit sind sie gewissermaßen selbst Teil des Staates. Deshalb mussten der Arzt, der Kaufmann und die anderen Anwohner schließlich vor den Verwaltungsgerichten klagen und nicht vor dem Zivilgericht wie bei normalen Nachbarstreitigkeiten. Würde man den Kirchen Grundrechte geben, so wirkten diese als Abwehrrechte gegen den Bürger. Sie wären in das Gegenteil dessen verkehrt, als das sie einmal gedacht waren. Nicht ganz einfach, aus der Sackgasse wieder herauszukommen. Das Bundesverfassungsgericht hat in diesem Zusammenhang von einer «grundrechtstypischen Gefährdungslage» gesprochen, in der sich die Kirchen und mit ihnen die Universitäten und die öffentlich-rechtlichen Rundfunkanstalten befänden. Obwohl selbst Teil des Staates, stünden sie dem Staat wie ein Bürger gegenüber, der sich mit den Grundrechten gegen Übergriffe des Staates verteidigen kann. Deshalb können sich Universitäten auf die Freiheit der Wissenschaft (Art. 5 Abs. 3 GG), Rundfunkanstalten auf die Freiheit des Rundfunks (Art. 5 Abs. 1) und Kirchen auf die Religionsfreiheit berufen:

Art. 4 GG: *(1) Die Freiheit des Glaubens, des Gewissens und die Freiheit des religiösen und weltanschaulichen Bekenntnisses sind unverletzlich. (2) Die ungestörte Religionsausübung wird gewährleistet.*

Nun bleibt nur noch zu klären, ob Glockenläuten wirklich Religionsausübung ist. Religionsausübung, ist das nicht nur das heilige Abendmahl und die Predigt von der Kanzel? Müssen dazu unbedingt die Glocken geläutet werden? Für den Verfassungsjuristen heißt das: Fällt das Glockenläuten überhaupt in den grundrechtlich geschützten Bereich, ist der Schutzbereich des Grundrechts eröffnet? Wer legt eigentlich fest, was zur Religionsausübung dazu gehört und was nicht? Kann der Staat das tun, kann er sagen, dieses gehört dazu, das kannst du ungestört tun, jenes aber nicht, das kannst du nicht tun? Macht man damit nicht den Bock zum Gärtner? Gegen den Staat gerichtete Grundrechte wären nicht viel wert, wenn der Staat selbst entscheiden könnte, was darunter fällt und was nicht, zum Beispiel darüber, was Kunst und daher trotz allen Ärgers darüber hinzunehmen ist und was nicht («Kunstfreiheit»: Art. 5 Abs. 3 GG). Aber wer soll dann entscheiden? Früher hat das Bundesverfassungsgericht gesagt, das muss der Richter entscheiden, wie schließlich sonst auch: Kunst ist Dichten, Malen und Bildhauen! Ein «Happening» ist keine Kunst, und die Schmierfinken mit den Spraydosen sind keine Künstler. Später hat es gesagt, was Kunst ist, entscheidet die Kunst selbst. Und was Religionsausübung ist, entscheidet die Kirche. Glockengeläut ist Kulthandlung zum Zwecke des Gebetsaufrufs, zu diesem Ergebnis kommt denn auch ein Gutachten des Beratungsausschusses für das Deutsche Glockenwesen in Darmstadt, welches das OLG Frankfurt a. M. zu dieser Frage eingeholt hatte. Es gehört zum Ablauf des Gottesdienstes und ist zugleich «Zeichen der Präsenz der Kirchen in der Gesellschaft» (Peter Müssig). Kurzum: Es ist ein «Stück christlicher Verkündigung» (Bundesverwaltungsgericht im 18. Bande, Seite 341).

10. Die Grundrechtskollision

Damit steht «ungestörte Religionsausübung» gegen «ungestörte Nachtruhe» (Gesundheit). Grundrecht steht gegen Grundrecht. Gesundheit gegen Religion. Dafür bedienen sich selbst Juristen durchaus der Bildersprache: Zwei Grundrechte prallen aufeinander, sie kollidieren, wie zwei Schiffe im Nebel, man nennt es eine «Grundrechtskollision». Muss wie bei den Schiffen eines weichen oder untergehen? Welches Grundrecht ist wichtiger?

Vielleicht die Gesundheit (Art. 2), die steht nämlich vor der Religionsfreiheit (Art. 4). Dann ginge aber die Menschenwürde (Art. 1) sogar noch dem Recht auf Leben (ebenfalls Art. 2, siehe oben) vor. Das wird in der Tat von vielen Verfassungsjuristen behauptet und damit begründet, dass man einen Terroristen zum Beispiel auch dann nicht foltern darf, wenn das nötig ist, um ihm den Aufenthaltsort seines entführten und in Lebensgefahr befindlichen Opfers zu entlocken. Hier steht das Leben (des Opfers) gegen die Menschenwürde. Die Menschenwürde soll wegen ihrer auch räumlichen Hervorhebung allen anderen Grundrechten vorgehen. Andererseits ist das Leben nun einmal Grundvoraussetzung dafür, dass die anderen Grundrechte überhaupt ausgeübt werden können und Menschenwürde bestehen kann, deshalb kann man an der Berechtigung dieses Argumentes auch zweifeln.

Kein Grundrecht ist wichtiger als das andere, sagt das Bundesverfassungsgericht häufig, es kommt darauf an, beide «im Wege praktischer Konkordanz zu einem schonenden Ausgleich zu bringen». Konkordanz, nicht Konkordat (ein Konkordat ist ein Vertrag mit dem Heiligen Stuhl). Also so etwas wie ein friedliches Zusammenleben, bei dem beide Seiten nachgeben und sich in der Mitte treffen, daran ist gedacht. Das erfordert, wie so oft im Recht, eine Abwägung der widerstreitenden Interessen: Einerseits ist die Gesundheit nicht schlimm beeinträchtigt. Andererseits könnten die Glocken auch später läuten. Und noch eines kommt hinzu: Auch der technische Kaufmann ist in seiner «Religionsfreiheit» verletzt. – Die Glaubens- und Bekenntnisfreiheit schließt nämlich auch das Recht mit ein, von Glaubensäußerungen verschont zu bleiben. Man nennt das «negative Religionsfreiheit». Viele Grundrechte haben so eine negative Seite und werden dadurch erst komplett. Die positive Seite der Vereinigungsfreiheit (Art. 9 GG) besteht zum Beispiel darin, eine Gewerkschaft zu bilden. Die negative Seite besteht darin, einer Gewerkschaft fernbleiben zu dürfen und ihr nicht angehören zu müssen. Wäre es anders, so wie es etwa in der DDR war, dann bestünde die Vereinigungsfreiheit im Grunde gar nicht. – Also negative Religionsfreiheit und Gesundheitsschutz auf der einen, die Religionsfreiheit der Kirchen auf der anderen Seite – das alles zu einem schonenden Ausgleich gebracht, und es bleiben: die Kirchen. So jedenfalls die Rechnung des Verwaltungsgerichtshofes München, der sich dabei in guter Übereinstimmung mit den Kollegen vom Bundesverwaltungsgericht befindet.

11. Der Störer

Doch findige Juristen haben auch an einer anderen Stelle angesetzt: Zu denken ist an den Einsatz der Polizei. Immerhin stört die Kirche mit ruhestörendem Lärm. Ruhestörenden Lärm stört die Ordnung und die Beamten der Polizei sind «Ordnungshüter»:

Art. 2 Abs. 1 PAG: *Die Polizei hat die Aufgabe, die allgemein oder im Einzelfall bestehenden Gefahren für die öffentliche Sicherheit und Ordnung abzuwehren.*

Polizeirecht ist Ländersache. Das liegt am föderalen Staatsaufbau der Bundesrepublik, nach dem sich Bund und Länder die Kompetenzen teilen müssen. Das Grundgesetz, als es festlegte, wie der künftige Staat organisiert sein sollte, ging sogar von einem Vorrang der Länder aus, die für alles zuständig sein sollten, das der Bund nicht besser regeln konnte. Viel ist ihnen davon nach sechzig Jahren Bundesrepublik nicht geblieben, im Grunde nur der Bereich von Schule und Bildung und eben die Polizei. Darum wird hier eine Vorschrift aus Bayern bemüht. Weil Hobbach eine bayerische Gemeinde ist, ist das bayerische «Polizeiaufgabengesetz» (BayPAG) maßgeblich. Entsprechende Vorschriften finden sich aber auch in den Polizeigesetzen aller anderen Länder. Insofern ist dann doch wieder alles gleich.

Die genannte Vorschrift ist in der Sprache der Juristen die polizeiliche Generalklausel, außerdem enthalten die verschiedenen Polizeigesetze dann noch eine Aufzählung der besonderen Befugnisse der Polizei von der Auskunftspflicht gegenüber der Polizei bis zum Schusswaffeneinsatz gegen Personen. Eines ist dabei grundlegend für das Verständnis des Polizeirechts: Meistens begegnet uns die Polizei in Krimis. Dann ist aber gar nicht das Polizeigesetz einschlägig! Soweit es um die Verfolgung und Aufklärung von Verbrechen geht, ist nämlich die Strafprozessordnung maßgeblich. Sie enthält die Befugnisse der Polizei in diesem Bereich. Die Juristen nennen diesen Bereich «Repression». Dieser Bereich ist aber nicht gemeint, wenn man im öffentlichen Recht von Polizeirecht spricht. Hier geht es vielmehr um den zweiten wichtigen Aufgabenbereich der Polizei, nicht um Repression, sondern um Prävention. Nicht um Verfolgung, sondern um Vermeidung. Polizeirecht ist Gefahrenabwehr, sagt man. Deshalb sprach man früher auch von Baupolizei, Feuerpolizei usw.[20] Heute benutzt man das farblose Wort «Ordnungsbehörden» und meint mit Polizei nur noch die uniformierte Polizei, also die Polizei im Vollzugsdienst. Ordnungsbehörden sind das Landratsamt und in kreisfreien Städten die Stadt selbst, der Sache nach sind sie aber immer noch «Polizei». Denn ihre Aufgabe ist dieselbe: Gefahrenabwehr!

Wann aber liegt eine Gefahr für die öffentliche Sicherheit und Ordnung vor, die die Polizei zum Eingreifen ermächtigt? Damals, 1971, gab es da im Strafgesetzbuch noch einen § 360 Abs. 1 Ziffer 1, der den ruhestörenden Lärm verbot. Später ist die Vorschrift ins Ordnungswidrigkeitengesetz (OWiG) gewandert, etwas umformuliert worden und heißt nun «Unzulässiger Lärm»:

§ 117 Abs. 1 OWiG: *Ordnungswidrig handelt, wer ohne berechtigten Anlass oder in einem unzulässigen oder nach den Umständen vermeidbaren Ausmaß Lärm erregt, der geeignet ist, die Allgemeinheit oder die Nachbarschaft erheblich zu belästigen oder die Gesundheit eines anderen zu schädigen.*

Wenn gegen diese Vorschrift verstoßen wird, so kann das mit einer Geldbuße geahndet werden (Repression), dann liegt aber auch eine «Gefahr» vor, die abzuwehren ist (Prävention). Soweit es also um bevorstehende Straftaten oder Ordnungswidrigkeiten geht, ist wiederum das Polizeirecht einschlägig! Also könnten Polizei- und Ordnungsbehörden gegen den Glockenlärm einschreiten. Aber das Problem liegt noch woanders. Es hängt mit dem zweiten Zentralbegriff des Gefahrenabwehrrechts zusammen, dem «polizeilichen Störer». Es gibt den Handlungsstörer, den Zustandsstörer und den Nichtstörer, geregelt in den Artikeln 7, 8 und 10 des Polizeiaufgabengesetzes von Bayern und entsprechend in den anderen Bundesländern:

Art. 7 Abs. 1 PAG: *Verursacht eine Person eine Gefahr, so sind die Maßnahmen gegen sie zu richten.*

Art. 8 PAG: *(1) Geht von einer Sache eine Gefahr aus, so sind die Maßnahmen gegen den Inhaber der tatsächlichen Gewalt zu richten. (2) Maßnahmen können auch gegen den Eigentümer oder einen anderen Berechtigten gerichtet werden. (3) Geht die Gefahr von einer herrenlosen Sache aus, so können die Maßnahmen gegen denjenigen gerichtet werden, der das Eigentum an der Sache aufgegeben hat.*

Das Erste ist der sog. Handlungsstörer, das Zweite der sog. Zustandsstörer, weil hier ein Zustand die Gefahr verursacht, und schließlich gibt es noch den «Nichtstörer», den die Polizei aber nur in bestimmten Fällen in Anspruch nehmen darf. Denn im Prinzip darf die Polizei nur gegen den Störer vorgehen. Dazu nun ein Beispiel, unter Juristen übrigens ein sehr berühmtes: Bewegliche Schaufensterpuppen. Der Inhaber eines Kaufhauses stellte mehrere Puppen in seinem Schaufenster an einer belebten Berliner Straßenecke aus, die von innen mechanisch bewegt wurden – eine Attraktion im Jahre 1900. Auf dem Bürgersteig kam es rasch zu einer Menschenansammlung, Schaulustige versperrten Trottoir und Teile der Fahrbahn und brachten den Verkehr ins Stocken. Das Polizeipräsidium sah darin eine Gefahr für die öffentliche Sicherheit und Ordnung und verbot dem Kaufhausinhaber die Aufstellung von beweglichen Schaufensterpuppen. Der wollte sich seine mechanischen Puppen aber nicht wegnehmen lassen, er fand, die Polizei müsse den Passanten verbieten, stehen zu bleiben und den Verkehr zu stören. Das seien die Störer, nicht er.

Im Jahre 1901 musste sich das Preußische Oberverwaltungsgericht mit der Frage auseinandersetzen. Dass der Kaufhausinhaber Störer war, konnte man schon sagen, nämlich Zustandsstörer, weil die Gefahr von seinen Sachen ausging, bzw. Handlungsstörer, weil er die Puppen aufgestellt hatte. Aber er war nur der mittelbare Störer; unmittelbare Störer waren ohne Zweifel die Passanten, denn sie hatten die letzte Ursache für den Verkehrsstau auf dem Fahrdamm gesetzt. Würde man jedes beliebige Glied in der Kette von Ursachen, die zu einer Störung führen, als Störer betrachten, dann wären auch Adam und Eva Störer. Darum darf die Polizei eigentlich nur gegen den Letztverursacher, also den unmittelbaren Störer vorgehen. Eine Ausnahme gilt aber in diesem Fall, sagte das Preußische Oberverwaltungsgericht, und das war die Geburtsstunde des polizeilichen «Zweckveranlassers»: Zweckveranlasser ist derjenige, der mit seinem Verhalten gerade den Zweck verfolgt, andere Personen zu einem Verhalten zu veranlassen, das dann zu einer Störung führt. Mit den Schaufensterpuppen wollte der Kaufhausbesitzer gerade die Schaulust des Publikums anregen und sie zum Stehenbleiben veranlassen. Also ist er Störer.

Was die Kirchenglocken angeht, so war das nicht das Problem. Denn die Kirchengemeinde war ohne Zweifel Eigentümer der Glocken, von denen die Störung ausging und damit unmittelbarer Zustandsstörer – und der Kirchdiener, der das Geläut betätigte, war ohne Zweifel Handlungsstörer. Das rechtliche Problem, um das es hier geht, wird mit einem anderen Schlagwort bezeichnet: Das ist der «latente Störer». Das lateinische Wörtchen «latent» bedeutet dabei übersetzt so viel wie «verborgen, ruhend, aufgespeichert», und der klassische Fall dazu ist der «Schweinemästerfall». Am Rande eines Städtchens im Westfälischen betrieb ein Bauer friedlich eine Schweinemästerei. Der Betrieb bestand seit Jahrzehnten, und nie war es zu Beschwerden gekommen. Im Laufe der Jahre entwickelte sich das Örtchen jedoch zu einem ansehnlichen Badeort, und die Bebauung rückte bis auf unmittelbare Nähe an das landwirtschaftliche Gebiet heran. Die Anwohner fühlten sich nun durch den Gestank belästigt und fürchteten gesundheitliche Gefahren, unter anderem wegen einer Fliegen- und Rattenplage in der Nachbarschaft der Schweinemästerei. Darum verboten die zuständigen Ordnungsbehörden dem Bauern den Betrieb seiner Mästerei.

Doch war der Bauer Störer? Sicher, der Gestank ist eine Störung für die Familien in der Gegend, aber die sind ja erst später hinzugezogen. Ursprünglich, als der Bauer anfing, Schweine zu mästen, da war das noch keine Störung. Irgendwo muss die Schweinemast ja erlaubt sein. Darum gibt es ja Wohngebiete, Industriegebiete und Mischgebiete, damit niemand den anderen stört. Was wo erlaubt ist, ist haarklein geregelt im Baugesetzbuch und in der Baunutzungsverordnung. Da, wo der Schweinemastbetrieb lag, war ursprünglich Außenbereich, d. h. Gestank war erlaubt. Es gab keine Menschen weit und breit. Erst als immer mehr Menschen hinzuzogen, da war es plötzlich eine Störung der öffentlichen Sicherheit und Ordnung. Aber kann man wirklich sagen, der Bauer stört, wenn er nur das tut, was er immer getan hat: Schweine mästen? Das Oberverwaltungsgericht Münster hat 1957 als Erstes erkannt: Der Bauer war schon immer Störer, nur war es anfangs nicht erkennbar. Es war eine verborgene Störung, eine «latente Störung», die erst jetzt akut geworden ist. Störung ist Störung, und die Behörden haben richtig gehandelt.

Man kann die Beschwerden der Nachbarn über die Geruchsentwicklung sicher verstehen. Unter frischer Landluft hatten sie sich gewiss etwas anderes vorgestellt, als sie sich entschlossen, ihr Häuschen auf dem Land zu bauen. Immer wieder kommt es vor, dass genervte Großstädter die Vororte verlassen, aufs Land ziehen und sich dann plötzlich von der ländlichen Idylle enttäuscht sehen. Nicht selten kommt es dann zu Prozessen. Mit Hilfe der Gerichte wird dann versucht, den Hähnen das Krähen, den Katzen das Miauen, den Schweinen das Stinken und den Glocken das Läuten zu verbieten. Auch die Dorfkirche von Hobbach hat ja schon viele Jahre lang jeden Morgen um sechs Uhr geläutet, bevor sich der 771. Einwohner, ein technischer Kaufmann, zum ersten Mal beschwerte. Von den anderen 770 Dorfbewohnern, zu 95 % römisch-katholischen Glaubens, hatte noch niemand Beschwerde erhoben. Und hier entschieden die Gerichte anders: Die Bundesverwaltungsrichter sprachen von widersprüchlichem Verhalten. Im Juristenlatein heißt das ein «venire contra factum proprium» – ein Zuwiderhandeln gegen das eigene frühere Verhalten, das gegen Treu und Glauben verstößt. Wer da erst hinzieht, soll hinterher nicht mit Klagen kommen können. Die Kirche war zuerst da. Er hätte ja nicht hinziehen müssen. Entweder oder, sagten die Richter. Man muss die Kirche im Dorf lassen!

Weniger gut erging es einigen Fröschen, die es nach dem Lärmgutachten nächtens immerhin auf eine Lautstärke von 72 dB (A) brachten und damit den Klang der inzwischen bestens bekannten Angelus-Glocke noch um 20 dB (A) hätten übertönen müssen. Die erste Froschentscheidung traf das Reichsgericht im Jahre 1910: Es gab dem Nachbarn auf, den künstlich angelegten Gartenteich schleunigst zu beseitigen. Wohlgemerkt, das war eine zivilrechtliche Nachbarklage – also nicht unser Thema! Sie hat hier nur deshalb Erwähnung gefunden, weil die Gerichte in der Folgezeit zunehmend öffentlich-rechtliche Vorschriften ins Kalkül zu ziehen hatten. Wie sollte man die Entfernung der Frösche befehlen, wenn Vorschriften des Naturschutzes entgegenstanden? Das Landgericht Hanau hätte einem anderen geplagten Nachbarn seine Nachtruhe ja gerne zu-

rückgegeben, sah sich daran aber durch § 25 des Hessischen Natur-
schutzgesetzes gehindert. Es sei verboten, geschützte Lurcharten
ihres Lebensraumes zu berauben!

Etwas anders lag es in einem Fall, den das Landgericht Lüneburg
im Jahre 1985 zu entscheiden hatte. Dort hatte sich der Garten-
freund bereits verpflichtet, in seinem Teich nur weibliche Frösche
zu halten. Weibliche Frösche quaken nämlich nicht, bleiben aber
auch nicht gerne allein. Der Teichbesitzer weigerte sich nun unter
Berufung auf den Artenschutz, die zwischenzeitlich zugewanderten
männlichen Frösche von seinem Teich auszuschließen. Das Gericht
ließ dieses Argument nicht gelten. Der Teichbesitzer hätte die Zu-
wanderung männlicher Artgenossen nicht dulden dürfen – vielleicht hätte er ein Schild aufstellen müssen: «Zutritt für männliche
Frösche streng verboten!» Zugewanderte männliche Frösche müssten versetzt werden. Notfalls müsse der Teich beseitigt werden.

Der Passauer Kater «Murr» erlangte juristische Berühmtheit dadurch, dass ihm das Amtsgericht Passau das Miauen verbot, weil
sich die Nachbarn gestört fühlten.[21] Und «Willi V.» hat das OLG
Celle nach vierjährigem Rechtsstreit den Schnabel verboten. Die
«Welt am Sonntag» berichtete. Willi war ein schwarzgefiederter
Zwerghahn. Willi krähte mit 64 dB (A) in das Mikrophon des Gut-
achters – 12 dB (A) lauter als das Angelus-Geläut der katholischen
Pfarrkirche. In das 14 m entfernte Schlafzimmer der Nachbarn
drang sein Geschrei immerhin noch mit 25 dB (A). Die Richter entschieden, dass der Geräuschwert von Willis Geschrei die Grenze
von 50 Dezibel, gemessen in 50 cm Entfernung vom Fenster des
Nachbarn, im Tagesmittel nicht überschreiten dürfe. Daraus er-
rechnet der Sachverständige eine Obergrenze von 50 Hahnen-
schreien am Tag. Willi V. produzierte aber leicht 50 Hahnenschreie
und mehr am Tag. Zu viel, fand das Oberlandesgericht, und wies
den Halter von Willi an, für Abhilfe zu sorgen. Für das liebe Feder-
vieh bedeuten solche Urteile meist nichts Gutes. Wenn ihre Besitzer
den Bau schalldichter Lärmschutzbunker scheuen, hat damit ihr
letztes Stündlein geschlagen.

Willi, Murr, die Frösche und die Glocken, übrigens auch die Schweine im Schweinemästerfall, haben eines gemeinsam: Sie sind im Sinne des Gesetzes «Emittenten», d. h. Erzeuger von Immissionen. Denn Geräusche sind Immissionen im Sinne des Bundesimmissionsschutzgesetzes:

§ 3 Abs. 2 BImSchG: *Immissionen im Sinne dieses Gesetzes sind auf Menschen, Tiere und Pflanzen, den Boden, das Wasser, die Atmosphäre sowie Kultur- und sonstige Sachgüter einwirkende Luftverunreinigungen, Geräusche, Erschütterungen, Licht, Wärme, Strahlen und ähnliche Umwelteinwirkungen.*

Wesentlich für die Anwendung des Bundesimmissionsschutzgesetzes ist aber, ob Kirchenglocken auch unter den Begriff der Anlage im Sinne von § 3 Abs. 5 BImSchG fallen; dort heißt es:

§ 3 Abs. 5 BImSchG: *Anlagen im Sinne dieses Gesetzes sind Betriebsstätten und sonstige ortsfeste Einrichtungen, Maschinen, Geräte und sonstige ortsveränderliche technische Einrichtungen (...).*

Willi, der Fünfte, die Schweine und die Frösche in Nachbars Teich sind «ortsveränderlich», weil sie ihren Aufenthaltsort verändern können, aber sie sind gewiss keine Anlagen. Anders die Angelus-Glocke – oder das schöne Geläut der bayerischen Gemeinde Hobbach, das immerhin aus drei ortsfesten Glocken besteht, die automatisch bedient werden, wie wir wissen. Das sind ortsfeste Einrichtungen, ohne Zweifel, also Anlagen, die Immissionen produzieren. Das Bundesimmissionsschutzgesetz unterscheidet weiter zwischen genehmigungspflichtigen und nicht genehmigungspflichtigen Anlagen. Da Kirchenglocken unter den Begriff der Anlage fielen, andererseits aber nicht der immissionsschutzrechtlichen Genehmigung bedurften, war im Weiteren § 22 dieses Gesetzes einschlägig:

§ 22 Abs. 1 BImSchG: *Nicht genehmigungsbedürftige Anlagen sind so zu errichten und zu betreiben, dass schädliche Umwelteinwirkungen verhindert werden, die nach dem Stand der Technik vermeidbar sind (...).*

Nach dem Stand der Technik vermeidbar ist jedes Glockengeräusch. Auch kann praktisch jede gewünschte Lautstärke erzielt werden und vor allem hat es die Kirche in der Hand, wie oft und zu welchen Anlässen die Glocken geläutet werden. Die eigentliche

Frage, wie viel Krach einer denn nun machen darf, beantwortet das Gesetz nicht. Insbesondere werden keine Zahlen genannt. Alles was da steht, sind Worte wie «schädliche Umwelteinwirkungen», «erhebliche Gefahren» und «Belästigungen». Man nennt das unbestimmte Rechtsbegriffe. Damit kann niemand etwas anfangen. Also gibt es Verwaltungsvorschriften, die genaue Grenzwerte festlegen. Danach richten sich Gerichte, der Schweinebauer und die Verwaltung, wenn sie etwas genehmigen soll. Die beiden wichtigsten sind: die «TA Luft» (Technische Anleitung zur Reinhaltung der Luft) und die «TA Lärm» (Technische Anleitung zum Schutz gegen Lärm). Unter Juristen besteht seit jeher ein Streit darüber, ob diese beiden wirklich «normkonkretisierende» Verwaltungsvorschriften sind oder bloß so eine Art «antizipierte», d. h. vorweggenommene, Sachverständigengutachten. Worum geht es bei der Diskussion? Nun, die Sache ist ja die: An Gesetze muss man sich halten. Die stammen aber auch vom Gesetzgeber, also vom gewählten Parlament. Deshalb beanspruchen sie, von jedermann befolgt zu werden. So ist das in der Demokratie. Aber Verwaltungsvorschriften, die hat sich irgendein Beamter an seinem Schreibtisch ausgedacht. Das sind keine Gesetze. Die Frage ist also, wie verbindlich solche Verwaltungsvorschriften sind. Hält man sie nur für so eine Art Gutachten, wie das über Willis des V. Hahnenschreie, dann ist das Gericht nicht daran gebunden: Es kann auch anders entscheiden und sagen: Auch wenn die Grenzwerte eingehalten werden, ist das trotzdem eine Belastung für die Allgemeinheit. Das kann es aber nicht tun, wenn die Verwaltungsvorschriften in der Tat nur das in Zahlen ausdrücken, was im Gesetz in Worten steht. Dann konkretisiert die «TA Lärm» nur die Norm, deshalb «normkonkretisierende Verwaltungsvorschrift». Wie auch immer, Tatsache ist, die Gerichte halten sich daran. Sie wissen es ja auch nicht besser. Letztlich brauchen wir in Bayern uns mit der schwierigen Frage aber auch gar nicht auseinanderzusetzen, weil der bayerische Gesetzgeber an alles gedacht hat und in das Bayerische Immissionsschutzgesetz (BayImSchG) geschrieben hat:

Art. 13 BayImSchG: *Es ist verboten, mit Hilfe von Geräten Schallzeichen zu geben, wenn andere dadurch gestört werden. Das Verbot nach Absatz 1 Satz 1 gilt nicht für Schallzeichen zur Religionsausübung.*

Da haben wir es: Kirchen dürfen bedenkenlos Schallemissionen hervorrufen. Sie sind ausdrücklich vom Verbot ausgenommen. Und im Rest der Bundesrepublik ist es genauso, auch wenn eine entsprechende Vorschrift fehlt. Damit sind wir am Ende unserer Betrachtung des Verwaltungsrechts angelangt. Die Kläger müssen den Prozess verlieren, ihre Klagen sind in der juristischen Terminologie zulässig, aber unbegründet, die Kirchen dürfen weiter bimmeln. Hätte der Kläger auf dem Zivilrechtsweg bessere Aussichten gehabt? Wir müssen den Faden bei § 1004 BGB, der actio negatoria, wieder aufnehmen, den wir bereits kurz betrachtet hatten. Danach konnte der Nachbar auf Unterlassung von Störungen seines Eigentums klagen. So wie es die Nachbarn von Froschteichen und Misthaufen getan haben. Wenn wir § 1004 aber genau lesen, dann finden wir dort einen zweiten Absatz:

§ 1004 Abs. 2 BGB: *Der Anspruch ist ausgeschlossen, wenn der Eigentümer zur Duldung verpflichtet ist.*

Und was einer zu dulden verpflichtet ist, steht weiter vorne, in den Vorschriften, die man Nachbarrecht (des Bürgerlichen Gesetzbuches) nennt, und zwar nach § 906 BGB: Danach kann der Grundstückseigentümer sich gegen «Zuführung von Gasen, Dämpfen, Gerüchen, Rauch, Ruß, Wärme, Geräusch, Erschütterungen und ähnliche von einem anderen Grundstück ausgehende Einwirkungen» wehren. Der Jurist spricht hier von «Imponderabilien», übersetzt: Dingen, die sich nicht wiegen lassen. Das gilt aber nur, soweit diese Belästigungen nicht «ortsüblich» sind, wie sich aus dem zweiten Absatz der Vorschrift ergibt. Nun gibt es aber seit Jahrhunderten «keine nennenswerte menschliche Siedlung in Deutschland, die keine Glocken hätte», schreibt Professor Campenhausen, zu Recht, und Baldus, ebenfalls ein intimer Kenner der Materie, berichtet, dass die «Gewohnheit des Glockenläutens sich im Abendland etwa seit dem 6. Jahrhundert verbreitet». Damit ist der Glockenklang überall in der Bundesrepublik «ortsüblich». Die zivilrechtliche Lösung fällt also ganz genauso aus wie die öffentlich-rechtliche, die wir gerade entwickelt haben.

Und warum dann das ganze Getue um den Rechtsweg, fragt sich der unbefangene Betrachter? Es ist doch am Ende völlig eins, ob man nun das Verwaltungsgericht oder das Zivilgericht anruft! Alle

Autoren, allen voran die Verfechter des öffentlich-rechtlichen Rechtsweges, werden nicht müde zu beteuern, dass der Rechtsweg an der Entscheidung in der Sache nichts ändert. Die Verwaltungsgerichte böten dem Bürger denselben Rechtsschutz wie die ordentliche Gerichtsbarkeit. Beide Rechtswege seien absolut gleichwertig. Heute ist das auch so, unsere Verwaltungsgerichtsbarkeit hat sich gemausert. Aber das war nicht immer so; in den 1970er Jahren, auf dem Höhepunkt der Diskussion, da hing der Verwaltungsgerichtsbarkeit immer noch der Geruch an, ein parteiisches Gericht zu sein, vor dem der Bürger schlechter stünde als vor den unparteiischen Gerichten der Zivilgerichtsbarkeit. Von diesem Ruf hat sich die Verwaltungsgerichtsbarkeit in der kurzen Zeit ihres Bestehens befreit, aber der strukturelle Unterschied bleibt: Vor den Zivilgerichten streiten sich die Bürger. Der Staat hat damit nichts zu tun. Er sorgt in der Person des Richters für eine neutrale Instanz. Im Verwaltungsrecht dagegen streiten Bürger und Staat. Aber der Staat stellt zugleich den Richter. Holzauge, sei wachsam!

14. Der gestiefelte Kater

Der Kläger von Hobbach, mit dessen Antrag auf einstweilige Anordnung das Kapitel begann, gab nach knapp zehn Jahren Rechtsstreit auf. In der Berufungsinstanz erledigte sich das Verfahren von selbst. In einem solchen Fall sagt § 161 Absatz 2 VwGO, was zu tun ist. Es gibt dann kein Urteil, sondern nur einen Beschluss über die Kosten:

§ 161 Abs. 2 VwGO: *Ist der Rechtsstreit in der Hauptsache erledigt, so entscheidet das Gericht (...) nach billigem Ermessen über die Kosten des Verfahrens durch Beschluss(...).*

Was war geschehen? Der technische Kaufmann hat es gemacht wie der berühmte Passauer Kater Murr: Er ist weggezogen. Durch den Umzug des Klägers erledigte sich das Verfahren. Jetzt wohnte er ja schließlich nicht mehr neben der Dorfkirche und konnte von daher auch nicht mehr in unzulässiger Weise gestört sein. Und der Kater Murr? Es heißt, er sei ausgewandert. Jedenfalls ist er nie wieder gesehen worden. Vielleicht hat er einen Ort gefunden, an dem er nach Herzenslust miauen kann. Wo die Menschen ihn lassen. Man weiß es nicht genauer.

Kapitel 7

Völkerrecht:
Onassis' Walfänger und die
Zweihundert-Meilen-Zone

Im August 1954 laufen aus dem Kieler Hafen – unter der Führung des Mutterschiffes «Olympic Challenger» – fünfzehn Walfangschiffe aus, die dem griechischen Reeder Aristoteles Onassis gehören. Alle Schiffe führen die Flagge Panamas. Ihr Ziel ist der südliche Pazifik. Sie erreichen am 13. November die Gewässer vor der peruanischen Küste, um dort zu jagen. Da Peru seit der Deklaration von Santiago zusammen mit Chile und Ecuador eine Zone von zweihundert Seemeilen als eigene Gewässer beansprucht, beginnen peruanische Kriegsschiffe mit der Verfolgung der Onassis-Flotte. Sie bringen fünf der fünfzehn Walfänger auf (die «Olympic Challenger», «Olympic Victor», «Olympic Lightning», «Olympic Fighter» und «Olympic Conqueror») und geleiten sie in den peruanischen Hafen Paita.

Am 19. November überreicht der britische Botschafter in Lima dem peruanischen Außenministerium eine Note – einen Brief –, in der die britische Regierung ihre Sorge hinsichtlich der Aufbringung der Onassis-Schiffe zum Ausdruck bringt. Weiterhin behält sich die Regierung Ihrer Majestät darin das Recht auf Schadensersatz vor, soweit britische Interessen, insbesondere der Versicherungsfirma, bei der Onassis seine Schiffe versichert hatte, betroffen würden. Außerdem bekräftigt die Note, dass sich die Haltung der britischen Regierung hinsichtlich des peruanischen Anspruchs auf eine Zweihundert-Seemeilen-Zone nicht verändert habe. Die peruanische Regierung antwortete mit einer Note vom 25. November 1954, dass sie jede Einmischung und alle Ansprüche in der Angelegenheit zurückweise, da der Fall Onassis peruanische Souveränität berühre. Am 26. November fällt die Hafenbehörde von Paita ein Urteil, das die Kapitäne der fünf aufgebrachten Schiffe für den Zwischenfall verantwortlich macht und dem Reeder eine Strafzahlung von 3 Millionen Dollar auferlegt. Der Betrag wird am 13. Dezember in peruanischer Währung durch den Rechtsanwalt Arias in Panama, als Vertreter des Reeders und zugleich als Agent der britischen Versicherungsfirma Lloyds, unter Vorbehalt bezahlt. Daraufhin werden die fünf Walfänger freigegeben und können wieder auslaufen.

1. Völker, Recht und Völkerrecht

Zum Schluss wollen wir uns einem der schillerndsten Rechtsgebiete zuwenden, das man sich denken kann, dem sog. «Völkerrecht». Ein Begriff übrigens, der doppelt falsch ist: Erstens hat es mit den «Völkern» nichts zu tun. Die Akteure auf der Bühne des Völkerrechts sind keineswegs die Völker der Erde, nicht einmal deren Regierungen, sondern ihre Staaten. Es gibt zur Zeit ca. 190 davon auf der Welt, darunter befinden sich so wohlklingende Namen wie Belize, Burkina Faso, Sao Tomé und Principe, Mikronesien, Trinidad und Tobago, Kap Verde, Vanuatu, Sierra Leone, Antigua und Barbuda, Saint Lucia oder St. Vincent und die Grenadinen. Zum anderen ist nicht sicher, ob in diesem Zusammenhang wirklich von «Recht» gesprochen werden kann. Sieht sich doch das Völkerrecht, anders als das innerstaatliche Recht, verbreiteten Zweifeln hinsichtlich seiner Rechtsnatur ausgesetzt – wir werden noch sehen warum. So wird die Ansicht vertreten, die Normen des Völkerrechts seien bestenfalls gut gemeinte Glaubenssätze, schlimmstenfalls Vorwand für eigensüchtige staatliche Machtpolitik, wie sie Machiavelli schon 1513 in seinem Buch über den Fürsten («Il Principe») vorgeführt hat – und der musste es wissen. Niccoló Machiavelli (1469–1527) war Politiker, Philosoph, Schriftsteller und leitete seit 1498 die Kanzlei für militärische und auswärtige Angelegenheiten der Republik Florenz. In dieser Funktion machte er Bekanntschaft mit allen Großen seiner Zeit, allen voran dem skrupellosen und machthungrigen Cesare Borgia (1475–1507). «Man muss wissen,» schreibt Machiavelli etwa im 18. Kapitel seines Leitfadens, «dass es zwei Arten von Konfliktregelung gibt: mit Hilfe des Rechts und mit Gewalt. Die erstere entspricht dem Menschen, die letztere den Tieren. Da die erstere oft nicht zum Ziel führt, ist es nötig, zur zweiten zu greifen. Deshalb muss ein Herrscher es gut verstehen, die Natur des Tieres und die des Menschen anzunehmen.»[1]

Unser Fall führt uns in das völkerrechtliche Deliktsrecht. Wir erkennen es daran, dass die englische Regierung sich Schadensersatzansprüche gegenüber Peru vorbehält. Peru muss nur dann Schadensersatz leisten, wenn es sich gegenüber Großbritannien eines «völkerrechtlichen Delikts» schuldig gemacht hat. Auch im Zivilrecht und im Strafrecht spricht man von «Delikten», aber beide haben mit dem völkerrechtlichen Delikt wenig zu tun. Anders als im Strafrecht geht es nicht um die Bestrafung, sondern um Wiedergutmachung. Und anders als im Zivilrecht kann Schadensersatz alle möglichen Formen der Wiedergutmachung bedeuten, beispielsweise dass Peru die Schiffe herausgeben muss – das ist nichts Besonderes. Aber auch, dass es das richterliche Urteil widerrufen und sich dafür feierlich entschuldigen muss! Ja, sich entschuldigen: den Vorfall offiziell bedauern. Oder zum Zeichen der Sühne die Flaggen auf Halbmast setzen. Oder zwölf Schuss Salut schießen. Auch das hat es gegeben! Man nennt es «Genugtuung». Darauf hat der Staat einen Anspruch. So viel zu den Rechtsfolgen völkerrechtlicher Delikte, nun zu ihren Voraussetzungen: Zunächst einmal muss es sich um «Völkerrechtssubjekte» handeln, d. h. um Rechtssubjekte, die dem Völkerrecht unterworfen sind, gewissermaßen an ihm teilnehmen. «Völker», haben wir gesehen, gehören gerade nicht dazu. Völkerrechtssubjekte sind in erster Linie die Staaten. Durch den Zerfall des Ostblocks ist ihre Zahl in den letzten Jahren sprunghaft angestiegen. Sie, die Staaten, sind gewissermaßen die «geborenen Völkerrechtssubjekte».

Zu diesen klassischen Völkerrechtssubjekten ist im 20. Jahrhundert noch eine neue Gruppe von Völkerrechtssubjekten hinzugetreten, die inzwischen schon fast doppelt so groß ist wie die der Staaten. Das sind die Internationalen Organisationen, z. B. die Europäische Union (EU), die ursprünglich «Europäische Gemeinschaft» hieß (EG) und genau genommen aus drei Gemeinschaften bestand, der Europäischen Wirtschaftsgemeinschaft (EWG) der Europäischen Gemeinschaft für Kohle und Stahl (EGKS) und der Europäischen Atomgemeinschaft («Euratom»); die NATO (North Atlantic Treaty Organization); die Organisation Amerikanischer Staaten (OAS); die Organisation erdölexportierender Staaten (OPEC); die Weltgesundheitsorganisation (WHO) und viele mehr. Die wichtigste sind die Vereinten Nationen, nach ihrer englischen Bezeichnung üblicherweise «UN» abgekürzt (United Nations) und ihre zahllosen Untergliederungen mit den schönen Namen UNESCO, UNICEF usw. Sie sind gewissermaßen die «gekorenen Völkerrechtssubjekte», weil ihnen die Völkerrechtsfähigkeit nicht automatisch zukommt, sondern erst verliehen wurde. Die dritte Gruppe sind die Paradiesvögel unter den Völkerrechtssubjekten, zum Beispiel: Piraten, Aufständische, der Heilige Stuhl und der Malteser Ritterorden. Der Heilige Stuhl, das ist der Papst, wenn er als geistliches Oberhaupt der römisch-katholischen Kirche auftritt. Einen eigenen Staat hat er aber auch, den Vatikan. Die Vatikanstadt fällt, wie viele andere Zwergstaaten auch, in die erste Gruppe. Und der Malteserorden hatte auch einmal einen eigenen Staat, nämlich die Insel Malta. 1798 hat er sie abgegeben, jetzt ist er Völkerrechtssubjekt ohne Staat. Dafür ist Malta heute ein selbständiger Staat und seit 1. Dezember 1964 Mitglied der UNO (United Nations Organization).

Der Mensch ist kein Völkerrechtssubjekt, jedenfalls nicht nach dem klassischen Völkerrecht, darum kann Aristoteles Onassis in unserem Fall auch nicht selbst Schadensersatzansprüche gegen den peruanischen Staat stellen. Das könnte nur Griechenland tun, weil das Eigentum eines seiner Staatsbürger verletzt wurde. Oder Panama, dessen Flagge die Schiffe führen. Das sind Völkerrechtssubjekte, Peru ist auch Völkerrechtssubjekt. Nicht aber Lloyds of London, darum handelt für Lloyds die britische Regierung.

Also das sind Völkerrechtssubjekte, sie tauschen diplomatische Noten aus, protestieren, im schlimmsten Fall führen sie Kriege. Die Kriegserklärung ist ein «einseitiges völkerrechtliches Rechtsgeschäft». Die Kapitulation ist ebenfalls ein einseitiges völkerrechtliches Rechtsgeschäft. Der Waffenstillstand ist ein zweiseitiges Rechtsgeschäft, weil dazu zwei Seiten erforderlich sind. Er beendet aber den Kriegszustand nicht. Das geschieht erst in einem Friedensvertrag, einem völkerrechtlichen Vertrag. Aber auch während des Krieges sind völkerrechtliche Regeln zu beachten, am bekanntesten: das Haager Abkommen über die Gesetze und Gebräuche des Landkriegs, das noch heute gilt, die sog. Haager Landkriegsordnung vom 18. Oktober 1907. Schon die Haager Erklärung von 1899 brachte das «Verbot von Geschossen, die sich leicht im menschlichen Körper ausdehnen oder plattdrücken» (sog. «Dum-Dum-Geschosse», benannt nach einer britischen Munitionsfabrik bei Kalkutta). In der Nachkriegszeit wurde in Genf die Ächtung biologischer, insbesondere bakteriologischer, und chemischer Kampfmittel, B- und C-Waffen, weltweit durchgesetzt. Das Kriegsvölkerrecht ist die klassische Materie des Völkerrechts, seit Augustinus (354–430) spielt die Frage, ob ein Krieg gerecht sein könne, dabei die entscheidende Rolle. Heutzutage sind viele Völkerrechtler der Meinung, dass überhaupt jeder Krieg völkerrechtlich verboten sei. Die Staaten sehen das offenbar anders, es vergeht kein Tag, an dem nicht irgendwo auf der Welt Krieg geführt würde. Die klassische Materie des Friedensvölkerrechts, das ist auch kein Zufall, bildet dagegen das Seerecht. Schließlich ist das Meer seit jeher der Ort, wo sich die Völker begegnen.

2. Die Freiheit des Meeres

Angefangen hat alles damit, dass die Menschen Schiffe bauten, sich hineinsetzten und anfingen, fremde Küsten zu erobern. Auf dem Land war nie ganz klar gewesen, wo da eigentlich die Grenze verlaufen sollte, zwischen dem einen Stamm und dem anderen oder zwischen einem Staat – der Begriff stammt aus dem Italienischen, «il stato» heißt der Zustand – und einem anderen. Am besten orientierte man sich auch da am Wasser. So folgen auch heute noch viele Staatsgrenzen dem Lauf von Flüssen oder dem Seeufer. Am Meer ist die Lage klar, das Staatsgebiet reicht bis zur Küste, das offene Meer gehört niemandem. Jedenfalls am Anfang. Die alten Griechen fanden, das Meer gehöre allen. Die Indianer sollen sich ja nicht einmal haben vorstellen können, dass das Land² irgendjemandem gehören könne. Na ja.

Nikephoros Phokas, 963 bis 969 Kaiser von Byzanz, postulierte: «Die Herrschaft über das Meer ruht bei mir allein.» Die Römer empfanden das Mittelmeer als «mare nostrum» – «unser Meer» – und bezeichneten es auch so in ihren Karten. Zwischen 1000 und 1500 beansprucht Venedig die Herrschaft über die Adria, das Ägäische Meer und das östliche Mittelmeer; alljährlich zelebriert der Doge die «Verlobung mit dem Meer». Nach zahlreichen Kriegen erklärt der siegreiche türkische Sultan: «Bisher wart Ihr mit dem Meer verlobt; jetzt gehört es mir.» Spanien und Portugal, zu ihrer Zeit die beiden größten Seefahrernationen der Welt, teilten das Meer kurzerhand unter sich auf. Nachdem Papst Alexander VI. 1493 einen Meridian westlich der Azoren und Kapverdischen Inseln zur Grenze zwischen den Besitzungen Spaniens, westlich der Linie, und Portugals, östlich davon, bestimmt hatte, beanspruchte Spanien das Monopol für die Schifffahrt nach Amerika, Portugal für die Verbindung nach Ostindien und Afrika. Um diese Ansprüche stritten sich die Engländer mit den Spaniern. Königin Elisabeth I. erklärte, die See müsse für jedermann offen sein. Mit der Vernichtung der spanischen Armada (1588) gab Spanien seine Vorherrschaft auf den Weltmeeren für die nächsten Jahrhunderte an Großbritannien ab.

Bereits im 10. Jahrhundert hatte König Edgar Anspruch erhoben auf alle Meere rings um England, eine Forderung, die in England fortlebte, bis sie in John Seldens hintergründiger Schrift «Mare clausum», das «geschlossene Meer» (gemeint war: für alle anderen geschlossen), auf den Punkt gebracht wurde. Mit dieser, erst siebzehn Jahre nach ihrer Fertigstellung veröffentlichten Schrift, hat es folgende Bewandtnis: 1609 erscheint ein vorgezogenes Kapitel aus Hugo Grotius' Hauptwerk «De iure belli ac pacis» – übersetzt «Vom Recht des Krieges und des Friedens». Hugo Grotius (1583–1645) gilt als Vater des neuzeitlichen Völkerrechts; sein Lehrbuch enthielt das gesamte geltende Völkerrecht seiner Zeit. Man kann sagen, es war das geltende Völkerrecht; ein Gesetzbuch, so wie im innerstaatlichen Recht, gibt es ja im Völkerrecht nicht. Im Jahre 1609 also erscheint daraus das Kapitel «De Mare Liberum» – das freie

Meer. Die darin erhobene Forderung nach Meeresfreiheit ruft die englische Krone auf den Plan. Sie lässt durch John Selden die Gegenschrift «Mare clausum» schreiben, die 1618 fertiggestellt wird, von Jakob I. mit Rücksicht auf Dänemark noch zurückgehalten und schließlich 1635 auf Anordnung Karls I. im Hinblick auf die lästige niederländische Konkurrenz veröffentlicht wird. Aus dem ersten Seekrieg mit den Niederlanden (1652–1654) geht England als Sieger hervor; im Völkerrecht setzt sich jedoch der Grundsatz des Niederländers Grotius durch. Später, der Fall zeigt es, wurde England zu einem der glühendsten Verfechter der Freiheit der Meere – hauptsächlich für seine Schiffe.

3. Die «Hohe See»

Aus dem Seerechtsübereinkommen der Vereinten Nationen vom 10. Dezember 1982 (SRÜ):

Art. 87 Abs. 1 SRÜ: *(1) Die Hohe See steht allen Staaten, ob Küsten- oder Binnenstaaten, offen. Die Freiheit der Hohen See wird gemäß den Bedingungen dieses Übereinkommens und den sonstigen Regeln des Völkerrechts ausgeübt. Sie umfasst für Küsten- und Binnenstaaten unter anderem a) die Freiheit der Schifffahrt, b) die Freiheit des Überflugs, c) die Freiheit (…) unterseeische Kabel und Rohrleitungen zu legen, d) die Freiheit (…) künstliche Inseln und andere nach dem Völkerrecht zulässige Anlagen zu errichten, e) die Freiheit der Fischerei (…), f) die Freiheit der wissenschaftlichen Forschung vorbehaltlich der Teile VI und XIII.*

Unter der Leitung der UNO fand zwischen 1974 und 1982 in Caracas, New York und Genf eine Seerechtskonferenz statt, an der 164 Staaten teilnahmen. Die Verhandlungen nahmen 93 Wochen in Anspruch. Am 10. Dezember 1982 wurde in Montego Bay, Jamaika, ein Abkommen unterzeichnet, das jedoch zunächst nur von einer Hand voll Staaten ratifiziert wurde. Es waren fast nur Entwicklungsländer. Sie versprachen sich von einigen Neuregelungen Vorteile, die die anderen Staaten aber nicht abzugeben bereit waren. Vier Staaten stimmten dagegen, siebzehn, darunter die Bundesrepublik, enthielten sich. Schließlich ist sie dem Abkommen im Jahr 1994 aber doch beigetreten, wie inzwischen fast alle Länder, auch Großbritannien und Peru, aber zum Beispiel nicht die Verei-

nigten Staaten von Amerika. Völkerrechtliche Verträge wie die Seerechtskonvention der Vereinten Nationen gelten aber immer nur
zwischen den Staaten, die beigetreten sind.[3]

Die prinzipielle Freiheit des Meeres war freilich auch schon in
dem Genfer Übereinkommen über die Hohe See vom 29. April
1958 (Art. 2 Abs. 1) enthalten. Doch auch das gab es ja im August
und November 1954 noch nicht. Das spielt aber auch keine Rolle.
Denn die in beiden Seerechtsübereinkommen übereinstimmend zur
Grundlage gemachte Freiheit des Meeres gilt ohnehin als allgemei-
nes Völkerrecht unabhängig von irgendeinem Abkommen. Danach
sieht es so aus, als hätte Großbritannien Recht. Onassis' Schiffe
dürften auf den Meeren nach Herzenslust fischen und Peru hätte sie
nicht beschlagnahmen dürfen. Wenn es so wäre, müsste Peru die
Schiffe freigeben und den Schaden wiedergutmachen, müsste sich
also bei Panama entschuldigen, unter dessen Flagge die Walfänger
fuhren. Wenn! Bevor wir aber zum Pferdefuß kommen, wollen wir
noch ein wenig im Abkommen über die Hohe See blättern.

4. Die Billigflagge

Art. 90 SRÜ: *Jeder Staat, ob Küsten- oder Binnenstaat, hat das Recht,
Schiffe, die seine Flagge führen, auf der Hohen See fahren zu lassen.*

Jeder Staat! Das klingt auf den ersten Blick einleuchtend, war
aber nicht umsonst lange Zeit umstritten. Denn was ist mit den
Staaten, die, wie Österreich, gar keine Küste haben, sog. land-
locked states? Wie soll es da überhaupt eine österreichische See-
fahrt geben? Von wo aus soll ein solches Schiff in See stechen?
Darum bestimmt das Übereinkommen, dass solche Staaten die
Häfen anderer Staaten mitbenutzen dürfen. Und auch für den Fall,
dass dabei noch ein weiterer Staat durchquert werden muss, der
zwischen diesem Staat und dem Küstenstaat liegt, ist gesorgt. Griechenland hat diese Probleme zwar nicht. Trotzdem fahren die
Schiffe unter panamaischer Flagge. Warum? Nun, das hat mit den
sog. Billigflaggen zu tun. Das Übereinkommen bestimmt dazu:

Art. 91 Abs. 1 SRÜ: *Jeder Staat legt die Bedingungen fest, zu denen er
Schiffen seine Staatszugehörigkeit gewährt, sie in seinem Hoheitsgebiet in
das Schiffsregister einträgt und ihnen das Recht einräumt, seine Flagge zu*

führen. Schiffe besitzen die Staatszugehörigkeit des Staates, dessen Flagge zu führen sie berechtigt sind (...).

Art. 94 Abs. 3 SRÜ: *Jeder Staat ergreift für die seine Flagge führenden Schiffe die Maßnahmen, die zur Gewährleistung der Sicherheit auf See erforderlich sind, unter anderem in Bezug auf a) den Bau, die Ausrüstung und die Seetüchtigkeit der Schiffe; b) die Bemannung der Schiffe, die Arbeitsbedingungen und die Ausbildung der Besatzungen, unter Berücksichtigung der anwendbaren internationalen Übereinkünfte (...).*

Bei einigen Staaten (Panama, Liberia, Honduras) verbindet sich die großzügige Registerfreiheit für ausländische Schiffe zum einen mit sehr liberalen Anforderungen an Schiffssicherheit und Arbeitsschutz sowie einer äußerst laxen Kontrolle der Einhaltung bestehender internationaler Standards zum anderen. Für den Reeder bedeutet das bares Geld. Darum haben viele Reeder in den 1970er Jahren ihre Schiffe «ausgeflaggt». Zwar heißt es in Art. 91 auch, dass zwischen dem Staat und dem Schiff eine «echte Verbindung» («genuine link») bestehen muss, die Staaten legen das jedoch so aus, dass diese Verbindung auch durch die Eintragung ins Register hergestellt werden kann. Im Übrigen reicht ein Briefkasten in dem betreffenden Land aus. Für den Staat bedeutet das Steuereinnahmen. Deutschland führte aus diesem Grund 1989 ein sog. Zweitregister ein, das es erlaubt, die deutsche Flagge zu führen, aber dennoch die Besatzung außerhalb des deutschen Arbeits- und Tarifrechts zu beschäftigen. Auch das spart Geld. So kommt es, dass die Schiffe des Großen Griechen unter panamaischer Flagge unterwegs sind. Der kleine Staat rechts und links des Panamakanals hat zur Zeit die größte Handelsflotte der Welt überhaupt.

Ansonsten bestimmt die Seerechtskonvention zum Flaggenrecht noch: Ein Schiff kann nur unter der Flagge eines einzigen Staates fahren. Es darf seine Flagge während der Fahrt oder in einem angelaufenen Hafen nicht wechseln. Ein Schiff, das unter den Flaggen mehrerer Staaten fährt, wird einem staatenlosen Schiff gleichgestellt (Art. 92); ein Schiff, das eine fremde Flagge führt oder sich weigert, seine Flagge zu setzen, darf von Kriegsschiffen angehalten werden. Außerdem enthält das Abkommen Bestimmungen über Zusammenstöße auf See, die Pflicht der Kapitäne sämtlicher Schiffe, in Seenot Hilfe zu leisten, das Verbot des Sklavenhandels («Jeder

Sklave, der auf einem Schiff gleich welcher Flagge Zuflucht nimmt, ist ipso facto frei») und das Verbot der – zeitweise sehr belächelt, aber nie ganz verschwunden und inzwischen wieder hoch aktuell – Seeräuberei: Seeräuberschiffe dürfen auf Hoher See von jedem Staat aufgebracht und das erbeutete Gut beschlagnahmt werden (Art. 105).

5. Sonne, Mond und Sterne

Das beste Beispiel für einen völkerrechtlichen Pferdefuß enthält aber der sogenannte Weltraumvertrag vom 27. Januar 1967. Das war knapp zehn Jahre, nachdem die Sowjetunion den 83 kg schweren «Sputnik I» in den Weltraum geschossen hat, knapp sechs Jahre nachdem die bemannte Raumfahrt mit der Umkreisung der Erde durch den sowjetischen Raumfahrer Gagarin begonnen hat, und etwas mehr als zwei Jahre bevor der erste Mensch einen Fuß auf den Mond setzte:

«ANGESPORNT durch die großartigen Aussichten, die der Vorstoß des Menschen in den Weltraum eröffnet,

IN ANERKENNUNG des gemeinsamen Interesses der gesamten Menschheit an der fortschreitenden Erforschung und Nutzung des Weltraumes zum Wohle aller Völker ohne Ansehen ihres wirtschaftlichen und wissenschaftlichen Entwicklungsstandes fortzuführen,

IN DEM WUNSCH, sowohl in wissenschaftlicher wie in rechtlicher Hinsicht zu einer umfassenden internationalen Zusammenarbeit bei der Erforschung und Nutzung des Weltraums zu friedlichen Zwecken beizutragen,

IM VERTRAUEN DARAUF, dass eine solche Zusammenarbeit das gegenseitige Verständnis zwischen den Staaten und Völkern fördern und die freundschaftlichen Beziehungen zwischen ihnen verstärken wird,

EINGEDENK der von der Generalversammlung der Vereinten Nationen (…).»

Und so weiter, und so fort. So oder so ähnlich beginnen völkerrechtliche Verträge häufig, deren feierliche Unterzeichnung wir via Satellit auf den Bildschirmen zu Hause mitverfolgen dürfen.[4] Als

Juristen wollen wir nun sehen, ob er auch rechtlich hält, was er verspricht:

Art. I: *Die Erforschung des Weltraums einschließlich des Mondes und anderer Himmelskörper wird zum Vorteil und im Interesse aller Länder ohne Ansehen ihres wirtschaftlichen und wissenschaftlichen Entwicklungsstandes durchgeführt und ist Sache der gesamten Menschheit.*

Art. IV: *(1) Die Vertragsstaaten verpflichten sich, keine Gegenstände, die Kernwaffen oder andere Massenvernichtungswaffen tragen, in eine Erdumlaufbahn zu bringen und weder Himmelskörper mit derartigen Waffen zu bestücken noch solche Waffen im Weltraum zu stationieren. (2) Der Mond und die anderen Himmelskörper werden von allen Vertragsstaaten ausschließlich zu friedlichen Zwecken benutzt. Die Errichtung militärischer Stützpunkte, Anlagen und Befestigungen, das Erproben von Waffen jeglicher Art und die Durchführung militärischer Übungen auf Himmelskörpern sind verboten.*

Das klingt sehr friedfertig, doch hat die Sache einen Haken. Man muss den letzten Artikel schon sehr genau lesen, um ihm auf die Schliche zu kommen: Wo genau ist es verboten, Kernwaffen zu stationieren? Auf den Himmelskörpern und im Weltraum, aha. Aber nicht auf dem Mond! Ja, ist denn der Mond kein Himmelskörper? An sich natürlich schon, aber eben nicht im Weltraumvertrag. Da wird sauber unterschieden: Mond einerseits, die anderen Himmelskörper andererseits. Ein Schlupfloch! Nicht versehentlich, sondern mit voller Absicht. Die USA wollten sich die Möglichkeit offen halten, dort ein System zu stationieren, das später den Namen «SDI» (Strategic Defence Initiative) bekommen hat. Dies hätte keinem angreiferischen Zweck gedient, wäre also auf dem Mond erlaubt gewesen.

Mit dem Weltraum verhält es sich bei genauerem Hinsehen nicht viel anders: Im letzten Satz des zweiten Absatzes ist der Weltraum nicht erwähnt. Dort sind militärische Übungen und das Erproben von Waffen also erlaubt. Sie dürfen dort bloß nicht stationiert werden. In Wahrheit ist das Ganze also gar nicht so friedfertig, wie es den Anschein hat, sondern eher ein Anreiz für künftige Militärprogramme. Wer hätte das gedacht? Nicht anders verhält es sich mit der viel gepriesenen Freiheit des Meeres, wo allen alles erlaubt ist, fischen, fahren, fliegen. Das gilt nämlich nur für den bestimmten

Teil des Meeres, der «Hohe See» heißt, nicht für die Teile des Meeres, die «zum Küstenmeer oder zu den inneren Gewässern eines Staates» gehören.

6. Das Küstenmeer

Wenn wir wissen wollen, was in Wahrheit irgendwo erlaubt ist, müssen wir also die Ausnahmen ins Auge fassen. Dann zeigt sich, dass von der «Hohen See», die allen zum Fischen offen steht, nicht viel übrig bleibt. Am einfachsten sind noch die «inneren Gewässer» erklärt: Das sind Flüsse, Seen und Kanäle, also Binnengewässer, die von Land umschlossen sind. Sie zählen völkerrechtlich zum Staatsgebiet. Innerhalb seines Staatsgebietes kann aber jeder Staat schalten und walten, wie er will. Man nennt das die staatliche Souveränität und es ist ein wichtiger, wenn nicht der wichtigste Grundsatz des Völkerrechts – so wichtig, dass ein Verstoß dagegen, also die Einmischung in die inneren Angelegenheiten eines anderen Staates, als ein schwerer Verstoß gegen das Völkerrecht gilt. Schließlich regelt das Völkerrecht ja nur die Beziehungen der Staaten untereinander. Was im Inneren eines Staates abläuft, ist im Prinzip ganz allein dessen Sache.

Freilich besteht darin heute auch ein großer Schwachpunkt des Völkerrechts: Alle Staaten der UNO haben sich in der Menschenrechtskonvention zur Einhaltung der Menschenrechte verpflichtet. Im Prinzip ist es ihre eigene Angelegenheit, wie sie ihre Staatsbürger behandeln. Andererseits haben sie sich gegenüber den anderen Staaten verpflichtet, auch den eigenen Staatsbürgern die Menschenrechte nicht vorzuenthalten. So kommt es, dass einige Länder stets die Verletzung der Menschenrechte rügen, während sich die angesprochenen Staaten mit derselben Regelmäßigkeit die Einmischung in ihre inneren Angelegenheiten verbitten.

Am 20. November 1945 begann im Gerichtssaal 600 des Nürnberger Justizpalastes, nachdem er zuvor am 18. Oktober 1945 in Berlin eröffnet worden war, der sog. Nürnberger Hauptkriegsverbrecherprozess gegen diejenigen, die in den Augen der Alliierten Verantwortung für die Greuel des Zweiten Weltkrieges trugen. Nachdem sich die Spitzen des Naziregimes ihrer Verantwortung durch Selbstmord entzogen hatten, waren vielleicht Hermann Göring, dem es gelang, sich dem gegen ihn in diesem Prozess verhängten Todesurteil kurz vor der Vollstreckung ebenfalls noch durch Selbstmord zu entziehen, Rudolf Heß, Albert Speer und Karl Dönitz, der erst in den letzten Kriegstagen zum Nachfolger Hitlers als Reichspräsident und Oberbefehlshaber der deutschen Wehrmacht gekürt worden war, die prominentesten Angeklagten. Während die angeklagten Kriegsverbrechen auf der Haager Landkriegsordnung fußten, waren die an der eigenen Bevölkerung verübten «Verbrechen gegen die Menschlichkeit» neu, derer sich die Angeklagten verantworten mussten. Das war die Geburtsstunde des Völkerstrafrechts. Seitdem können sich die Lenker von Staaten nicht mehr sicher sein, nicht eines Tages doch vor einem internationalen Gericht wie dem «Internationalen Kriegsverbrechertribunal zur Verfolgung schwerer Kriegsverbrechen im ehemaligen Jugoslawien» oder dem «Internationalen Strafgerichtshof für die Verfolgung der Verantwortlichen für die im Hoheitsgebiet Ruandas oder von ruandischen Staatsangehörigen in Nachbarstaaten zwischen dem 1. Januar 1994 und dem 31. Dezember 1994 begangenen Verstöße gegen das humanitäre Völkerrecht» angeklagt zu werden. Der amerikanische Chefankläger im Nürnberger Hauptkriegsverbrecherprozess, der ehemalige Supreme-Court-Richter Jackson, hatte in seiner Aufsehen erregenden Eröffnungsrede noch betont, dass sich auch die Alliierten zukünftig an den in Nürnberg erreichten Grundsätzen würden festhalten lassen müssen. Das Statut über die Errichtung eines ständigen Internationalen Strafgerichtshofes haben die USA aber als einer von sieben Staaten abgelehnt,[5] um ihre Soldaten vor einer solchen Anklage zu schützen. Einhundertundzwanzig Staaten haben zugestimmt, einundzwanzig sich enthalten. Die Bundesrepublik hat das Rom-Statut, wie es nach seinem Entstehungsort auch genannt wird, am 10. Dezember 2000 als fünfundzwanzigster Vertragsstaat ratifiziert. Voraussetzung für das Inkrafttreten war die Annahme durch sechzig Staaten. Inzwischen wurde das Gericht errichtet und hat seine Arbeit aufgenommen.[6]

Im Prinzip dasselbe wie für «innere Gewässer» gilt aber auch für das «Küstenmeer» – es unterliegt der Souveränität des jeweiligen Küstenstaates:

Art. 2 Abs. 1 SRÜ: *Die Souveränität eines Küstenstaats erstreckt sich jenseits seines Landgebiets und seiner inneren Gewässer sowie im Fall eines Archipelstaats jenseits seiner Archipelgewässer auf einen angrenzenden Meeresstreifen, der als Küstenmeer bezeichnet wird.*

Es gibt natürlich auch Ausnahmen vom Grundsatz der territorialen Souveränität: Zum Beispiel gehören Botschaften nicht zu dem Staatsgebiet, auf dem sie liegen, sondern, vereinfachend ausgedrückt, zu dem Staatsgebiet des ausländischen Staates. Früher sagte man, sie seien «exterritorial», d. h. vom Territorium des Gaststaates ausgeklammert; heute sagt man das nicht mehr so, in der Sache hat sich aber nichts geändert. Auf dem Gebiet der ausländischen Botschaft hat der Gaststaat keine Hoheitsgewalt. Deshalb können Botschaftsflüchtlinge auch nicht einfach aus der Botschaft herausgeholt werden, nicht einmal Geiseln könnten aus der Botschaft befreit werden. Polizei und Feuerwehr dürfen das Botschaftsgelände auch nicht betreten, wenn von da aus auf Passanten geschossen wird oder wenn dort ein Feuer ausbricht. Man spricht von der Unverletzlichkeit oder «Immunität» der ausländischen Mission. Genauso verhält es sich mit Kriegsschiffen in einem fremden Hafen; sie sind «schwimmendes Staatsgebiet» des anderen Staates. An Bord zu gehen, würde die territoriale Souveränität des anderen Staates verletzen. Damit sind wir wieder beim Wasser: Hafenanlagen, Flussmündungen, Buchten und Fjorde gehören natürlich auch zum Staatsgebiet, für die Buchten gilt das aber nur, soweit sie bestimmte Voraussetzungen erfüllen.

7. Die völkerrechtliche Bucht

Art. 10 Abs. 2 GÜKA: *Eine Bucht im Sinne dieses Übereinkommens ist ein deutlich erkennbarer Einschnitt, dessen Länge in einem solchen Verhältnis zur Breite seiner Öffnung steht, dass er von Land umschlossene Gewässer enthält und mehr als eine bloße Krümmung der Küste bildet. Ein Einschnitt gilt jedoch nur dann als Bucht, wenn seine Fläche so groß oder größer ist als die eines Halbkreises, dessen Durchmesser eine quer über die Öffnung dieses Einschnitts gezogene Linie ist.*

Verstanden? Wer Spaß hat an Geometrie, kann sich davon eine Skizze anfertigen. Die Deutsche Bucht ist keine Bucht im völkerrechtlichen Sinne, da die Basislinie von Borkum nach Sylt im Allgemeinen dem Verlauf der Küste folgt. Richtigerweise müsste man in Zukunft von der «Deutschen Krümmung» sprechen. Die Hohwachter Bucht ist ebenfalls keine völkerrechtliche Bucht, da sie nicht tief genug in das Festland hineinragt. Dagegen ist die Kieler Förde eine Bucht. Die Lübecker Bucht war früher keine Bucht, weil sie zwei Staaten voneinander trennte. Dann kann ein Halbkreis über der Öffnung nämlich nicht gezogen werden. Seit der Wiedervereinigung ist es eine völkerrechtliche Bucht, und zwar mit der Buchtenabschlusslinie Dameshöft-Mecklenburger Küste. Die Öffnung der Lübecker Bucht ist genau 21,5 Seemeilen (sm) breit, viel größer dürfte sie übrigens auch gar nicht sein:

Art. 10 Abs. 5 SRÜ: *Ist die Entfernung zwischen den Niedrigwassermarken der natürlichen Öffnungspunkte einer Bucht größer als vierundzwanzig Seemeilen, so wird eine gerade Basislinie von vierundzwanzig Seemeilen innerhalb der Bucht in der Weise gezogen, dass mit einer Linie dieser Länge die größtmögliche Wasserfläche eingeschlossen wird.*

Auf Deutsch: Ein Teil der Bucht wird einfach abgeschnitten. Dann stimmt es wieder. Eine Ausnahme gilt übrigens für sog. «historische» Buchten, das ergibt sich aus Absatz 6 des Artikels. Wichtigste Beispiele: die Chesapeake- und die Delaware Bay in den Vereinigten Staaten von Amerika; in Norwegen der Vestfjord und der Varangerfjord. Besonders bekannt geworden ist die «Große Syrte» vor Libyen. Die USA halten dort regelmäßig Seemanöver ab, um zu beweisen, dass es nicht so ist. Eine «historische Bucht» kann nämlich nur entstehen, wenn ein Staat diese Gewässer schon immer als eigene betrachtet hat und ihm die anderen diesen Anspruch nie streitig gemacht haben. Und die arabischen Staaten haben versucht, Israel den Zugang zum Roten Meer mit der Begründung abzuschneiden, der Golf von Akaba sei eine «historische» Bucht.

An diesen Beispielen wird bereits deutlich, um was es dabei wirklich geht: Um die Herrschaft über Meeresgebiete – mögen sie sich nun Golf, Förde, Meerbusen oder Bay nennen – die sonst Teile der Hohen See wären und allen offen stünden. Es gibt zwei Gründe, warum die Staaten etwas dagegen haben: Erstens kann es niemandem egal sein, was vor seiner Haustür geschieht. Man denke nur an Umweltverschmutzungen, Ölunfälle usw. – und natürlich spielen auch militärische Interessen eine Rolle. Noch wichtiger ist für manche Staaten aber der zweite Grund, und das ist der Schutz der einheimischen Fischerei vor Konkurrenten – zum Beispiel vor den Walfängern von Onassis, die um die halbe Welt bis zu ihren Fanggründen fahren. Der Kampf der Staaten um Fisch- und Fanggründe war bisweilen so erbittert, dass er im Völkerrecht erkennbare Spuren hinterlassen hat.

8. Der britisch-norwegische Fischereistreit

Die Charta der Vereinten Nationen vom 26. Juni 1945, die Satzung der UNO, errichtete nach dem Zweiten Weltkrieg im niederländischen Den Haag ein völkerrechtliches Gericht, das mit fünfzehn Richtern verschiedener Nationen besetzt ist und über Staaten zu Gericht sitzt, die den Gerichtshof angerufen haben. Vier Jahre vor unserem Fall, das Gericht war gerade sechs Jahre alt geworden, lag eine Klage Großbritanniens gegen das Königreich Norwegen auf seinem Tisch. Am 18. Dezember 1951 fällt der «Internationale Gerichtshof» (IGH), Nachfolger des noch aus den Zeiten des Völkerbundes stammenden «Ständigen Internationalen Gerichtshofes», ein Urteil, das das Völkerrecht veränderte.

Gegenstand des Streites war eine Königlich Norwegische Verordnung. In dem Dekret aus dem Jahre 1935 wendete Norwegen zur Berechnung der Grundlinie des Küstenmeeres ein System an, das dem Völkerrecht bis dahin unbekannt war. Vordergründig geht es in dem Rechtsstreit um eine bloße Berechnungsmethode für den Küstenmeerstreifen, in Wahrheit aber um die Fischgründe vor der Nordwestküste Norwegens, um britische und norwegische Fischereiinteressen in der Nordsee und um die heimliche Erweiterung des Küstenmeeres. Dessen Breite beträgt nämlich höchstens 12 Seemeilen:

Art. 3 SRÜ: *Jeder Staat hat das Recht, die Breite seines Küstenmeers bis zu einer Grenze festzulegen, die höchstens zwölf Seemeilen von den in Übereinstimmung mit diesem Übereinkommen festgelegten Basislinien entfernt sein darf.*

Völkerrechtlich war es schon immer so, dass das Staatsgebiet nicht einfach an der Küste endet. Schon immer betrachteten die Staaten die Gewässer unmittelbar vor ihrer Küste als eigene, überwachten sie und vertrieben Eindringlinge daraus. Gestritten wurde jedoch darum, wie weit staatliche Ansprüche ins Meer hineinragen durften. Ganz offensichtlich musste es irgendwo im Meer eine unsichtbare Grenze geben, an der die Staatsgewalt des Küstenstaates endet. Im 19. Jahrhundert hatte sich die Dreimeilenzone weitgehend durchgesetzt. Entfernungen werden im Seerecht in Meilen angegeben, eine Seemeile sind 1,852 Kilometer. Warum drei? Die Antwort ist ebenso verblüffend wie einfach. Cornelius von Bynkershoek hat es in seiner 1703 erschienenen Dissertation «De Dominio Maris» so ausgedrückt: «Potestatem terrae finiri ubi finitur armorum vis.» Frei übersetzt: Die Hoheitsgewalt eines Staates endet da, wo seine Waffen nicht mehr hinkommen. Drei Seemeilen, das war die Kanonenschussbreite. So weit schossen die gängigen Schwarzpulverkanonen dieser Zeit. Ein Schiff konnte sich so weit ans Land heranwagen, wie die Kanonen der Festungsanlagen es nicht erreichten. Es stand jedermann frei, näher zu kommen, aber dann riskierte er, mit Mann und Maus versenkt zu werden. Das leuchtete ein. Im Völkerrecht bestimmen die Kanonen; dies ist nicht das einzige Beispiel dafür. Im 20. Jahrhundert war die Waffentechnik jedoch soweit fortgeschritten, dass sich daraus kaum noch Grenzen ableiten ließen, wenn die Küstenmeere etwa von Großbritannien und den Vereinigten Staaten von Amerika nicht einfach auf der Mitte des Atlantiks zusammenstoßen sollten. Ein besseres Kriterium hatte man aber nicht. Darum legte im Prinzip jeder Staat selbst sein Küstenmeer fest. So kommt es, dass Chile und Ecuador und Peru kurzerhand eine Zone von zweihundert Seemeilen als eigene Gewässer beanspruchten. Doch wir wollen zunächst auf die Königlich Norwegische Verordnung zurückkommen: Es liegt auf der Hand, dass man das eigene Küstenmeer auch erweitern kann, indem man die Grundlinie hinausschiebt, von der aus das Küstenmeer berechnet wird. Man muss die Breite des Küstenmeeres dazu gar nicht verändern. Um zu verstehen, wie das geht, müssen wir uns erst mal ansehen, wie das Küstenmeer normalerweise berechnet wird:

Art. 5 SRÜ: *Soweit in diesem Übereinkommen nichts anderes bestimmt wird, ist die normale Basislinie für die Messung der Breite des Küstenmeers*

die Niedrigwasserlinie entlang der Küste, wie sie in den vom Küstenstaat
amtlich anerkannten Seekarten großen Maßstabs eingetragen ist.

So oder so ähnlich hätte man es auch vermutet – vielleicht hätte man nicht an die «Niedrigwasserlinie» gedacht, was ja zum Beispiel in der Bretagne einen beträchtlichen Unterschied machen kann – aber im Prinzip leuchtet das ein: Wenn die Küste eine Gerade ist, dann verläuft irgendwo auf dem Meer auch eine Gerade, genau parallel zur Küste, die das Küstenmeer absteckt. Ist die Küste gebogen, dann ist diese Linie auch gebogen, egal in welcher Entfernung vom Festland man sie zieht. Nun ist aber die Küste im nördlichen Norwegen weder gerade noch gebogen, sondern beschreibt eher eine Zickzack-Linie. Es gibt dort viele Einschnitte und Fjorde und unzählige vorgelagerte Inseln, die überhaupt ein sehr zerklüftetes Bild einer Küste abgeben. Würde man den Küstenverlauf auf dem Meer nachzeichnen, so wäre es für die Schifffahrt unmöglich, sich daran zu halten. Einen solchen Kurs könnte kein Schiff steuern. Umgekehrt könnten fremde Schiffe fast ungestraft in Norwegens Fischgründen fischen (und haben das auch getan). Kaum wären sie in Norwegisches Hoheitsgebiet hereingefahren, wären sie auch schon wieder draußen. Darum ist Norwegens Krone auf folgenden Gedanken verfallen: Man bestimmt einige weit ins Meer hineinragende markante Punkte, die Spitzen von Landzungen, Felsen und Inseln, verbindet sie durch eine gerade Linie und kommt zu einer einigermaßen geraden Basislinie für die Bestimmung des Küstenmeeres. Praktischer Nebeneffekt: Auf diese Weise gelang es den Norwegern, die ausländischen, insbesondere britischen Fischer von den wichtigsten Fanggründen auszuschließen. Der IGH akzeptierte das. Das norwegische Verfahren hat unter dem Namen «System der Markantpunkte» oder «System der geraden Basislinien» Einzug ins Völkerrecht gehalten:

Art. 7 Abs. 1 SRÜ: *Wo die Küste tiefe Einbuchtungen und Einschnitte aufweist oder wo sich eine Inselkette entlang der Küste in ihrer unmittelbaren Nähe erstreckt, kann zur Festlegung der Basislinie, von der aus die Breite des Küstenmeers gemessen wird, die Methode der geraden Basislinien angewandt werden, die geeignete Punkte miteinander verbinden.*

9. Künstliche Inseln

Man kann sich vorstellen, wie es weiterging: Die Staaten entwickelten eine seltsame Bautätigkeit im Meer. Plötzlich entstanden überall im Meer künstliche Inseln, Hafenanlagen und Leuchttürme. Mit jedem Meter, den man weiter ins Meer hinausbaute, ließ sich so ein doppelter Gewinn erzielen: Erstens zählt das Küstenmeer erst ab hier, zweitens konnte man diese Stelle nun als Markantpunkt benutzen und eine gerade Basislinie ziehen. Das war natürlich nicht im Sinne des Erfinders. Darum schrieb man in das Abkommen:

Art. 11 SRÜ: *Für die Abgrenzung des Küstenmeers gelten die äußersten ständigen Hafenanlagen, die Bestandteil des Hafensystems sind, als Teil der Küste. Anlagen vor der Küste und künstliche Inseln gelten nicht als ständige Hafenanlagen.*

Also keine vorgelagerten künstlichen Flakstellungen oder meilenweit von der Küste entfernte Bohrinseln und dergleichen. Felsen, die nur gelegentlich aus dem Wasser herausragen, taugen ebenfalls nicht als Markantpunkte, selbst wenn sie nicht künstlich erschaffen wurden. Das sind nämlich keine Inseln, sondern nur eine «trockenfallende Erhebung», ein Vogelfelsen, die Robben tummeln sich bei Ebbe darauf. Man kann darauf Krebse und Krabben suchen oder Muscheln züchten, aber als Markantpunkte scheiden sie aus, sofern nicht...

Art. 7 Abs. 4 SRÜ: *Trockenfallende Erhebungen dürfen nicht Ausgangs- oder Endpunkt von Basislinien sein, sofern nicht Leuchttürme oder ähnliche ständig über den Wasserspiegel hinausragende Anlagen auf ihnen errichtet sind.*

Zum Thema «künstliche Insel» nun noch eine Kuriosität, die das Kölner Verwaltungsgericht im Jahre 1978 beschäftigte:

10. Die Principality of Sealand

Ein deutscher Staatsbürger beantragte die Feststellung, dass er die deutsche Staatsangehörigkeit verloren habe, als er Staatsbürger des Fürstentums «Sealand» wurde. Das Fürstentum Sealand ist eine frühere, inzwischen aufgegebene, englische Flakstellung, die außerhalb der Hoheitsgewässer vor der Südküste Großbritanniens im

Ärmelkanal liegt. Die Flakstellung ist eine künstliche Insel, die durch starke Pfeiler mit dem Meeresgrund verbunden ist. Sie hat eine Größe von etwa 1300 m². Ein englischer Major besetzte sie im Jahre 1967, gab dem Fürstentum eine Verfassung, rief die «Principality of Sealand» aus und ernannte sich selbst zum Staatsoberhaupt. Der Antragsteller bekleidete im Fürstentum Sealand die Stellung eines «Außenministers» und «Staatsratsvorsitzenden». Die staatliche Anerkennung durch Ceylon, Paraguay und Zypern stand kurz bevor. War die Insel nun ein Staat oder nicht? Davon hing ab, ob der Kläger Deutscher war oder Seeländer.

Damit ein Staat vorliegt, müssen seit Georg Jellinek (1851–1911) drei Kriterien erfüllt sein: Staatsgebiet, Staatsvolk, Staatsgewalt. Das ist die Drei-Elemente-Lehre. Wie sieht es damit aus? Zuerst zum Staatsvolk: Die Staatsbürgerschaft Sealands war an über hundert Personen verliehen worden. Auf der Insel lebten aber nur etwa dreißig bis vierzig Menschen ständig. Ihnen oblag die Verteidigung des Fürstentums sowie die Versorgung der Aggregate für Strom und Wasser. Auch an der Staatsgewalt bestand kein Zweifel: Es gab eine Verfassung, der sich die auf der Insel lebenden Personen unterordneten und der sie gehorchten. Demokratie und Gewaltenteilung sind nicht Voraussetzung für einen Staat im Sinne des Völkerrechts.

Blieb das Staatsgebiet: ein Teil der Erdoberfläche. Wie groß dieses Territorium sein muss, darüber sagt das Völkerrecht nichts. Der derzeit kleinste Staat der Völkergemeinschaft, der Vatikan, ist 0,44 km² groß. Er ist damit 340 mal so groß wie die «Principality of Sealand». Monaco bringt es auf 1,9 km². Doch pure Größe ist kein Argument. Folglich kam das Gutachten von Professor Dr. Dr. Dr. Leisner zu dem Schluss: Das Fürstentum Sealand ist ein Staat. Nicht aber das Kölner Verwaltungsgericht: Territorium komme von dem lateinischen Wort «Terra» gleich «Erde». Damit sei «Mutter Erde» gemeint, ein Kegelausschnitt aus der Erdkugel, und sei er noch so klein, aber keine von Menschenhand geschaffene künstliche Plattform. Die stehe allenfalls in lockerer Verbindung mit der Erdoberfläche. Man muss sich bloß einmal vorstellen, die Flakstellung reißt sich bei einem Sturm von ihrer Verankerung los, und das Staatsgebiet schwimmt davon. Zur Sicherheit verneinte das Gericht aber auch gleich, dass die Bürger ein Staatsvolk seien. Das setze ein Mindestmaß an Anwesenheit voraus, gelegentliche Besuche reichten dafür nicht. Im Übrigen beschränke sich das staatliche Leben nicht auf den Betrieb von Spielbanken und Vergnügungsstätten. Das ist aber – vom juristischen Standpunkt aus – sicher nicht ganz richtig: Was die Staatsbürger treiben, welche Zwecke sie dabei verfolgen und wie intensiv das Gemeinschaftsleben ausgeprägt ist, ist dem Völkerrecht ziemlich gleich.

11. Augustinus und die Komoren

Der heilige Augustinus (354–430 n. Chr.), der Kirchenvater der, bevor er zum christlichen Glauben übertrat, selbst alles andere als ein Heiliger gewesen sein soll, hat über «Staaten ohne Gerechtigkeit» einmal gesagt, dass sie «nur große Räuberbanden» («magna latrocinia») seien.[7] Auch eine solche sei schließlich eine Schar von Menschen, die unter dem Befehl eines Anführers stehe, sich durch Verabredung zu einer Gemeinschaft zusammenschließe und nach fester Übereinkunft die Beute teile. Wenn dies «üble Gebilde» durch Zuzug verkommener Menschen so ins Große wächst, dass Ortschaften besetzt, Niederlassungen gegründet, Städte erobert, Völker unterworfen werden, nehme es ohne Weiteres den Namen Reich an, den ihm offenkundig nicht etwa hingeschwundene Habgier, sondern erlangte Straflosigkeit erwirkt. Deshalb habe auch der Seeräuber Recht, der Alexander dem Großen (336–323 v. Chr.), der ihn aufgegriffen hatte und ihn fragte, was ihm denn einfalle, dass er das Meer unsicher mache, antwortete: «Und was fällt dir ein, dass du das Erdreich unsicher machst? Freilich, weil ich's mit einem kleinen Fahrzeug tue, heiße ich Räuber. Du tust es mit einer großen Heerschar und heißt Imperator.»

Am 13. März 1978, zehn Tage vor dem Sealand-Urteil des Verwaltungsgerichts Köln, stürmten und eroberten fünfzig europäische Söldner an einem Tag die Hauptinsel der Komoren, Grande Comore. Die Komoren sind ein kleiner Inselstaat zwischen Madagaskar und Afrika, der – ehemals französische Kolonie – erst 1975 in die Unabhängigkeit entlassen wurde. Die Söldner waren, ausgerüstet mit automatischen Waffen, mit Schlauchbooten vom afrikanischen Festland aus aufgebrochen und um 2:30 Uhr auf Grande

Comore gelandet. Drei Stunden später ist das schlafende Militär ausgeschaltet, der Präsident festgenommen, der Putsch beendet.[8] Sie haben die Insel und den ganzen Staat unter ihre Kontrolle gebracht. Manche von ihnen, ca. dreißig, leben noch immer da, haben einen Präsidenten und ein Parlament eingesetzt und besitzen die Importmonopole für Autos und Reis – beides produzieren die Komoren nicht selbst, sondern sind von deren Einfuhr abhängig.

Schon Thrasymachos aus Chalkedon, heute ein Vorort Istanbuls, der wohl im fünften Jahrhundert vor Christus lebte, lehrte, der Tyrann handele klug und richtig, der sich nicht im Kleinen fremdes Gut aneigne, sondern gleich alles, «was, wenn es einer einzeln raubt und danach entdeckt wird, ihm die härtesten Strafen einbrächte.[9] Denn Tempelräuber und Menschenhändler, Räuber und Betrüger und Diebe heißen die, die einzelne von den gleichen Übeltaten begehen. Wenn aber einer außer dem Vermögen seiner Mitbürger auch noch sie selber in seine Gewalt bringt und zu Knechten macht, der wird stattdessen glückselig…»[10]

12. Die Anschlusszone

Die Entwicklung von der Drei-Seemeilen-Zone bis zur heutigen Zwölf-Seemeilen-Zone für das Küstenmeer verlief über einen Umweg, nämlich die sog. Anschlusszone. An die Hoheitsgewässer eines Staates, das sog. Küstenmeer, schließt sich nämlich noch eine Zone an, in der «der Küstenstaat die erforderliche Kontrolle ausüben» kann, «die als Anschlusszone bezeichnet wird» (Art. 33 SRÜ). Im Prinzip ist das bereits ein Teil der Hohen See, aber eben einer mit besonderen Befugnissen für den Küstenstaat. Bereits das «Genfer Übereinkommen über das Küstenmeer und die Anschlusszone» vom 29. April 1958, das zusammen mit dem «Genfer Übereinkommen über die Hohe See» am selben Tag in Genf unterzeichnet wurde, bestimmte, dass die Staaten eine solche Anschlusszone einrichten konnten, um ihre Gesundheits-, Zoll- und Einwanderungsvorschriften zu überwachen. Es stand den Staaten frei, ob sie das tun wollten. Die Bundesrepublik hat es nicht getan. Wenn sie es aber taten, dann durfte sie sich höchstens bis zu einer Entfernung von 12 sm von der Küste erstrecken. Damit stand zugleich fest, dass das Küstenmeer auch nicht breiter sein konnte als 12 sm. Denn das Küstenmeer kann ja nicht breiter sein als die Zone, die sich daran anschließt. Das leuchtet ein. Die meisten Staaten sind dann auch genau so verfahren: Hielten die meisten Staaten 1954 noch an der Dreimeilenzone fest, wie die Bundesrepublik, so hatten sich Anfang der 70er die Verhältnisse umgekehrt. Die meisten Staaten hatten jetzt eine Anschlusszone von null Seemeilen eingerichtet, dafür aber ihr Küstenmeer auf 12 sm, der zulässigen Höchstbreite, erweitert. Die neue Seerechtskonvention von Montego Bay schrieb diese Höchstgrenze fest und setzte dafür die Anschlusszone auf 24 sm herauf.

Art. 33 Abs. 2 SRÜ: *Die Anschlusszone darf sich nicht weiter als vierundzwanzig Seemeilen über die Basislinien hinaus erstrecken, von denen aus die Breite des Küstenmeeres gemessen wird.*

Aber vierundzwanzig sind noch immer nicht zweihundert! Wie kommt Peru unter seinem damaligen Präsidenten Dr. Luis Bustamente darauf, am 1. August 1947 ein solches Gesetz zu erlassen? Zweihundert Seemeilen – das sind über 370 Kilometer, so weit wie von Hamburg nach Kopenhagen!

13. Der Festlandsockel

Präsident Harry S. Truman hat den Reigen eröffnet; am 28. September 1945 proklamierte er für die USA den sog. Festlandsockel («Continental Shelf») – ein Begriff, der vorher nur in der Geologie bekannt war.[11] Dort beschreibt er die geologisch-geographische Tatsache, dass die Kontinentalplatten nicht einfach am Wasser Halt machen, sondern zunächst unter Wasser weiter relativ flach abfallen, bis sie am Kontinentalabhang plötzlich steil in den sog. Tiefseegraben stürzen. Deshalb ist es auch so schwer, die Titanic zu heben. Sie ist in den Tiefseegraben gefallen. Um nicht den Eindruck zu vermitteln, die USA beabsichtigten damit die Erweiterung ihres Küstenmeeres, wurde der Begriff Souveränität gegen «Jurisdiktion» ausgetauscht. Aber was dahinter stand, war allen klar: Hauptsächlich ging es um die Erdölförderung im Golf von Mexiko, nebenbei auch um die Fischerei. Legt man den geologischen Begriff zu Grunde, dann werden rund ein Drittel des unterseeischen Gebietes der Erde davon erfasst. Für alle anderen Staaten bleibt dann nur der Rest. Nachdem die Vereinigten Staaten als größte Seemacht am Ende des Zweiten Weltkrieges den neuen Grundsatz verkündet hatten, erlangte er bald völkerrechtliche Anerkennung: Zusammen mit den beiden anderen Abkommen über die «Hohe See» und das «Küstenmeer und die Anschlusszone» wurde am 29. April 1958 in Genf auch ein «Übereinkommen über den Festlandsockel» abgeschlossen, das dem Küstenstaat die Ausbeutung von Mineralien und anderen natürlichen Reichtümern gestattete.

Nun haben aber nicht alle Staaten so ein Kontinentalschelf. Die USA haben eines, die lateinamerikanischen Staaten haben keines. Ihre Küste fällt unmittelbar in den Tiefseegraben ab. Als Ausgleich für den fehlenden Festlandsockel beanspruchten die drei südamerikanischen Staaten Chile, Ecuador und Peru daher eine 200-Seemeilen-Zone für ihre Fischerei. Einige afrikanische Staaten haben nachgezogen. Ob das rechtens war, darüber hat nie ein internationales Gericht entschieden. Peru hat jedenfalls die 3 Millionen Dollar nicht zurückgezahlt. Anfang Dezember 1954, als die Hafenbehörde von Paita bereits entschieden hatte, trafen sich die drei südamerikanischen Staaten stattdessen in Lima und bestätigten ihren zwei Jahre zuvor in der Deklaration von Santiago eingenommenen Standpunkt von Neuem. Sie hielten auch weiterhin daran fest. Nur einmal hatte der Internationale Gerichtshof in Den Haag Gelegenheit, Stellung zu nehmen zu solch maßlosen Ansprüchen. Das war erst zwanzig Jahre später, am 25. Juli 1974, im isländischen Fischereistreit. Man kann daraus viel lernen über das Völkerrecht.

14. Der Kabeljau-Krieg

Nachdem Großbritannien im norwegischen Fischereistreit in Den Haag eine Niederlage vor dem Internationalen Gerichtshof eingesteckt hatte, glaubte es, gegenüber den isländischen Ansprüchen bessere Aussichten zu haben. Relativ unbemerkt war geblieben, dass Island im Jahre 1952 unter Kündigung des dänisch-britischen Fischereivertrages von 1901 seine Fischereigrenze auf vier Seemeilen vorgeschoben hatte. Eigentlich waren nur drei Seemeilen erlaubt. Als Island dann aber 1958 die Zwölf-Seemeilen-Fischereizone einführte, entbrannte zwischen Island auf der einen und Großbritannien und der Bundesrepublik Deutschland auf der anderen Seite ein regelrechter Krieg, bei dem die Briten in der umstrittenen Zone dem Fischfang zeitweilig unter Schutz von Kriegsschiffen nachgingen. Krieg ist eben die Fortsetzung der Politik mit anderen Mitteln.[12] Der sog. «Kabeljau-Krieg» währte 18 Monate und endete 1961 mit einem Kompromiss in Gestalt eines völkerrechtlichen Vertrages. Darin wurde britischen und deutschen Fischern für eine Übergangszeit das Fischen in ihren traditionellen Fanggründen im Bereich zwischen 6 und 12 sm erlaubt, im Gegenzug erkannten Briten und Deutsche prinzipiell die isländische Zwölf-Meilen-Grenze an und versprachen, keine weiteren Einwendungen dagegen zu erheben. Außerdem wurde vereinbart, künftigen Streit über die Ausdehnung der Fischereizone dem Internationalen Gerichtshof zur Entscheidung vorzulegen.

In den Folgejahren gingen auch solche Staaten, die ursprünglich an der Drei-Meilen-Grenze festgehalten hatten, unter anderem Großbritannien selbst, dazu über, ebenfalls bis zu 12 Seemeilen zu beanspruchen. Südamerikanische Staaten hatten schließlich schon ganz andere Forderungen gestellt! Angesichts dieser Entwicklung fasste der Althing, das isländische Parlament, am 15. Februar 1972 den Beschluss, seine Fischereizone zum Herbst um mehr als das Vierfache, auf 50 Seemeilen, zu vergrößern. Es ließ wissen, dass es die Vereinbarung mit Großbritannien und der Bundesrepublik als hinfällig erachtete. Daraufhin riefen diese beiden noch vor Umsetzung des Parlamentsbeschlusses den Internationalen Gerichtshof an. Der gab der Regierung in Reykjavik in einer einstweiligen Verfügung auf, ihre Fischereizone vorläufig nicht zu erweitern und sprach Großbritannien und Deutschland bis zur Klärung der Angelegenheit für die bevorstehende Fischereisaison diejenigen Fangquoten zu, die der durchschnittlichen Fangmenge der letzten Jahre entsprach. Dabei blieb der Tisch mit dem Schild «Iceland» im Haager Gerichtssaal leer, weil Reykjavik die Zuständigkeit des Gerichts in dieser Frage nicht mehr anerkannte.

Damit drohte trotz der einstweiligen Verfügung des Gerichtes, das Kriege zu vermeiden helfen soll, eine Neuauflage des «Kabeljau-Krieges» von 1960: Am 1. September, dem Tag der geplanten

Umsetzung des Parlamentsbeschlusses, befanden sich 25 deutsche und über achtzig britische Trawler in isländischen Gewässern, darunter auch die gefürchteten «Froster». Sie werden Staubsauger der Meere genannt, weil sie wegen ihrer Tiefkühlanlagen länger im Fanggebiet bleiben können als andere Fischdampfer, die Frischfisch auf Eis kühlen. Sie haben versiegelte Briefumschläge von ihren Reedereien dabei, wie sie sich im Ernstfall zu verhalten hätten. Ministerpräsident Olafur Johannesson verkündet über den Rundfunk, Küstenwachboote und Flugzeuge hätten die Anweisung, fremde Schiffe innerhalb der 50-Meilen-Zone aufzuspüren, zu verwarnen, sie zu vertreiben und notfalls zu kapern. Schiffe, die ihren Namen übermalt hätten, würden durch Luftaufnahmen identifiziert.

Die deutschen Fischkutter haben Anweisung, den meist kleineren Küstenschutzbooten auszuweichen. Die Gefahr, gekapert zu werden, besteht nur, wenn die Kutter ihre Netze einholen. Sonst können sie ihre höhere Geschwindigkeit ausspielen. Drei deutsche Schutzboote sollen die Isländer durch Dazwischenkreuzen im Zweifel am Kapern hindern. Auch britische Mutterschiffe stehen zur Hilfe im Ernstfall bereit. Während in Den Haag verhandelt wird (freilich immer noch in Abwesenheit eines Vertreters Islands), spielen sich auf dem Wasser ergreifende Szenen ab: Am 30. Dezember durchtrennte das isländische Küstenwachboot «Odinn» die Fangleinen des britischen Trawlers «Benella». Daraufhin drangen zwei Formationen britischer Trawler in die 50-Meilenzone ein und jagten die beiden Küstenschutzboote. Dabei wurde die «Odinn» von dem Trawler «Brucella» aus Hull gerammt, der derselben Reederei gehört wie die «Benella», deren Leinen durchtrennt worden waren. In unmittelbarer Nähe lag die britische Fregatte «Rhyl», die aber nicht eingriff. Anderntags wird der deutsche Hochseefischer «Arcuturs» aufgebracht. Als «Repressalie» verhängt die Bundesregierung ein Anlandungsverbot für isländischen Fisch in deutschen Häfen. Eine «Repressalie» ist im Völkerrecht die Antwort auf einen Rechtsbruch durch einen anderen. Sie ist praktisch die einzige Möglichkeit, das Völkerrecht durchzusetzen, da es an einer Zentralgewalt fehlt. Von einer «Retorsion» spricht man, wenn die Gegenmaßnahme nur ein «unfreundlicher Akt» (französisch: «acte peu amical») ist.

Nachdem der Gerichtshof zunächst eine einstweilige Anordnung getroffen hatte, fiel ein gutes halbes Jahr später, am 25. Juli 1974, das Urteil. Die 15 Richter stellten fest: Die einseitige Erweiterung der Fischereihoheit auf 50 sm widersprach dem Völkerrecht. Hat Island sich in der Folgezeit daran gehalten? Hat es das Urteil des Gerichts der Völkergemeinschaft befolgt? Keineswegs. Im Gegenteil: Island hat das Urteil ausdrücklich nicht anerkannt. Der isländische Außenminister erklärte, die Frage sei für Island einfach zu wichtig, als dass man sie einem Gericht zur Entscheidung überlassen könne.[13] Ein Jahr später führte es stattdessen die Zweihundert-Seemeilen-Fischereizone ein. Beharrten wenigstens Großbritannien und die Bundesrepublik auf der Einhaltung des Urteils, oder setzten die anderen Staaten das Urteil durch? Auch davon kann keine Rede sein! Mit Wirkung vom 1. Januar 1977 schoben Kanada, Norwegen sowie sechs Mitgliedstaaten der Europäischen Gemeinschaft, darunter auch die Bundesrepublik, mit Wirkung vom 1. März 1977 ihre Fischereizonen ebenfalls bis zur 200-sm-Linie vor. Was man sich 1957 noch nicht hat vorstellen können, dass Staaten sich aus dem Meer eine Scheibe von 200 sm herausschneiden und für sich beanspruchen, ist heute gang und gäbe.

Kann man so etwas noch Recht nennen? Muss Recht sich nicht gerade da bewähren, wo es auf die Probe gestellt wird? Im Falle Islands scheint es, als habe das Völkerrecht versagt, aber der Schein trügt. Man muss bedenken, wie Völkerrecht entsteht. Anders als wir es im innerstaatlichen Recht gewohnt sind, gibt es ja keinen Gesetzgeber. Die Quellen des Völkerrechts sind Verträge, allgemeine Rechtsgrundsätze und Gewohnheitsrecht. Letzteres hat zweierlei zur Voraussetzung: Erstens, dass es praktiziert wird. Man nennt das die «allgemeine Übung», Übung im Sinne von Ausübung. Und zweitens die Überzeugung, dass es rechtens sei, was man da tue – das ist die Rechtsüberzeugung, mit einem lateinischen Wort: opinio iuris. Allerdings gibt das Letztere der Rechtswissenschaft Rätsel auf: «Opinio iuris» kann dann nämlich nur bedeuten, dass am Anfang neuen Gewohnheitsrechts entweder immer ein Irrtum steht oder ein Rechtsbruch. Ein Irrtum, weil sich hinterher herausstellt, dass die erste Handlung nach der neuen Regel damals unmöglich rechtens gewesen sein kann. Sie wurde es ja erst, nachdem alle anderen mitzogen. Glaubte der Erste, dass es rechtens sei, was er tat, so unterlag er einem Irrtum. Wusste er, dass er Unrecht tat, dann war es ein Rechtsbruch! Darum besagt eine neuere Lehre, dass es nicht darauf ankommt, was der Erste glaubt, dass rechtens ist, sondern, was er glaubt, dass rechtens sein sollte. Teilen andere diese Auffassung, dann wird aus dem, was Recht sein sollte, schließlich Recht, und so geht es immer weiter. Rechtsüberzeugung ist dann nicht nur eine «opinio iuris», sondern eine «opinio iuris sive necessitatis». Das bedeutet, nicht nur eine Überzeugung vom rechtlich Gebotenen, sondern auch vom politisch Notwendigen. Wie im Falle von Island.

Island ist kein kleines Land. Es ist etwa so groß wie alle neuen Bundesländer zusammengenommen. Trotzdem leben dort nur etwa 400.000 Menschen, weniger als in jedem einzelnen dieser fünf Bundesländer. Der einzige Reichtum der kargen und felsigen Insel ist ihr außergewöhnlicher Fischreichtum. Fisch bildet die hauptsächliche Nahrungs- und Devisenquelle des kleinen Volkes; 17% der Bevölkerung arbeiten als Fischer oder sind in der fischverarbeitenden Industrie beschäftigt. Andere nennenswerte Industrien gibt es nicht. Fast alle Konsum- und Industriegüter müssen importiert werden. 90% der dafür erforderlichen Deviseneinnahmen stammen aus dem Export von Fisch und Fischereiprodukten. Fisch ist für Island lebenswichtig. Es geht um die Sicherung seiner Existenz. Niemand hat das bestritten. Die anderen Staaten haben das am Ende eingesehen. Statt auf dem Recht zu beharren, sind sie genauso verfahren und haben das Recht dadurch verändert. Wer will, kann heute eine Zweihundert-Seemeilen-Wirtschaftszone beanspruchen.[14]

Anmerkungen

Vorwort

1 Studium kommt übrigens auch aus dem Lateinischen und heißt neben «Bestreben» und «Eifer» auch «Lust».

2 Karl Engisch, Einführung in das juristische Denken, 3. Aufl., Stuttgart 1956, S. 7.

3 Der ebenfalls merkwürdige Satz «Alles fließt», der ihm zugeschrieben wird, stammt aber wohl nicht von ihm.

4 Dazu hat Karl Jaspers, Einführung in die Philosophie, 25. Aufl., München 1986, S. 10 einmal geschrieben: «In philosophischen Dingen hält sich fast jeder für urteilsfähig. Während man anerkennt, dass in den Wissenschaften Lernen, Schulung, Methode Bedingung des Verständnisses sei, erhebt man in Bezug auf die Philosophie den Anspruch, ohne Weiteres dabei zu sein und mitreden zu können.»

5 Lord Chief Justice Hewart (in England ist das House of Lords nicht nur Parlament, sondern zugleich Gericht) soll in der unnachahmlichen Art des Engländers einmal auf einem Bankett der Patentanwälte geäußert haben: «It does not often fall in my lot to try patent cases, I am far more frequently concerned with the question of a stationary motor-car coming in collision with another stationary motor-car, when each was on its proper side, well lighted, and was keeping a good lookout» (Mein Tagwerk bringt es nicht häufig mit sich, dass ich Patentrechtsfälle zu beurteilen habe, weit häufiger befasse ich mich mit der Frage, wie ein stehendes Auto mit einem anderen, ebenfalls stehenden Auto zusammenstoßen kann, wenn sich jedes auf seiner Seite der Straße befand, gut beleuchtet war und beide Fahrer vorsichtig Ausschau hielten).

6 Unser Recht entscheidet sich übrigens für die dritte Möglichkeit. So versteht sich § 254 BGB: «Hat bei der Entstehung des Schadens ein Verschulden des Beschädigten mitgewirkt, so hängt die Verpflichtung zum Ersatze sowie der Umfang des zu leistenden Ersatzes von den Umständen, insbesondere davon ab, inwieweit der Schaden vorwiegend von dem einen oder dem anderen Teile verursacht worden ist.»

7 Arthur Schopenhauer, Die Welt als Wille und Vorstellung, in: Sämtliche Werke, hrsg. von Wolfgang von Löhneysen, Bd. 1, Frankfurt/Main 1982, S. 463.

8 Gustav Radbruch, Juristen – böse Christen, in: Die Argonauten – eine Monatszeitschrift – Heft 9, 1916, S. 128 f.

9 DK 114 (die Fragmente der Vorsokratiker werden üblicherweise zitiert nach Diels/Kranz) – Heraklit verdanken wir übrigens auch das Wort «Philosophie» (gr. Liebe zur Wahrheit), das er als Erster dafür gebraucht hat.

10 Gustav Radbruch, Rechtsphilosophie, Leipzig 1932, S. 32.

11 Rudolf von Jhering, Ist die Jurisprudenz eine Wissenschaft?, Jherings Wiener Antrittsvorlesung vom 16. Oktober 1868, aus dem Nachlass herausgegeben und mit einer Einführung, Erläuterung sowie einer wissenschaftlichen Einordnung versehen von Behrends, Göttingen 1998.

12 Lateinisch: «Summum ius, summa iniuria». Der viel zitierte Satz von Cicero (106–43 v. Chr.) stammt aus De officiis I, 33.

13 «Menschliches, Allzumenschliches» ist der Titel einer berühmten Sammlung von Betrachtungen und Aphorismen von Friedrich Nietzsche (1844–1900).

14 Fritjof Haft, Einführung in das juristische Lernen, 3. Aufl., Bielefeld 1984, Seite III.

15 Übrigens war auch historisch das Jurastudium lange Zeit ausschließlich die Beschäftigung mit dem Privatrecht (Pandektenwissenschaft), erst seit etwa 1550 etablierte sich das Strafrecht als eigenes Fach, und ein halbes Jahrhundert später entstanden die ersten Lehrstühle des öffentlichen Rechts (ius publicum).

Kapitel 1

Zivilrecht: Die Perle in der Auster

1 Als Vorlesung bezeichnet man – manchmal noch immer nicht ganz zu Unrecht – sowohl die einzelne Lehrstunde an der Universität sowie auch die gesamte Unterrichtseinheit des Semesters, also etwa 12–14 Unterrichtsstunden.

2 Ein Kommentar ist sozusagen die Sekundärliteratur des Juristen. Dort ist im Anschluss an den Gesetzestext abgedruckt, was er bedeutet. Dort finden sich auch alle wichtigen Entscheidungen, die zu der Gesetzesstelle ergangen sind.

3 Von lat. repetere = wiederholen: Der Repetitor ist ein Mensch, der von den Studenten dafür bezahlt wird, ihnen das beizubringen, was sie in

der Universität nicht gelernt haben. Das hat bei den Juristen Tradition. Es heißt, schon Goethe sei zum Repetitor gegangen: «Habe nun, ach! Philosophie, Juristerei und Medizin, und leider auch Theologie durchaus studiert, mit heißem Bemühn. Da steh ich nun, ich armer Tor, und bin so klug als wie zuvor!» (Faust).

4 Vgl. schon den römischen Juristen Ulpianus (Digesten 50, 16, 195): «Pronuntiatio sermonis in sexu masculino ad utrumque sexum plerumque porrigitur» – sinngemäß: Eine männliche Bezeichnung erstreckt sich gewöhnlich auf beide Geschlechter. Vorbildlich hingegen § 149 Abs. 1 Satz 1 des Niedersächsischen Justizvollzugsgesetzes (NJVollzG) vom 14. 12. 2007: «Die Verteidigerinnen und Verteidiger der oder des Gefangenen dürfen diese oder diesen ohne Erlaubnis (…) besuchen.»

5 Die Abkürzung N. N. wird auch heute noch benutzt, z. B. in Vorlesungsverzeichnissen, dann aber als Abkürzung für «nomen nominandum» (Name noch zu benennen) oder «non nominatum» (noch nicht benannt) oder «nomen nescio» (kenne den Namen noch nicht).

6 Als Echo auf den Aufsatz von Martinek, JuS 1991, S. 710 ff. sind in der JuS 1992, S. 88 noch zwei weitere kleinere Beiträge zur «Perle in der Auster» abgedruckt. Die Studentin Friederike Mußgnug, wahrscheinlich verwandt mit dem Professor für Öffentliches Recht gleichen Namens, fühlt sich dadurch an die von Gustav Mahler vertonte Geschichte «Rheinlegendchen» aus «Des Knaben Wunderhorn» erinnert. Darin wirft eine Hirtin aus Liebeskummer einen goldenen Ring ins Wasser, wo er von einem Fisch verschluckt wird. Der Fisch wird gefangen und dem König serviert, der beim Mahl in den Eingeweiden des Fischleins den Ring wiederfindet. In der Geschichte übergibt der König den Ring dem Liebsten der Hirtin, der ihn seinem Schatz zurückbringt, und alle sind glücklich und zufrieden! – Prosafreunde werden sich vielleicht eher an John Steinbecks (1902–1968) auf einer mexikanischen Sage basierende, 1945 zuerst im Woman's Home Companion Magazine veröffentlichte und 1947 in Buchform erschienene Novelle «The Pearl» erinnern, in der ein armer Fischer eines Tages eine große Auster mit einer riesigen wunderschönen Perle findet, die ihm aber kein Glück bringt.

7 Gareis, DJZ 1905, Sp. 347.

8 Otto v. Gierke (1841–1921) verdient eine eigene Fußnote: Als Vertreter der sog. historischen Rechtsschule und Verfasser zahlreicher Werke auf dem Gebiet des Staats- und Privatrechts, war er vor allem maßgeblich für die deutschrechtlichen Einflüsse im BGB, dessen Wurzeln im römischen Recht einerseits und im alten deutschen Recht andererseits zu sehen sind. Obwohl nicht selbst Mitglied der Gesetzgebungskommission, hat seine Kritik am ersten Entwurf, an dem er das Fehlen eines «Tropfens sozialistischen Öls» monierte, maßgeblich dazu beigetragen, dass der erste Ent-

wurf einer neuerlichen Bearbeitung durch die zweite Kommission unterzogen wurde.

9 Hedemann, BayZRPfl 1905, S. 238.

10 Schloßmann, JhJb 49 (1906), S. 139 – zum Namensgeber der «Jahrbücher» siehe oben in der Einleitung.

11 Francke, Blatt für Rechtspflege in Thüringen und Anhalt 53 (1906), S. 1.

12 Gursky, in: Staudinger, BGB, Band 3/1. Teilband, 14. Aufl. 2004, § 956 Rn. 5. – Weitere Fundstellen sind: Brodmann in: Planck, BGB, 5. Aufl. 1933, § 956 Anm. 3; Henssler, in: Soergel, BGB, 13. Aufl. 2002, § 953 Rn. 3; Pikart, in: RGRK, BGB, 12. Aufl. 1979, § 956 Rn. 7; Quack, in: MüKo, BGB, 4. Aufl. 2004, § 929 Rn. 58.

13 «ff.» ist die gängige Abkürzung für «folgende». Gesprochen wird es manchmal «fortfolgende», damit es nicht mit «f.» = folgender verwechselt wird (in normalen Ohren klingt das eher komisch). (Etwas «aus dem ff» kennen hat damit nichts zu tun, wohl aber kommt sie aus dem Juristischen, nämlich vom etwas ungenau geschriebenen griechischen Buchstaben «pi» für «Pandekten», der griechischen Bezeichnung der Digesten, deren Studium bis ins 19. Jahrhundert den Kern des Jurastudiums ausmachte.) Vergleiche im Übrigen das Verzeichnis juristischer Abkürzungen am Ende dieses Buches.

14 Aus dem Griechischen. So nennen übrigens nur deutschsprachige Juristen ihre Vorschriften, Engländer sprechen lieber von «Artikeln», wie wir übrigens auch, wenn es sich z.B. um das «Grundgesetz» handelt. Beides heißt so viel wie «Abschnitt» oder «Absatz». Das im Paragrafenzeichen kaum noch erkennbare doppelte «s» steht für «signum sectionis» (lat. Abschnittszeichen»).

15 Deshalb folgt auf § 37 des Wertpapierhandelsgesetzes (WpHG) § 37a bis z – ein Kuriosum (d, f, und m sind allerdings schon wieder weggefallen). Das Bürgerliche Gesetzbuch beginnt von jeher bei § 1 und endet bei § 2385: Doch wie viele Paragrafen gibt es genau? Manches wurde hinzugefügt, manches gestrichen. Man könnte viel Zeit mit Zählen verbringen: Bei Abschluss dieses Manuskripts waren es genau 2311. Aber wer weiß schon, ob das noch stimmt! § 309 ist mit 1053 Worten der längste Satz im BGB. Der längste Paragraf enthält 1086 Worte. Es ist § 1587a – eine Vorschrift aus dem Scheidungsrecht.

16 Das ist keinesfalls immer so auf dem Markt der juristischen Eitelkeiten: Der im selben Verlag erschienene, von Otto Schwarz gegründete Kommentar zum Strafgesetzbuch hieß später Schwarz/Dreher, Dreher, Dreher/Tröndle, Tröndle, Tröndle/Fischer und jetzt nur noch Fischer. Freilich hat Otto Palandt (1877–1951) in dem nach ihm benannten Kommentar zu keiner Vorschrift auch nur eine Zeile selbst geschrieben.

17 Heinrichs, in: Palandt, BGB, 67. Aufl. 2008, § 90 a Rn. 1.

18 Die Ziffern in Klammern bezeichnen die Absätze; auch das Gesetz greift zu dieser Wiedererkennungshilfe. In manchen Ausgaben sind sogar die Sätze durchnummeriert.

19 Siehe § 94 Abs. 1 Satz 1 BGB: «Zu den wesentlichen Bestandteilen eines Grundstücks gehören die mit dem Grund und Boden fest verbundenen Sachen, insbesondere Gebäude, sowie die Erzeugnisse des Grundstücks, solange sie mit dem Boden zusammenhängen.»

20 Siehe § 905 BGB: «Das Recht des Eigentümers eines Grundstücks erstreckt sich auf den Raum über der Oberfläche und auf den Erdkörper unter der Oberfläche. Der Eigentümer kann jedoch Einwirkungen nicht verbieten, die in solcher Höhe oder Tiefe vorgenommen werden, dass er an der Ausschließung kein Interesse hat.»

21 Siehe zu der Vorschrift und der Unterscheidung von Zivil- und Strafrecht bereits oben in der Einleitung.

22 Siehe aber auch Anm. 23 zu den deutschrechtlichen Wurzeln.

23 Siehe dazu unten mehr im zweiten Kapitel.

24 Das erste Geld gibt es erst seit 700 v. Chr. in Kleinasien. König Krösus hat es geprägt.

25 Siehe § 480 BGB: «Auf den Tausch finden die Vorschriften über den Kauf entsprechende Anwendung.»

26 R muss die Speisen natürlich nicht selbst auf den Tisch stellen, sondern kann sich «zur Erfüllung seiner Verbindlichkeit» aus dem Kaufvertrag eines Kellners bedienen, den man dann seinen «Erfüllungsgehilfen» nennt (§ 278 Satz 1 BGB).

27 Siehe § 516 BGB: «Eine Zuwendung, durch die jemand aus seinem Vermögen einen anderen bereichert, ist Schenkung, wenn beide Teile darüber einig sind, dass die Zuwendung unentgeltlich erfolgt.»

28 Für den genauen Wortlaut der Vorschrift siehe oben Anm. 34.

29 Nachzulesen in der Juristenzeitung (JZ) 1988, S. 665 ff.

30 Entscheidungen des Bundesgerichtshofs in Zivilsachen, Band 21, S. 319 = BGHZ 21, 319.

31 Siehe zu dem Zitat oben Anm. 19.

32 Übrigens gibt es dafür noch eine zweite «Anspruchsgrundlage», ebenfalls schon bei den Römern, die «condictio indebiti», die «Kondiktion». § 812 Abs. 1 BGB bestimmt: «Wer durch die Leistung eines anderen oder in sonstiger Weise auf dessen Kosten etwas ohne rechtlichen Grund erlangt, ist ihm zur Herausgabe verpflichtet. Diese Verpflichtung besteht auch dann, wenn der rechtliche Grund später wegfällt (...)» – Das erlangte «Etwas» ist der Besitz. Nachdem der schuldrechtliche Vertrag angefochten ist, ist der rechtliche Grund für diese Leistung entfallen. Also kann die Herausgabe des Besitzes verlangt werden.

So ist das Herausgabeverlangen des R doppelt abgesichert. Zweiter Vorteil: Er braucht dafür den dinglichen Vertrag nicht einmal anzufechten!

Kapitel 2
Zivilrecht: Die Schnecke im Salat

1 FAZ vom 17. November 1986.
2 Die Zeit vom 31. Oktober 1986.
3 AcP 189 (1989), S. 559.
4 NJW 1986, S. 2647.
5 NJW 1987, S. 821.
6 NJW 1987, S. 3113.
7 NJW 1988, S. 1251.
8 NJW 1988, S. 1252.
9 JA 1987, S. 472.
10 JuS 1990, S. 706
11 Jura 1990, S. 431.
12 NJW 1998, S. 2584. – Stoff genug gäbe es, z. B. den «Sauerbratenfall»: Ein Kunde besuchte im Vogtland ein Lokal und bestellte dort Sauerbraten. Nach dem Servieren des Hauptgangs brachte er gegenüber der Bedienung zum Ausdruck, dass er mit dem Sauerbraten und dem Kraut nicht einverstanden sei. Die gereichten Klöße blieben unbeanstandet. Der Gast verzehrte in der weiteren Folge weder den Sauerbraten noch die Beilagen und zog die Kosten in Höhe von 6,90 Euro von der Gesamtrechnung ab. Der Wirt hat diesen Betrag bei Gericht eingeklagt und behauptete, dass der Sauerbraten und die Beilagen, insbesondere das gereichte Rotkraut, sach- und fachgerecht hergestellt und dargereicht worden seien. Der Gast war der Ansicht, dass die Soße des Sauerbratens vom Geschmack her eine Schweinebratensoße gewesen sei. Das servierte Rotkraut sei zerkocht und blass gewesen. Das Gericht hat daraufhin sechs Zeugen vernommen und einem Sachverständigen befragt. Der Wirt verlor den Prozess (Amtsgericht Auerbach, Aktenzeichen: 3 C 883/01). Oder den Fall, den der Bundesgerichtshof im Jahre 2006 zu entscheiden hatte (NJW 2006, S. 2262): Der Kläger verzehrte in dem von der Beklagten betriebenen Restaurant einen Grillteller, der aus verschiedenen Fleischstücken sowie Hackfleischröllchen (Cevapcici) bestand, und brach sich dabei einen Zahn ab. Der Kläger führt dies darauf zurück, dass sich in einem der Hackfleischröllchen ein harter Fremdkörper – etwa ein kleiner Stein – befunden habe. Er verlor den Prozess jedoch, weil er das nicht beweisen konnte. – Oder den «Schrotkugelfall»: Ein Gast hatte hier beim Verspeisen einer Portion Wildbret in

Form eines Hasenfilets auf eine Schrotkugel gebissen und einen Backenzahn verloren. Im Prozess hielt der Amtsrichter ein Schmerzensgeld von 500 Euro für angemessen, kürzte dies aber um 25 Prozent, weil man eben bei Wild immer mit Munitionsresten im Essen rechnen müsse (Amtsgericht Waldkirch, Aktenzeichen: 1 C 397/99). Nach dem Urteil des Amtsgerichts Hagen (Aktenzeichen: 14 C 149/96) muss der Gast, der sich die Zunge verbrennt und dafür Schmerzensgeld in Höhe von 1800 Mark gefordert hat, damit rechnen, dass eine Suppe heiß serviert wird (andernfalls wäre das auch ein Mangel!).

13 Ausnahmen §§ 134, 138 BGB: «Ein Rechtsgeschäft, das gegen ein gesetzliches Verbot verstößt, ist nichtig (...)» und «Ein Rechtsgeschäft, das gegen die guten Sitten verstößt, ist nichtig (...)»

14 Im Einzelnen nachzulesen in den §§ 145 ff. BGB.

15 LG Frankfurt, Urteil vom 13. Januar 1992, Aktenzeichen: unbekannt. – «Einheimische sind kein Reisemangel», auf diese Formel lässt sich ein interessantes Urteil des Amtsgerichts Aschaffenburg (Aktenzeichen: 13 C 3517/95) zum Reiserecht bringen: Ein Ehepaar reichte, soeben von Mauritius zurückgekehrt, Klage ein wegen der Fliegen auf dem Frühstücksbuffet sowie wegen des Ekel erregenden Abendessens im Hotel und der Einheimischen am Strand. Ähnlich entschied schon 1998 das Amtsgericht Nürnberg (Aktenzeichen: 20 C 4724/98): Ein Ehepaar hatte mehr als die Hälfte des Preises ihrer Reise nach Sri Lanka zurückgefordert, unter anderem weil das Hotel neben einem Dorf stand, das von Einheimischen bewohnt war, die «natürliche Emissionen» erzeugt hätten.

16 Gemäß § 438 Abs. 1 Nr. 3 BGB.

17 Gemäß § 439 Abs. 1 und 2 BGB.

18 Siehe § 323 BGB: «Erbringt bei einem gegenseitigen Vertrag der Schuldner eine fällige Leistung nicht oder nicht vertragsgemäß, so kann der Gläubiger, wenn er dem Schuldner erfolglos eine angemessene Frist zur Leistung oder Nacherfüllung bestimmt hat, vom Vertrag zurücktreten.»

19 Siehe dazu im ersten Kapitel.

20 So nennt man das, wenn einer durch seine Erklärung die Lage verändern kann. Die Anfechtung ist auch ein «Gestaltungsrecht», ebenso die «Kündigung».

21 Nach § 350 BGB a. F. war der Rücktritt zwar «nicht dadurch ausgeschlossen, dass der Gegenstand, welchen der Berechtigte empfangen hat, durch Zufall untergegangen» war, wohl aber nach § 351 Satz 1 BGB a. F. dann, «wenn der Berechtigte eine wesentliche Verschlechterung, den Untergang oder eine anderweitige Unmöglichkeit der Herausgabe des empfangenen Gegenstandes verschuldet» hatte.

22 So nachzulesen im Palandt, 67. Aufl. 2008, Einführung vor § 346 Rn. 1.

23 Vgl. § 351 BGB a. F.

24 Siehe zu diesen Voraussetzungen von Analogie und Auslegung schon oben im ersten Kapitel.

25 «Nutzungen» sind nach § 100 BGB «die Früchte einer Sache oder eines Rechts sowie die Vorteile, welcher der Gebrauch der Sache oder des Rechts gewährt».

26 § 469 BGB a. F. lautete: «Sind von mehreren verkauften Sachen nur einzelne mangelhaft, so kann nur in Ansehung dieser Wandelung verlangt werden, auch wenn ein Gesamtpreis für alle Sachen festgesetzt ist. Sind jedoch die Sachen als zusammengehörend verkauft, so kann jeder Teil verlangen, dass die Wandelung auf alle Sachen erstreckt wird, wenn die mangelhaften Sachen nicht ohne Nachteil für ihn von den übrigen getrennt werden können.»

Kapitel 3
Strafrecht: Wer einen andern in die Wüste schickt

1 Karawanserei ist eine Art Autobahnraststätte für Karawanen.

2 Der Ausdruck «Tatbestand» ist mehrdeutig: In Zusammensetzungen wie «Deliktstatbestand», «Verbrechens-» oder «Straftatbestand» bezeichnet er die gesamte Vorschrift. Man kann aber innerhalb der Vorschrift, auch in zivilrechtlichen und öffentlich-rechtlichen Vorschriften, einen Tatbestand («Wer das und das getan hat…») und eine Rechtsfolge («wird bestraft») unterscheiden (nach dem Muster: Wenn = Tatbestand, dann = Rechtsfolge).

3 Kant, Metaphysik der Sitten, Insel-Ausgabe (benannt nach dem Verlag), Band VIII, S. 453.

4 Von lat. absolutus, losgelöst.

5 Arthur Schopenhauer (1788–1860) vermutete, dass Kant, bei Abfassung der «Metaphysik der Sitten» 73-jährig, schon nicht mehr ganz Herr seiner vollen Urteilskraft war, und setzt ihm mit den Worten Senecas entgegen: «Nemo prudens punit, quia peccatum est, sed ne peccetur» (Niemand mit Verstand straft, weil gesündigt wurde, sondern damit nicht gesündigt werde).

6 Nicht nur die Barbaren kannten das, schon Sophokles (496–406 v. Chr.) berichtet, dass «des Polyneikes armer Leichnam» nicht beweint und nicht begraben werden, unbeklagt und unbestattet, wegen des Verbrechens, das er begangen hatte, «den Vögeln zum üppigen Fraße» dienen solle, woran sich die Schwester des Toten, Antigone, allerdings nicht hielt.

7 Vater des nicht minder berühmten Philosophen Ludwig Feuerbach (1804–1872) und einer der wenigen Menschen, die Kontakt mit «Kaspar

Hauser» hatten, von dem er als Erster die noch heute vertretene Theorie entwickelte, er sei der ausgesetzte Sohn und Thronerbe des badischen Großherzogs.

8 Ulpian unter Berufung auf das Edikt des römischen Prätors (Digesten 2, 14, 7 § 7). – Übrigens war bei den Römern «Ehebruch» strafbar, aber nur mit einer verheirateten Frau, nicht der des verheirateten Mannes mit einer unverheirateten Frau, vgl. Detlef Liebs, Vor den Richtern Roms, Berühmte Prozesse der Antike, München 2007, S. 30, 69, 80, 82.

9 Von lat. con (zusammen) und currere (laufen).

10 Genauer zur Bildung der Gesamtstrafe: § 54 StGB.

11 Nach § 55 Abs. 1 Satz 1 StGB findet eine Gesamtstrafenbildung nämlich nur statt, «wenn ein rechtskräftig Verurteilter, bevor die gegen ihn erkannte Strafe vollstreckt, verjährt oder erlassen ist, wegen einer anderen Straftat verurteilt wird, die er *vor* der früheren Verurteilung begangen hat.»

12 In der Tat handelt es sich hier um ein Relikt der sog. Tätertypenlehre, die nicht die Tat, sondern in erster Linie den Täter im Blick hatte und die vor allem in der Nazizeit Hochkonjunktur hatte, aus der diese Formulierung auch stammt.

13 Wörtlich: Bedingung, ohne die nicht.

14 BGHSt 14, 193.

15 § 244 Abs. 1 Nr. 3 StGB.

16 Aus der Tatsache, dass höchstens dreihundertsechzig Tagessätze verhängt werden können, ergibt sich damit eine Höchstgrenze für die Geldstrafe von 1,8 Millionen Euro, was Kritikern in manchen Fällen der Wirtschaftskriminalität als zu gering erscheint.

17 Siehe § 40 StGB.

18 Geregelt in § 44 StGB – davon zu unterscheiden ist die «Einziehung der Fahrerlaubnis» (§ 69 StGB), die als «Maßregel der Besserung und Sicherung» (§ 61 StGB) im Unterschied zu einer Strafe auch dann verhängt werden kann, wenn der Täter keine Schuld hatte, etwa weil er zu betrunken war.

19 P. J. A. Feuerbach, Kritik am Kleinschrod'schen Entwurf zu einem peinlichen Gesetzbuch für die Churpfälzisch-Bayerischen Staaten, 1. Teil, 1804, S. 102 f.

20 Einen ähnlichen Gedanken benutzte schon der englische Staatsmann, Rechtsphilosoph und Humanist Thomas Morus (1478–1535), um für die Abschaffung der Todesstrafe für Diebstahl zu plädieren: «Wenn der Räuber sieht, dass ihm keine geringere Strafe droht, wenn er wegen bloßen Diebstahls verurteilt wird, als außerdem noch wegen Totschlags, so mag er dadurch zur Tötung eines Menschen motiviert werden, den er

sonst nur beraubt hätte, aber abgesehen davon, dass die Gefahr der Überführung nicht größer ist, bietet der Totschlag sogar davor größere Sicherheit, denn der wichtigste Zeuge des Verbrechens ist beseitigt».

21 BGHSt 9, 48 = NJW 1956, S. 718.

22 BGHSt 7, 296.

23 Reinhard Frank (1860–1934) gab seit 1897 einen Kommentar heraus, der noch heute für seine griffigen Formeln berühmt ist.

24 Das erste der zehn biblischen Gebote.

25 Das sind die drei Tugenden der Stoa: «Honeste vivere, alterum non laedere, suum cuique tribure» – «Aufrichtig leben, den anderen nicht verletzen, jedem das Seine geben», das Zitat findet sich aber nicht bei Seneca oder Cicero, wie man meinen könnte, sondern in einem Rechtsbuch, nämlich den «Digesten», einer Sammlung von römischen Fragmenten der Klassischen Zeit (50 v. bis 250 n. Chr.), die 533 n. Chr. der oströmische Kaiser Justinian (482–565), Erbauer der Hagia Sophia in Istanbul, erstellen ließ.

26 RGSt 13, 27.

27 Ganz so einfach wie im Zivilrecht ist es im Strafrecht allerdings nicht, weil «Analogien» (bzw. die «entsprechende Anwendung» der «für Sachen geltenden Vorschriften», wie es in § 90 a Satz 3 BGB heißt), im Strafrecht zu Lasten des Täters eigentlich verboten sind – man entnimmt das dem Satz «nullum crimen, nulla poena sine lege» (keine Strafe ohne Gesetz), der aus dem Feuerbachschen Entwurf eines bayerischen StGB in § 1 StGB und Art. 103 Abs. 2 GG, der mit § 1 StGB wortgleich ist, übernommen wurde.

28 Volksweisheit unbekannter Herkunft, auf eng. «necessity knows no law». Der Satz «necessitas est lex temporis» jedenfalls stammt von Seneca (Controversiae 4, 4): Dieser hatte für seine Schüler eine Sammlung fingierter Verteidigungsreden zusammengestellt, darin kommt auch der Fall des Helden vor, der seine Vaterstadt mit Waffen verteidigt, die er in der Not von einem Grabmal genommen hat (Grabschändung, heute § 168 StGB). Also ein Fall des § 34 StGB (oder § 904 BGB). Der gewiefte Rhetoriker zeigt nun stichwortartig – bzw. dieser Teil der Sammlung ist nur auszugsweise erhalten –, welche Argumente man für und gegen einen solchen Angeklagten geltend machen könnte. Unter den für ihn sprechenden Gesichtspunkten führt er das Abreißen von Häusern bei einer Feuersbrunst an und verallgemeinert mit dem Satz, der übersetzt so viel heißt wie: Not ist das Gesetz der Stunde.

29 Siehe dazu im nächsten Kapitel.

30 Siehe oben Anm. 27 zu § 1 StGB.

31 BGHSt 30, 105.

32 BGH NJW 1966, S. 1823.

Kapitel 4
Strafrecht: Der Rose-Rosahl-Fall

1 Es handelt sich um das älteste strafrechtliche Periodikum Deutschlands, gegründet 1853 als «Archiv für das Preußische Strafrecht» durch den königlichen Obertribunalsrat Theodor Goltdammer (1801–1872), wechselte es mehrfach den Namen, von 1933–1944 hieß es «Deutsches Strafrecht» und stand unter der Herausgeberschaft des berühmt-berüchtigten Volksgerichtshofrichters Roland Freisler. Diese Bände befinden sich heute in den weniger zugänglichen «Giftschränken» der juristischen Fachbibliotheken. Von 1945–1952 erschien es nicht. Seit 1953 trägt es den heutigen Titel. Es gehört inzwischen zur Verlagsgruppe des Süddeutschen Verlages und erscheint in einer monatlichen Auflage von 800 Exemplaren.

2 Siehe die Frank'sche Formel zu § 24 StGB im vorigen Kapitel.

3 Geb. 1841 in Frankfurt a. M., gest. 1920 in Freiburg i. Br., war er ab 1873 Professor in Leipzig und von 1879 bis 1900 zugleich Hilfsrichter am Landgericht Leipzig, also nicht weit entfernt von der Todesstelle, an der heute ein Gedenkstein steht.

4 Zu «Einheits-» und «Gegensatztheorie» siehe bereits im vorangegangenen Kapitel.

5 BGHSt 2, 200.

6 Auf der heute nicht mehr gebräuchlichen Temperaturskala von Réaumur.

7 § 19 StGB: Schuldunfähig ist, wer bei Begehung der Tat noch nicht vierzehn Jahre alt ist.

8 Man könnte höchstens von einem «Erlaubnistatbestand» sprechen und tut es auch.

9 § 46 Abs. 1 S. 1 StGB: Die Schuld des Täters ist Grundlage für die Zumessung der Strafe.

10 «Kapital» nicht im Sinne von Vermögen oder Geld, sondern von «caput» (lat.), den «Kopf» oder – im übertragenen Sinne – das Leben betreffend.

11 Nachzulesen in BGHSt 7, 363.

12 Man kann die Konsequenzen dieser Theorien schön am Beispiel des Russischen Roulette (s. dazu Fahl, Jura 1995, S. 654 ff.) demonstrieren: Fahrlässigkeit, wenn auf eine Person mit einem Revolver gezielt wird, in dem nur ein Schuss ist. Mit jedem Abdrücken steigt die Chance, dass sich ein Schuss löst, bis sie 1:1 ist (was eigentlich würde die Wahrscheinlichkeitstheorie dann annehmen?). Danach handelt es sich um Gewissheit.

13 Das ergibt sich nicht aus § 211 StGB, sondern aus § 212 StGB («Wer einen Menschen tötet (...), die zusammen zu lesen sind.

14 Bemmann, MDR 1958, S. 817 f.

15 Täterschaft und Teilnahme, 1977; außerdem – ohne Anspruch auf Vollständigkeit und anders als sonst üblich nicht in alphabetischer Reihenfolge, sondern chronologisch geordnet – v. Dohnanyi, Täterschaft und
Teilnahme, in: Gürtner (Hrsg.), Das kommende deutsche Strafrecht,
Allgemeiner Teil, 1934, S. 73; Straub, Täterschaft und Teilnahme im englischen Strafrecht, 1952; Benakis, Täterschaft und Teilnahme im deutschen und griechischen Recht, 1961; Baumann, Täterschaft und Teilnahme, JuS 1963, S. 51 ff.

16 Ein V-Mann, der natürlich auch eine Frau sein kann, ist eine «Vertrau-
ens»- oder «Verbindungsperson» der Polizei.

17 Gleich bedeutend: suum cuique – siehe oben Kapitel 3 Anm. 25.

18 Nach § 30 Abs. 1 StGB.

19 Daher kommt auch «exzellent» für «herausragend».

20 Nachzulesen in MDR 1958, S. 439.

21 Teilweise wird die Straflosigkeit des Suizids (sui = selbst; caedere = töten) daher nicht mit einem Tatbestandsausschluss, sondern damit erklärt, dass die Schuld ausgeschlossen sein muss, weil gesunde Menschen
nicht den Wunsch hegen, sich umzubringen. Für den Täter macht das
keinen Unterschied: Tote werden nicht bestraft und wegen des Selbst-
mordversuchs kann er ebenfalls nicht bestraft werden. Aber die Teilnahme wäre strafbar! – In der griechischen Antike war die Zulässigkeit
der Selbsttötung übrigens gar nicht unumstritten: Aristoteles (384–
322 v. Chr.) sah darin ein Unrecht gegen die Polis (Nikomachische
Ethik, 1138 a 4–14), Platon (ca. 427–347 v. Chr.) hielt sie für einen Verstoß gegen den Willen der Götter (Phaidon, 62 b-c). Der heilige Augus-
tin (354–430) erkannte darin einen Verstoß gegen das fünfte Gebot: «Du
sollst nicht töten» – und wer sich selbst töte, töte einen Menschen (De
civitate Dei, Erstes Buch, Kap. 20). Im Mittelalter wurde der Selbstmörder demzufolge, wenn überhaupt, «außer der Reihe» beerdigt. Noch im
18. Jahrhundert hielt Immanuel Kant (1724–1804) die «Selbstentlei-
bung» für einen Verstoß gegen die Selbsterhaltungspflicht und ein «Verbrechen (Mord)» (Metaphysik der Sitten, Akademie-Ausgabe, Band VI,
S. 422). Und das Preußische Allgemeine Landrecht von 1794, ein unmittelbarer Vorläufer unseres heutigen Rechts, sah für den Selbstmörder
noch die «unfeierliche Bestattung» vor. Siehe § 803 ALR: «Selbstmörder
sollen zwar nach ihrem Tode nicht mehr beschimpft werden; aber doch
all dessen, womit sonst das Absterben und Andenken andrer Leute von
ihrem Stande oder Range geehrt zu werden pflegt, verlustig seyn.»

Kapitel 5
Strafprozessrecht: Die Früchte des vergifteten Baumes

1 Nachzulesen im New York Supplement, 1967, 2nd Series, page 166.

2 Das «v.» für «versus» (lat. gegen) wird in Strafrechtsfällen als «against» und in Zivilrechtsfällen als «and» ausgesprochen, also nicht: «Cramer gegen Cramer», sondern: «Cramer und Cramer»!

3 Siehe § 224 Abs. 1 StGB: «Wer die Körperverletzung durch Beibringung von Gift oder anderen gesundheitsschädlichen Stoffen, mittels einer Waffe oder eines anderen gefährlichen Werkzeugs (...) begeht, wird mit Freiheitsstrafe von sechs Monaten bis zu zehn Jahren (...) bestraft.»

4 Siehe § 243 Abs. 5 Satz 1 StPO: «Sodann wird der Angeklagte darauf hingewiesen, dass es ihm freistehe sich zur Anklage zu äußern oder nicht zur Sache auszusagen.»

5 Siehe § 163 a Abs. 4 StPO: «Bei der ersten Vernehmung des Beschuldigten durch Beamte des Polizeidienstes ist dem Beschuldigten zu eröffnen, welche Tat ihm zur Last gelegt wird. Im Übrigen sind (...) §§ 136 Abs. 1 Satz 2 bis 4, Abs. 2, 3 und § 136 a anzuwenden.»

6 Siehe §§ 52 StPO ff.

7 Anders entscheidet für das deutsche Recht BGHSt 25, 325, 332 f.

8 Nachzulesen in BGHSt 19, 325.

9 Siehe § 174 Abs. 1 Nr. 2 StGB: «Wer sexuelle Handlungen (...) an einer Person unter achtzehn Jahren, die ihm zur Erziehung, zur Ausbildung oder zur Betreuung in der Lebensführung anvertraut oder im Rahmen eines Dienst- oder Arbeitsverhältnisses untergeordnet ist, unter Missbrauch einer mit dem Erziehungs-, Ausbildungs-, Betreuungs-, Dienst- oder Arbeitsverhältnis verbundenen Abhängigkeit (...) vornimmt (...), wird mit Freiheitsstrafe von drei Monaten bis zu fünf Jahren bestraft.»

10 Einer der bedeutendsten Kritiker war übrigens Anselm Feuerbach, Betrachtungen des Geschworenengerichts, Landshut 1813, S. 169 ff.: «So klar dieses (ist), so einleuchtend (ist) zugleich, dass der historische Bestandteil der Tatfrage über Schuld oder Nichtschuld von dem juristischen nicht getrennt werden kann, wenn nicht die Jury zu einem bloßen Spiel gemacht werden soll, das sich von anderen Spielen nur dadurch unterscheidet, dass es zum Lachen zu ernsthaft ist.»

11 Vgl. §§ 74 II, 74 d GVG.

12 Siehe § 136 a Abs. 1 Satz 1 StPO: «Die Freiheit der Willensentschließung und der Willensbetätigung des Beschuldigten darf nicht beeinträchtigt werden durch Misshandlung, durch Ermüdung, durch körperlichen Eingriff, durch Verabreichung von Mitteln, durch Quälerei, durch Täuschung oder durch Hypnose.»

13 Nachzulesen in JA 1996, S. 922 ff.

14 Vgl. § 249 Abs. 1 Satz 1 StPO: «Urkunden und andere als Beweismittel dienende Schriftstücke werden in der Hauptverhandlung verlesen.» Viel zu spät, nämlich erst 1979, hat man einen Passus angefügt (§ 249 Abs. 2 Satz 1 StPO): «Von der Verlesung kann, außer in den Fällen der §§ 253 und 254, abgesehen werden, wenn die Richter und Schöffen vom Wortlaut der Urkunde oder des Schriftstücks Kenntnis genommen haben und die übrigen Beteiligten hierzu Gelegenheit hatten.» – Das sog. Selbstleseverfahren, dessen Beseitigung vielfach gefordert wird. Ob alle die Schrift wirklich gelesen haben, wird nämlich nicht geprüft. Anderer Meinung ist nur der Kommentator im Karlsruher Kommentar. Ob er die Schöffen durch den Richter abfragen lassen will?

15 Was gar nicht unbedingt auszuschließen ist, vgl. Schmidhäuser, Verbrechen und Strafe, 2. Aufl., München 1995, S. 43 ff.

16 Nachzulesen in BGHSt 17, 28.

17 Dieses sog. Doppelbestrafungsverbot ist uns so wichtig, dass es nicht in der Strafprozessordnung, sondern sogar in der Verfassung geregelt ist. Siehe Art. 103 Abs. 3 GG: «Niemand darf wegen derselben Tat auf Grund der allgemeinen Strafgesetze mehrmals bestraft werden.»

18 Auch sie folgt, wenn man so will, aus der Verfassung, nämlich aus dem Anspruch darauf, mit seinen Einwänden auch Chancen zu haben, durchzudringen. Siehe Art. 103 Abs. 1 GG: «Vor Gericht hat jedermann Anspruch auf rechtliches Gehör.» Man nennt diese in der Verfassung geregelten Grundrechte auch «Justizgrundrechte».

19 Siehe § 160 Abs. 2 StPO: «Die Staatsanwaltschaft hat nicht nur die zur Belastung, sondern auch die zur Entlastung dienenden Umstände zu ermitteln (…)»

20 Siehe § 257b Abs. 1 StPO: «Das Gericht kann sich in geeigneten Fällen mit dem Verfahrensbeteiligten nach Maßgabe der folgenden Absätze über den weiteren Fortgang und das Ergebnis des Verfahrens verständigen (…)» – Das ist nicht der einzige Fremdkörper in unserem Strafprozessrecht. Ein anderer ist § 239 Abs. 1 StPO: «Die Vernehmung der von der Staatsanwaltschaft und dem Angeklagten benannten Zeugen und Sachverständigen ist der Staatsanwaltschaft und dem Verteidiger auf deren übereinstimmenden Antrag von dem Vorsitzenden zu überlassen. Bei den von der Staatsanwaltschaft benannten Zeugen und Sachverständigen hat diese, bei den von dem Angeklagten benannten der Verteidiger in erster Reihe das Recht zur Vernehmung.» Das ist das sog. Kreuzverhör, das wir aus dem angloamerikanischen Recht übernommen haben. Dort heißt es «cross-examination». Bei uns wird es nur selten angewendet, weil es nicht gut in unseren Prozess passt.

21 § 136 Abs. 2 StPO lautet: «Die Vernehmung soll dem Beschuldigten Gelegenheit geben, die gegen ihn vorliegenden Verdachtsgründe zu beseiti-

gen und die zu seinen Gunsten sprechenden Tatsachen geltend zu machen.»

22 Siehe § 86 StPO: «Findet die Einnahme eines richterlichen Augenscheins statt, so (…)»

23 Geregelt in §§ 112 ff. StPO.

24 Siehe § 163 Abs. 1 StPO: «Die Behörden und Beamten des Polizeidienstes haben Straftaten zu erforschen und alle keinen Aufschub gestattenden Anordnungen zu treffen, um die Verdunkelung der Sache zu verhüten. Zu diesem Zweck sind sie befugt, (…) Ermittlungen jeder Art vorzunehmen, soweit nicht andere gesetzliche Vorschriften ihre Befugnisse besonders regeln.»

25 Was in diesem Fall zu geschehen hätte, regelt übrigens § 159 StPO.

26 Siehe Mt 7,17–20: «ein jeglicher guter Baum bringt gute Früchte; aber ein fauler Baum bringt arge Früchte.»

27 BGHSt 34, 397.

28 BVerfGE 80, 367. Dort sind auf S. 380 ff. auch die abweichenden Meinungen der Richter Mahrenholz, Graßhof, Franzen und Böckenförde veröffentlicht.

29 Vgl. § 15 Abs. 3 Satz 3 BVerfGG.

30 Hier ergibt sich das Verwertungsverbot sogar mehr oder weniger ausdrücklich aus dem Gesetz selbst, § 136a Abs. 3, Satz 2: «Aussagen, die unter Verletzung dieses Verbots zustande gekommen sind, dürfen auch dann nicht verwertet werden, wenn der Beschuldigte der Verwertung zustimmt.» Das betrifft vor allem Tests mit dem Lügendetektor (Polygraph), was jedoch strittig ist, weil dem Beschuldigten damit unter Umständen die einzige Möglichkeit, sich zu entlasten, verwehrt wird, und den Phallograph (mit dem die männliche Erektion gemessen wird).

31 Nix v. Williams (1984).

32 Weitere Ausnahmen sind etwa die «good faith exception» (vgl. Michigan v. Tucker, 94 S. Ct. 2357, 2365 [1974]) und die «independent source doctrine» (Silverthorne Lumber Co. v. U. S., S. Ct. 182, 183 [1920]).

Kapitel 6
Öffentliches Recht: Wem die Stunde schlägt

1 Aus: Der Maulwurf, 1872; oft falsch zitiert als: «Musik wird störend oft empfunden, weil stets sie mit Geräusch verbunden.» Übrigens kann auch das BGB reimen, wenn man es nur richtig liest – § 923 Abs. 3 BGB: «Diese Vorschriften gelten auch/für einen auf der Grenze stehenden Strauch.»

2 Die größte klingende Glocke weltweit ist übrigens die Mingun-Glocke in Birma. Sie wiegt 90 Tonnen und hat einen Durchmesser von fünf Metern. Für die Glocke wurde eigens ein Tempel geplant, der jedoch nie fertiggestellt wurde und das ganze Land finanziell ruinierte.

3 Geflügeltes Wort der Verwaltungs(rechts)wissenschaften: «Von der Wiege bis zur Bahre, Formulare, Formulare!» In Goethes «Faust II» klagt Mephisto (V. 11 263–11 268):

Und das verfluchte Bim-Baum-Bimmel
Umnebelnd heitern Abendhimmel,
Mischt sich in jegliches Begebnis,
Vom ersten Bad bis zum Begräbnis,
Als wäre, zwischen Bimm und Baum,
Das Leben ein verschollner Traum.

Interessant ist in unserem Zusammenhang vor allem die Verwendung des Wortes «Baum» statt «Bamm». Während mit dem «ersten Bad» – dem «Bimm» – gewiss die Taufe gemeint ist, ist das Begräbnis dem «Baum» zugeordnet, dem Holz, aus dem der Sarg gemacht wird. Linguisten loben in der absteigenden Klangfolge i-a-u die Intonierung eines ganzen Lebensverlaufs, von der Wiege bis zur Bahre, von der Taufe bis zur Aussegnung.

4 Friedrich Schiller, «Das Lied von der Glocke», 1799. Auch der Titel des berühmten Romans von Ernest Hemingway (1899–1961) «*For Whom The Bell Tolls*», 1941 (Deutsch: Wem die Stunde schlägt) dürfte damit zu tun haben (er ist einem Gedicht von John Donne entlehnt). Dazwischen kommt – bei Schiller – die Hochzeit: «Lieblich in der Bräute Locken/ Spielt der jungfräuliche Kranz/Wenn die hellen Kirchenglocken/Laden zu des Festes Glanz».

5 Der Schriftsteller Friedrich Christian Delius sagt von sich (in der Erzählung «Der Sonntag, an dem ich Weltmeister wurde», Reinbek bei Hamburg 1994): «Ein Leben ohne Glocken, ohne Feiertag, ohne christlichen Stundenplan voller Gebete und Gesänge, konnte ich mir nicht vorstellen.»

6 Siehe § 32 Abs. 1 BVerfGG: «Das Bundesverfassungsgericht kann im Streitfall einen Zustand durch einstweilige Anordnung vorläufig regeln, wenn dies zur Abwehr schwerer Nachteile, zu Verhinderung drohender Gewalt oder aus einem anderen wichtigen Grund zum gemeinen Wohl dringend geboten ist».

7 Vorher aber noch folgende, leicht zu beantwortende Frage: Wir haben gesehen, dass es «einstweilige Anordnungen» im Verwaltungsverfahren (Kirchenglocken) und im Zivilverfahrensrecht (Mauer) gibt. Gibt es so etwas wohl auch im Strafverfahren? – Selbstverständlich nicht! Denken wir uns bloß, jemand würde vorläufig geköpft! Die Todesstrafe ist zwar

abgeschafft, aber auch sonst ist der Schaden, einen Unschuldigen «vorläufig» zu bestrafen, stets größer, als mit der Bestrafung des Schuldigen bis zum Urteil abzuwarten. – Etwas Ähnliches gibt es aber trotzdem und ist auch nicht ganz unbedenklich, nur ist das keine vorläufige «Strafe», die sog. U-Haft (Untersuchungshaft).

8 Plattform für Diskussionen, etc. (wie in «Internet-Forum») – ursprünglich lat. der Marktplatz (berühmt: das Forum Romanum in Rom). Weil dort auch Gericht gehalten wurde, auch der Gerichtsplatz. Daher heißt die Gerichtsmedizin auch «forensische Medizin».

9 Art. 93 Abs. 1 Nr. 4a GG.

10 Der dort interessanterweise «Amtsgerichtsrat» genannt wird, eine Bezeichnung für einen Zivilrichter, die es freilich heute nicht mehr gibt.

11 Empfehlenswert für Interessierte: Jürgen Machunsky, Krieg der Gartenzwerge, 1991. – Bekanntlich kann «der Frömmste nicht in Frieden bleiben, wenn es dem bösen Nachbarn nicht gefällt» (Friedrich Schiller, Wilhelm Tell, 4. Aufzug, 3. Auftritt).

12 Über einen solchen Pornozwerg hatte das Amtsgericht Essen-Borbeck zu entscheiden (Beschluss vom 30. Dezember 1999 – Aktenzeichen: 19 II 35/99 WEG, NJW-RR 2000, 461): Ein Wohnungseigentümer stellte in Essen, aus welchen Motiven auch immer, auf seinem Garagendach gut sichtbar einen 50 cm großen Gartenzwerg auf. Aber nicht nur der Aufstellungsort fiel aus dem Rahmen – ansonsten fanden sich im Bereich der Fassade lediglich Pflanzen und Lampen –, sondern der Gartenzwerg trug darüber hinaus einen Mantel, den er in exhibitionistischer Pose mit beiden Händen nach links und rechts öffnete, um «männliche Genitalien in nicht erigiertem Zustand» sehen zu lassen. Der Richter urteilte, es könne offen bleiben, ob der Giftzwerg schon wegen seiner «exhibitionistischen Ausdrucksweise» zu entfernen sei, jedenfalls verändere diese «völlig neuartige Form eines Ziergegenstands» an einer für Gartenzwerge «völlig untypischen Stelle» das äußere Erscheinungsbild der Hausfassade erheblich und müsse daher von allen Wohnungseigentümern gebilligt werden, woran es fehlte.

13 Das interessiert dann wieder im Hinblick auf die Freiheit der Kunst (Art. 5 Abs. 3 GG), weshalb der Fall auch bei Johann Braun, Kunstprozesse von Menzel bis Beuys – 13 Fälle aus dem Privatrecht, 1995, S. 35 ff. behandelt ist. – Das Amtsgericht Grünstadt (Urteil vom 11. Feburar 1994 – Aktenzeichen 2 a C 334/93, abgedruckt in NJW 1995, S. 889) musste sich Anfang der 90er Jahre mit dieser neuen Sorte Gartenekel, auch «Frustzwerge» genannt, beschäftigen. Um welche Art Zwerg es sich dabei handelt, versuchte die Neue Juristische Wochenschrift in dem Leitsatz zu dem Urteil klarzumachen. Dort heißt es wörtlich: «Frustzwerge sind werkstoffgewordene Stellvertreter menschlicher Phantasie,

deren Gestik, Körperhaltung, konkretem Verwendungszusammenhang oder Gestaltungsweise im Übrigen ehrverletzende oder beleidigende Wirkung zugesprochen werden kann.» Es handelt sich um 30–35 cm große Gebilde, die hauptsächlich die dem Nachbarn zugewandten Treppenstufen und Mauervorsprünge bevölkern. Einer zeigt dem Nachbarn sein entblößtes Hinterteil, ein anderer zeigt dem Betrachter den erhobenen Mittelfinger (sog. «Fuck-you»-Zeichen) und streckt die Zunge heraus. Einer hält sich die Nase zu. Wieder ein anderer zeigt den «Vogel». Ein weiterer stellt einen Scharfrichter mit einem Henkerbeil dar. Ein Zwerg baumelt erhängt am Ast eines Baumes. Einige tragen Schilder mit dem Text: «Zieht endlich aus, wir wollen Frieden im Hof!» oder «Pfälzer in die Pfalz, Wuppertaler in die Wupper» – überflüssig zu erwähnen, dass der Nachbar aus Wuppertal stammt. Letzteres wurde im Laufe des Rechtsstreites durch das Schild «Musik ist Trumpf» ersetzt (wobei man wissen muss, dass zwischen den Parteien zeitgleich ein weiterer Rechtsstreit vor dem Landgericht Frankenthal anhängig war, in dem es um aus dem Haus des Beklagten dringende, zu laute Musik ging). Das Amtsgericht befand, der Schöpfer der Frustzwerge habe seine zweifellos «vorhandene künstlerische Begabung dazu missbraucht, um seiner Absicht, den Nachbar zu kränken und zu beleidigen, eine feste Form zu geben». Letztlich sei hier nichts anderes geschehen, als dass sich der Hersteller der Zwerge nicht selbst hingestellt habe, «um entsprechend ehrverletzend und beleidigend gegenüber dem Nachbarn zu gestikulieren, sondern dies durch tönerne Stellvertreter getan hat». In einem anderen Fall (AG Elze, Urteil v. 18. Oktober 1999 – Aktenzeichen: 4 C 210/99) hatte der Eigentümer mit dem Gesicht zum Hauseingang des Nachbarn ebenfalls einen Gartenzwerg aufgestellt, der die Zunge herausstreckte und den Finger zum sog. «Fuck-you-Zeichen» erhoben hielt. Nachdem der Nachbar monierte, wickelte der E einen Verband um den Mittelfinger des Zwergs und steckte diesem eine Blume in die Hand. Der Zwerg durfte bleiben. Seine missachtende Wirkung habe er dadurch verloren, und allein das Wissen um den Finger unter dem Verband genüge nicht, um von einer beleidigenden Geste gegenüber dem Kläger auszugehen.

14 Vgl. dazu ZRP 2008, S. 272.

15 Siehe § 935 Abs. 1 Satz 1 BGB: «Der Erwerb des Eigentums auf Grund der §§ 932 bis 934 (gutgläubiger Erwerb, Anm. des Autors) tritt nicht ein, wenn die Sache dem Eigentümer gestohlen worden, verloren gegangen oder sonst abhanden gekommen war.»

16 Siehe § 935 Abs. 2 BGB: «Diese Vorschriften finden keine Anwendung auf Geld oder Inhaberpapiere sowie auf Sachen, die im Wege öffentlicher Versteigerung veräußert werden.»

17 OVG Saarland, NVwZ 1992, S. 72 ff.

18 Art. 16 GG Abs. 2 Satz 2: «Politisch Verfolgte genießen Asyl.»

19 Declaration of Independence vom 4. Juli 1776: «We hold these Truths to be self-evident: that all Men are created equal, that they are endowed (ausgestattet) by their Creator with certain unalienable Rights, that among these are Life, Liberty and the Pursuit of Happiness» – abgeschrieben haben Jefferson und Adams dies übrigens fast wörtlich geschickterweise von einem englischen Philosophen, nämlich John Locke (1632–1704) und dessen Zweiter Abhandlungen über die Regierung (Second Treatise of Government) von 1690.

20 Abgeleitet von dem griechischen Wort «polis» für «Stadt, Staat, Stadtstaat» (weil das bei den Griechen weitgehend dasselbe war). Daher auch «Politik» (das, was die Führung des Gemeinwesens betrifft).

21 Literarische Berühmtheit erlangte sein Namensvetter freilich schon durch den satirischen Roman von E.T.A. Hoffmann «Lebensansichten des Katers Murr» im Jahre 1819. Wir wissen aus einer privaten Traueranzeige des Schriftstellers, dass dieser tatsächlich einen Kater namens «Murr» hatte.

Kapitel 7

Völkerrecht: Onassis' Walfänger und die Zweihundert-Meilen-Zone

1 Friedrich II., der Große von Preußen (1712–1786) – genannt: der «alte Fritz» – hat in seiner Jugend einen «Anti-Machiavell» verfasst: «Machiavell verdarb die Staatskunst und unternahm es, alle Lehren der gesunden Moral zu vernichten». Am Ende seines Lebens bekannte er: «Ich bedaure, bin aber gezwungen zu gestehen, dass Machiavelli Recht hatte.»

2 Es heißt, die Indianer seien der Meinung gewesen, dass man Land so wenig besitzen könne wie den Himmel. Deshalb verkauften sie den Weißen auch so bereitwillig ihr Land. Und in der Tat merkte schon Jean-Jacques Rousseau (1712–1778) an: «Der erste, der ein Stück Land eingezäunt hat und es sich einfallen ließ zu sagen ‹Dies ist mein› und der Leute fand, die einfältig genug waren, ihm zu glauben, war der wahre Gründer der bürgerlichen Gesellschaft. Wie viele Verbrechen, Kriege, Morde, wie viel Not und Elend und wie viele Schrecken hätte derjenige dem Menschengeschlecht erspart, der die Pfähle herausgerissen oder den Graben zugeschüttet und seinen Mitmenschen zugerufen hätte ‹Hütet euch, auf diesen Betrüger zu hören; ihr seid verloren, wenn ihr vergesst, dass die Früchte allen gehören und die Erde niemandem.›»

(Aus: «Discours sur l'origine et les fondaments de l'inégalité parmi les hommes» – kurz: Diskurs über die Ungleichheit, 1755.)

3 Der mit 21 Richtern besetzte Internationale Seegerichtshof (ISGH) mit Sitz in Hamburg nahm 1996 seine Tätigkeit auf. Der Bau an der Elbe wurde am 3. Juli 2000 dem damaligen UN-Generalsekretär Kofi Annan übergeben.

4 Zum Beispiel die Seerechtskonvention (BGBl. 1994 II, S. 1798): «Die Vertragsstaaten dieses Übereinkommens, von dem Bestreben geleitet, alle das Seerecht betreffenden Fragen im Geiste gegenseitiger Verständigung und Zusammenarbeit zu regeln, und eingedenk der historischen Bedeutung dieses Übereinkommens als eines wichtigen Beitrags zur Erhaltung von Frieden, Gerechtigkeit und Fortschritt für alle Völker der Welt; im Hinblick darauf, dass (…); in dem Bewusstsein, dass die Probleme des Meeresraums eng miteinander verbunden sind und als Ganzes betrachtet werden müssen; in der Erkenntnis, dass es wünschenswert ist, durch dieses Übereinkommen unter gebührender Berücksichtigung der Souveränität aller Staaten eine Rechtsordnung für die Meere und Ozeane zu schaffen, die den internationalen Verkehr erleichtern sowie die Nutzung der Meere und Ozeane zu friedlichen Zwecken, die ausgewogene und wirkungsvolle Nutzung ihrer Ressourcen, die Erhaltung ihrer lebenden Ressourcen und die Untersuchung, den Schutz und die Bewahrung der Meeresumwelt fördern wird; in dem Bewusstsein, dass die Erreichung dieser Ziele zur Verwirklichung einer gerechten und ausgewogenen internationalen Wirtschaftsordnung beitragen wird (…); in dem Wunsch, durch dieses Übereinkommen die in der Resolution 2749 (XXV) vom 17. Dezember 1970 enthaltenen Grundsätze weiterzuentwickeln, in der die Generalversammlung der Vereinten Nationen feierlich unter anderem erklärte, dass das Gebiet des Meeresbodens und des Meeresuntergrunds jenseits der Grenzen des Bereichs nationaler Hoheitsbefugnisse sowie seine Ressourcen gemeinsames Erbe der Menschheit sind, deren Erforschung und Ausbeutung zum Nutzen der gesamten Menschheit ungeachtet der geographischen Lage der Staaten durchgeführt werden; überzeugt, dass die in diesem Übereinkommen verwirklichte Kodifizierung und fortschreitende Entwicklung des Seerechts zur Festigung des Friedens, der Sicherheit, der Zusammenarbeit und der freundschaftlichen Beziehungen zwischen allen Nationen in Übereinstimmung mit den Grundsätzen der Gerechtigkeit und Gleichberechtigung beitragen und den wirtschaftlichen und sozialen Fortschritt aller Völker der Welt in Übereinstimmung mit den Zielen und Grundsätzen der Vereinten Nationen fördern werden, wie sie in deren Charta verkündet sind» usw. usw.

5 Die anderen sind: China, Irak, Israel, Jemen, Katar und Libyen.

6 Sitz ist Den Haag, weil dort schon das ICTY (= International Criminal Tribunal for the former Yugoslavia) seinen Sitz hat. Auch Nürnberg hatte sich beworben, hat aber den Zuschlag nicht bekommen.

7 De Civitate Dei, IV, 4.

8 Das Wort «Putsch» stammt merkwürdigerweise aus dem Schweizerischen und bedeutet ursprünglich Stoß, Zusammenstoß; im 19. Jahrhundert verbreitete sich das Wort durch die Zeitungsberichte über den erfolgreichen Putsch der reaktionären Kräfte in Zürich 1839 (Züriputsch) im deutschen, französischen (le putsch) und englischen (the putsch) Sprachraum. Man spricht auch von einem Coup d'État (Staatsstreich), wobei daran allerdings normalerweise ein oder mehrere Mitglieder der alten Regierung beteiligt sind. Der Begriff Staatsstreich orientiert sich am Staatsstreich des 18. Brumaire VIII, d. h. der Machtübernahme Napoleons I. in Frankreich 1799.

9 Platon, Politea, Die Politik – das Buch, der Dialog hat ursprünglich seinen Namen getragen: Thrasymachos – 344 c. Von den Vorsokratikern selbst ist uns kein einziges zusammenhängendes Werk überliefert. Das meiste, was wir über die Vorsokratiker wissen, wissen wir von Platon – manche sagen, das sei seine größte Leistung gewesen.

10 Die Welt vom 6. Dezember 1991 zieht eine Parallele zur DDR, die insoweit als ein angewandtes Beispiel dieser Rechtsphilosophie gelten kann. Über die Gedanken antiker Denker über den Staat informiert in sehr lesenswerter und unterhaltsamer Weise: Adomeit, Rechts- und Staatsphilosophie I, Antike Denker über den Staat, 3. Aufl., Heidelberg 2001, speziell zu unserem Thema: S. 22 f.

11 Art. 76 Abs. 1 SRÜ: «Der Festlandsockel eines Küstenstaats umfasst den jenseits seines Küstenmeeres gelegenen Meeresboden und Meeresuntergrund der Unterwassergebiete, die sich über die gesamte natürliche Verlängerung seines Landgebiets bis zur äußeren Kante des Festlandrands erstrecken (…).»

12 Das bekannte Zitat stammt aus dem unvollendeten Hauptwerk «Vom Kriege» (1832), 1. Buch, 1. Kapitel, Unterkapitel 24, Überschrift, des preußischen Generals und Militärtheoretikers Carl Philipp Gottlieb von Clausewitz (1780–1831).

13 Noch einmal Macchiavelli (1469–1527), Il Principe, 1513, Kapitel 18: «Ein kluger Machthaber kann und darf sein Wort nicht halten, wenn ihm dies schaden würde oder wenn die Motive weggefallen sind, die sein Versprechen veranlassten. Auch hat es einem Herrscher noch nie an scheinbar rechtmäßigen Gründen gefehlt, den Wortbruch zu bemänteln. Wie viele Friedensschlüsse, wie viele Bündnisse sind infolge von Treulosigkeit hinfällig geworden! Der Herrscher, der am besten Fuchs zu sein verstand, ist dabei immer am besten gefahren! Doch muss er den

Fuchs gut verbergen, ein Meister in Heuchelei und Verstellung sein. Die Menschen sind einfältig und machen sich zu gern vor, was der Augenblick ihnen als wünschenswert erscheinen lässt, so dass der, der betrügen will, immer viele findet, die sich betrügen lassen.»

14 Geregelt in den Art. 55–57 SRÜ.

Abkürzungsverzeichnis mit in der Rechtswissenschaft häufig benutzten Abkürzungen

a. A.	andere(r) Ansicht
a. D.	außer Dienst
a. E.	am Ende
a. F.	alte(r) Fassung
a. a. O.	am angegebenen Ort
Abs.	Absatz
AcP	Archiv für die civilistische Praxis
AG	Amtsgericht
Alt.	Alternative
Anm.	Anmerkung
Art.	Artikel
AT	Allgemeiner Teil
Aufl.	Auflage
BayObLG	Bayerisches Oberstes Landesgericht
BayZRPfl	Zeitschrift für Rechtspflege in Bayern
BGB	Bürgerliches Gesetzbuch
BGBl.	Bundesgesetzblatt (BGBl. I – Teil 1; II – Teil 2)
BGH	Bundesgerichtshof
BGHSt	Entscheidungen des Bundesgerichtshofs in Strafsachen (zitiert nach Band und Seite)
BGHZ	Entscheidungen des Bundesgerichtshofs in Zivilsachen (zitiert nach Band und Seite)
BImSchG	Bundesimmissionsschutzgesetz (BayImSchG = Bayerisches Immissionsschutzgesetz)
Bnd. (oder «Bn.» oder «Bd.»)	Band
BVerfGG	Bundesverfassungsgerichtsgesetz

ca.	circa («ungefähr»)
CCC	Constitutio Criminalis Carolina (= Peinliche Gerichtsordnung Kaiser Karls V. von 1532)
d. h.	das heißt
etc.	et cetera («und anderes»)
DJZ	Deutsche Juristen Zeitung
DÖV	Die öffentliche Verwaltung (Zeitschrift)
DRiZ	Deutsche Richterzeitung
DRZ	Deutsche Rechts-Zeitschrift
DVBl	Deutsches Verwaltungsblatt
f.	folgende (Seite)
ff.	folgende (Seiten)
Fn. (oder «Fußn.»)	Fußnote
FS	Festschrift
GA	Goltdammers Archiv für Strafrecht
GBA	Generalbundesanwalt
gem.	gemäß
GG	Grundgesetz
gr.	griechisch
GS	Gerichtssaal
GÜKA	Genfer Übereinkommen über das Küstenmeer und die Anschlusszone
GVG	Gerichtsverfassungsgesetz
h. A.	herrschende Ansicht
h. L.	herrschende Lehre
h. M.	herrschende Meinung
Hrsg.	Herausgeber (klein: herausgegeben)
insb.	insbesondere
IGH	Internationaler Gerichtshof (Den Haag)
JhJb	Jherings Jahrbücher (zitiert nach Band und Jahrgang)
JA	Juristische Arbeitsblätter (Ausbildungszeitschrift)
JGG	Jugendgerichtsgesetz
JR	Juristische Rundschau
Jura	Juristische Ausbildung (Ausbildungszeitschrift)
JuS	Juristische Schulung (Ausbildungszeitschrift)
JW	Juristische Wochenschrift
Kap.	Kapitel
KG	Kammergericht
lat.	lateinisch
LG	Landgericht
Lit.	Literatur
MDR	Monatsschrift für Deutsches Recht

MüKo (oder «MünchKomm»)	Münchener Kommentar
n. F.	neue(r) Fassung
NATO	North Atlantic Treaty Organization
NJW(-RR)	Neue Juristische Wochenschrift (Rechtsprechungs-Report)
Nr.	Nummer
NVwZ	Neue Zeitschrift für Verwaltungsrecht
OLG	Oberlandesgericht
OWiG	Gesetz über Ordnungswidrigkeiten
PAG	(Bayerisches) Polizeiaufgabengesetz
Rn. (oder «Rdnr.»)	Randnummer (in Lehrbüchern und Kommentaren)
RG	Reichsgericht
RGRK	Reichsgerichtsrätekommentar
RGSt	Entscheidungen des Reichsgerichts in Strafsachen
Rspr.	Rechtsprechung
RStGB	Reichsstrafgesetzbuch
Rz	Randzeichen (dasselbe wie Randnummer)
s.	siehe
S.	Seite (oder siehe)
s. o.	siehe oben
sog.	so genannte(r/n)
Sp.	Spalte
SRÜ	Seerechtsübereinkommen der Vereinten Nationen
StA	Staatsanwaltschaft
StGB	Strafgesetzbuch
StPO	Strafprozessordnung
str.	strittig, streitig
st. Rspr.	ständige Rechtsprechung
StVO	Straßenverkehrsordnung
s. u.	siehe unten
UNO	United Nations Organization (Vereinte Nationen)
usw.	und so weiter
VerwA	Verwaltungsarchiv
VG	Verwaltungsgericht
vgl.	vergleiche
VwGO	Verwaltungsgerichtsordnung
VwVfG	Verwaltungsverfahrensgesetz
WRV	Weimarer Reichsverfassung vom 11. August 1919
z. B.	zum Beispiel
ZRP	Zeitschrift für Rechtspolitik
ZStW	Zeitschrift für die gesamte Strafrechtswissenschaft

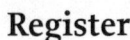

Register

Rechtsgeschichte und Recht im Alltag

Verlag C. H. Beck München